激情颠覆

站在新起点的马云

马云

mayun

张笑恒◎著

台海出版社

图书在版编目(CIP)数据

激情颠覆:站在新起点的马云 / 张笑恒著.--北京:
台海出版社,2014.6

ISBN 978-7-5168-0353-0

Ⅰ.①激… Ⅱ.①张… Ⅲ.①马云-企业管理-经验
Ⅳ.①F270

中国版本图书馆 CIP 数据核字(2014)第 153255号

激情颠覆:站在新起点的马云

著　　者:张笑恒

责任编辑:俞滟荣

装帧设计:天下书装　　　　版式设计:通联图文

责任校对:李书秀　　　　责任印制:蔡　旭

出版发行:台海出版社

地　址:北京市朝阳区劲松南路 1 号，邮政编码:100021

电　话:010-64041652(发行,邮购)

传　真:010-84045799(总编室)

网　址:www.taimeng.org.cn/thcbs/default.htm

E-mail:thcbs@126.com

经　销:全国各地新华书店

印　刷:北京高岭印刷有限公司

本书如有破损、缺页、装订错误,请与本社联系调换

开　本:710×1000　　　1/16

字　数:190 千字　　　　印　张:16

版　次:2014 年 9 月第 1 版　　印　次:2014 年 9 月第 1 次印刷

书　号:ISBN 978-7-5168-0353-0

定　价:35.00 元

前　言

如果说 2013 年是"马云年"，一点也不为过。虽然马云从阿里巴巴的前台转为了幕后，褪去了曾经的光鲜亮丽，但马云依旧活跃在自己喜爱的商业平台上。他一句"我还是站在幕后"，却又重新威吓到了很多人。因为大家都明白了，马云依旧是一头盯准猎物随时准备出击的雄狮，而非一只沉睡过去的病猫。从年初的入股新浪、退休、建"菜鸟"物流等大动作开始，到年中陷入王林"大师"、《南华早报》事件的舆论漩涡，再到上市争议、被李克强总理点"赞"、"双十一"、"斗微信"，马云真是个"不消停"而又善于挑战和颠覆传统的人。

就在卸任阿里巴巴 CEO 的 18 天之后，因为"菜鸟"计划，马云再度为阿里巴巴站台——马云任"菜鸟"物流董事长。在此前不久，马云还嘲笑了自建物流的京东，认为这样的企业肯定要死，还坚决表示，阿里巴巴坚决不做物流。但马云说，要做智能物流，不是做快递。

2013 年 7 月，马云和几位明星拜访"大师"王林，引发了社会上的"伪大师"事件。到 2013 年下半年，阿里巴巴传出要上市，不过因为上市计划引入合伙人制度的消息而引发各种猜测。这些，都让马云和阿里巴巴不断地"上头条"。

最令马云和阿里巴巴兴奋的是，国务院总理李克强的点"赞"。2013 年 10 月 31 日，国务院总理李克强在中南海主持召开的经济形势座谈会上对马云说："你们创造了一个消费时点！"而早在 10 月 23 日，马云就跻身清华大学经济管理学院顾问委员会，受到朱镕基接见。10 日之内，受到两任总理接见，说明了马云不一般的政商关系。

对马云和阿里巴巴，似乎好消息不断。今年"双十一"，天猫的交易额突破 350 亿元——1 分钟破亿元，6 分钟破 10 亿元，不到 6 小时，商品成交就破百亿元大关。马云亲自为"双十一"站台，他还主动提及自己跟王健林的赌局。马云回答："2020 年王健林如果赢的话，是我们这个社会就输了，是我们这代年轻人输了。"这句话被广泛转载。

而"来往"斗"微信"，也是马云在 2013 年做的最大的一件事情之一。因为"微信"在客户端的优势已经足以让阿里巴巴颤抖了，因此马云"斗微信"可谓无所不用其极。马云在内部动员信上提道：杀到"企鹅"家去，该砸的就砸，该摔的就狠狠地摔。"斗微信"一事让外界看到了阿里巴巴可怕的执行力,但是,马云能否战胜马化腾,还是一个未知数。

虽然腾讯的"微信"对此不屑,甚至有人调侃,"'微信'现在如日中天,其发展速度甩开'易信'、'来往'什么的 N 光年"。但马云说:"'来往'和'微信'这盘棋,我要看马化腾下一步怎么走。看他眉头皱起来我就很高兴。竞争是一种乐趣。"他还说,"也许我们成不了大器,但是至少可以让'微信'不断创新,可以让用户慢慢地交费。让用户有更好的体验,这也是蛮好的事情。"

马云在告诉我们,竞争并不是一场你死我活的游戏,而是一种相互促进的方式。而且竞争虽然惨烈,但仍充满乐趣。

英才网的记者曾问史玉柱:"在中国企业家圈子里,你最欣赏谁?"

史玉柱答:"最欣赏柳传志和马云。柳传志,我更钦佩他做事的扎实风格和一些习惯,比如说他的企业文化确实做得很扎实;马云,战略很好,他能看到 5 年、10 年之后的事,几年前跟他聊的一些看法,现在都印证了。"

马云说:"我觉得做一件事,无论失败与成功,经历就是一种成功。你去闯一闯,不行你还可以掉头;但是你如果不做,就像'晚上想想千条路,早上起来走原路',一样的道理。"任何一个有成就的人,都有一段勇于尝试的经历。如今的马云也正是如此。因为从未离开对成功的追逐,那么又何尝真的停下来呢?

马云依旧还是那个不安分且喜欢尝试冒险的人,在整合整个电商的市场发展规律与结合自身发展情况之后,马云顺应市场变化做出了一系列的改革。从全球的经济市场再到国内的经济市场,马云紧盯市场发展潮流,提出了一系列全新的战略步骤。

马云重新将激情带到了团队当中,重新将热忱灌输到每一个员工的心里,重新打造新的企业文化和管理,他在用自己的行动告诉自己的竞争对手——他马云从来就没有真正离开过。现在的马云是再次踏上新征途的马云,是一个激情与干劲不减的马云。

而马云也不只在这最美的时刻懂得放下,一路走来,他一直都在放下。正因为不断放下,他才能走得更远,爬得更高。如今的马云已经站在了一个全新的高度去思考未来。曾经那些波折和困难,很显然已经化为了马云驰骋未来的最好动力和经验,成为了他心中最为宝贵的经验和财富。

本书,将带给读者一个勇于放下、拥抱变化的马云;一个拥有全新战略思想的马云;一个脚踏实地、依旧坚持梦想的马云;一个懂得变革创新、开启新资本管理的马云;一个持久激情、为自己造梦的马云。

目　录　　CONTENTS

拥抱变化，
做物流网络还是产业园区

1.顺应时代发展潮流,电商的未来要看物流

经过2012年淘宝的"双十一"大战之后,马云对淘宝当天191亿的交易额至今可谓"心有余悸",因为这个接近京东商城2012年销售额三分之一的数字的背后,是由7800万个包裹创造的,差点压垮中国物流业。

马云离开阿里巴巴之后的第一件事情,便将目光投注在了物流上。这并非马云一时心血来潮,而是他在整合整个电商的市场发展,同时结合自身的发展情况之后所做出的决定。马云说:"电商的未来要看物流。"

随着电视、网络购物在人们心中的地位逐渐攀升,马云深知未来电子商务所要历经的瓶颈期所在。如果不随着时代发展潮流而做出改变,那么电子商务的未来之路就会越走越狭窄。根据中国快递协会的统计,2009年全国的包裹约20亿件,其中约10亿件来自于淘宝网。正因为此,在宣布卸任不到一个月的时间里,马云就穿着一身蓝色的太极服出现在深圳的"中国智能骨干网"的发布会上,宣布了自己的新研究项目——物流。

马云说:"现在中国每天有2500万左右的包裹,10年后,预计每天有2亿左右的包裹。现在中国的物流体系根本没有办法支撑未来的'2亿'。所以我们有一个大胆设想,通过建设'中国智能骨干网(CSN)',让全中国2000个城市,不管任何一个地方,只要你上网购物,24小时内货一定送到你家。这是一个伟大的理想,我自己的感受也很大。4年来我们一直不敢下手,因为这个理想实在太大,没有人干过,甚至想都不敢想,我们觉得这是一个国家项目。"

如今,中国许多产业都在被互联网推动,如电商改变了零售市场格局,加大了物流仓库覆盖率,等等。但从电商的角度来看,却有好几个短板,其中最大的问题依然是物流。在电子商务平台上,物流往往与其电子平台的服务质量成正比。正因为此,马云发现了阿里巴巴最为关键和极为迫切需要解决的问题之一,便立马着手行动起来。

企业要发展,必然要顺应时代潮流。如果脱离了市场硬性发展规律,妄自菲薄,那么必然就会在前进中遭遇到阻碍。因为在大家都顺应时代发展做出改变之后,你依然坚持自我、违背市场发展规律,那么就如同逆水而行的鱼,渐渐就会被时代的潮流所击退。

马云在宣布入手物流这一平台时就曾说过:"实际上,这是我们思考四五年一直希望做的事,但很遗憾的是,在我不当CEO后才正式把这么大一个项目落地。"或许在马云的眼中,如果早一点将深埋在阿里巴巴的这个问题挖掘出来,那么今日的阿里巴巴或许能够更加成功。

2006年10月,格兰仕集团执行总裁梁昭贤出现在北京,助阵格兰仕与央视合作的一档日播电视节目"美味中国·三人餐桌"。这是格兰仕与央视首次大规模地合作,同时花巨资投入美食栏目,同样的,这也是格兰仕全新"百年企业,世界品牌"战略改变的开始。

"价格战"一直是格兰仕的标签。正是因为"价格战",格兰仕才从一个"后来者"成为微波炉行业的领导者及全球最大的微波炉生产基地。然而,格兰仕深知,做品牌,就意味着必须顺应时代潮流和市场规律而改变宣传策略。此次与央视合作的这档微波炉美食栏目，格兰仕便更新了以往陈旧的战略计划，将目标推广放在了全新的生活方式上，以教育消费者为目的，让如今更加注重生活品质的消费者能够对格兰仕有一个全新的了解。

另外，作为格兰仕品牌营销策略的一部分，1000个格兰仕"家电生活馆"将在全国铺开。通过"创造性建设"，积极推进"互愿营销"——邀请顾客参与到一种持续的、侧重于信息和价值交换的互动关系中来，这样可对顾客的需求了解得更为准确，以便更迅速、更有效地满足顾客的需求。

对销售企业来说，让顾客买一次你的产品并不难，难的是让顾客一辈子都买你的产品。毕竟，市场竞争的环境在不停地发生变化，如果不及时更新自己的销售策略，再好的产品，再大的推销，再多的人力，都可能会被社会这个大舞台所淘汰。

市场是动态的，一个策略很难走到底。企业必须不断评估自己的产品在当地的竞争优势有多大，与竞争对手的差距有多少，以及自己愿意投入多少营销资源等，以迎合市场发展规律与人们的生活需求，从而改变自己的发展战略。只有不断地推陈出新，这样才能走得更加长远。

2.在别人改变之前先改变自己(唯一不变的是变化)

市场经济日新月异，每一天都在发生不大不小的变动。如果一家企业想要成长，那么就必须在别人改变之前先改变自己，这样才能在市场经济不断地变化中为自己夺得一席之位，第一个摘取新鲜的"成功之果"。

马云曾经说过："唯一不变的是我们的变化。我们在不断地变化中求生存，在不断地变化中求发展。如果发现公司没有变化，公司一定有压力。所以说，我希望告诉每一个人，看看你自己的成长，成长所带来的变化……如果你觉得昨天赢的东西今天还能这样赢，很难了。要生存，一定要创新，只有在变化中才能出创新,所以我们要在变化中求生存。"

2013年,马云进入事业上的一个转折点。从阿里巴巴的平台上下来后,马云迅速集结力量,将目光投入到了物流上。对这一改变,马云说:"中国GDP的18%来自物流,在发达国家,这一数字仅占12%。电商要依靠低价与传统零售商竞争,其核心在于成本控制。物流成本下降是未来电商对抗零售商的关键一环。也就是说,物流是电子商务与传统零售之战的'诺曼底'。"

原来很早之前,马云就对"物流"这个还未被人重视起来的"肥沃之地"企图良久,并频频出手。2007年12月,马云就曾以个人名义联合郭台铭创立百世物流;2010年年初,入股星辰急便;同年7月,百世物流收购汇通快递70%股权;2010年9月,淘宝在北京、上海、广州、成都建立四大配送中心,在其他20个省市建立起区域性配送中心。

如今,这张汇聚着中国物流界大佬的股份图隐约透露着马云的终极梦想——与传统零售抗争,以获取更多的生存空间。

发展中的企业要明白,如今社会在变,商场在变,假若总是一味地安于现状,等待被改变,那么最终企业将成为被淘汰的对象。因为这个世界总是朝前发展的,科技在不断进步,竞争在不断加强,如果企业无法掌控世事的变化,那么必然无法应对尾随而来的各种问题。

马云曾经说过:"变化总是痛苦的,但也是必要的!如果我们不改变自己,那么,我们的对手、投资者、客户和市场就会残酷地改变我们。""唯一不变的是变化"这句话在阿里巴巴从来不是一个口号,而是阿里巴巴员工必须面对的现实。在阿里巴巴,在变化中生存和成长的广大员工从不适应到适应,从不习惯到习惯,让这一原则深入人心。

曾经开发一次成像的宝丽来公司看起来十分辉煌,然而正是由于它过于安于辉煌的现状,等待被改变,最终被迅猛发展的数码相机市场打垮了,2001年10月,不得不申请破产。作为企业管理者,在漫长的、变化多端的市场竞争中,一定要学会化被动为主动,只有主动提前预测市场的未来,并且学会去改变自己,这样才能不惧汹涌而来的各种挫折。

苹果公司的创始人乔布斯曾经是硅谷创新神话的典型代表。乔布斯没有直接发明很多东西,但是他将自己的理念、艺术和科技融合在一起,给大众创造了未来,他一直走在世界的最前端,懂得如何主动去寻求改变。他有句话很著名,那就是——活着,就是为了改变世界。

对自己研发的产品,乔布斯一直都很自信。他曾说:"我那么耀眼的唯一原因就是——其他人都太糟糕了。"乔布斯的语言尽管听着有几分狂妄,可是他确实做到了。当年,苹果公司只有几名员工,没有名气,没有市场,然而凭着乔布斯对产品的狂热和对市场需求的精准把握,他最终让电脑变得像笔记本一样薄,让电脑可以随时像电话一样握在手中。乔布斯的这些创举,可以说是反客为主,在世界还未来得及变化前,他便已经改变了世界。

企业要想从日新月异的市场变化中脱颖而出,那么首先就要学会改变自己,谨防固守成规,一成不变。如果总是将自己圈在一个毫无起色的圈子中,最终只会慢慢僵死,禁不起市场竞争中任何变幻莫测的风暴的袭击。

适应变化,拥抱变化,在市场整体变革前改变自己的想法,另外,公平灵活地处理好自己与外界的关系,不断在技术层面、思想观念上面做出必要的革新,这样才能在商场中迎接每一个有可能出现的多变的"明天"。

3.试错就是应变(犯错误并不是件可耻的事)

爱尔兰文学家萧伯纳曾经说过:"一个尝试错误的人生,不但比无所事事的人生更荣耀,而且更有意义。"企业的竞争最后都是学习力的竞争。企业要想成长,那么就应该对想法多加尝试,在失败中寻找可以把握的机会。

激情颠覆
——站在新起点的马云

马云曾经说过："我们必须承认我们所面对的是一项全新的事业，没有经验可以借鉴和拷贝。实验室里大部分的试验就是失败和错误的，做试验都是做前人所没有做的事，相信到实验室里的人想的也是如何把事情做好。互联网产业也一样，发展的过程就是试错的过程，这是我们无法回避也是必须经受考验的过程。面对互联网这个史无前例的产业，试错是唯一的发展之路。"

2013年1月，马云的"菜鸟"网络公司进入筹备期的新闻虽然还不足100字，但是已经在业内引起了非常大的反响，很多地方政府主动伸出橄榄枝，希望"菜鸟"网络去落户。

事实上，早在5年前，阿里巴巴就已开始在物流上不断探索和试错。马云早期涉足物流的手法为投资。此前阿里巴巴曾先后投资星晨急便和百世物流，但星晨急便最终倒闭，阿里巴巴也因此蒙受不少损失。随后，阿里巴巴又通过不断结盟的方式来试图改善物流环节。2011年，淘宝宣布结盟第三方服务商；2012年5月，天猫宣布与包括邮政在内的九大物流商结盟。但是，"双十一"仍然因订单爆仓而饱受诟病。

经历过种种物流阵痛后，马云架构的物流网络"菜鸟"终于起飞。尽管之前做出的一些决定性承诺在业界看来有些渺茫，但马云坦言，"谁都不能保证你一定不失败，但是万一被我们搞成了，我觉得今生无悔。"

如今，互联网产业在不断变化，市场也在不断变化。要想成功，就必须在变化中试错，在试错中应变。同样的道理，创业大多都没有先例可循，更没有一蹴而就的，一切都要摸索试验，否则就会寸步难行。

美国曾经有一个名为道密尔的企业家，他专门收购一些濒临破产的企业，而这些企业到他的手中则会"起死回生"。曾经有人问道密尔，为什么会对这些失败过的企业"情有独钟"。道密尔说："正是因为它失败过，我知道了它失败的地方，那样我就不会犯同样的错误了，这不是要比自己一切从头开始要容易得多吗？"

尝试错误,并不可怕,关键是你因为无法面对错误而贸然前进可能造成的更大失败。在不断变化的市场经济中,企业只有一步步地去尝试,才能找出有利于自己发展的道路,也才能从"错误"中再次崛起。

和田一夫是日本著名的企业家,在20世纪80到90年代初期,他的八佰伴集团曾在16个国家发展到400多家百货分公司。但是在1997年的时候,由于过度扩张和市场定位不准,八佰伴集团宣布破产。一夜间,和田一夫变成了一个连累八佰伴股东和员工的罪人。他交出所有财物,向企业界告别,搬到一个租来的两房一厅居室中生活。

但是和田一夫并未就此倒下,在经历了最初的痛苦、伤心、绝望之后,他开始在书本之中寻找慰藉。他非常喜欢看《邓小平传》,他还说:"邓小平最后一次从失败中站起来时是74岁。之后,他提倡改革开放,留下丰功伟业。而当八佰伴倒闭时,我才68岁,我深信还有机会东山再起。"

1998年,年已古稀的和田一夫设立经营顾问公司,并开办国际经营塾,他决心将自己的经营经验和教训传授给年轻的经营者们。NHK电视台等日本传媒称其为"不屈之人"。和田一夫说:"火凤凰必将重生,在燃烧自己后,会再创新天地,大不了从零开始。"

企业要想在变化中寻求出路,那么就一定要去试错,这是检验一个企业及其商业模式的"试金石"。试错是一个创业企业越过"死亡谷"成为瞪羚的必由之路。创业试错,本质上就是企业家开拓新的疆土的一种检验,即是由许多企业针对同一未解问题同时做着不同解决方法的尝试。

中国有一句老话:老马识途,正因为老马走过无数的道路,经过无数的坎坷,才能在每个坎坷之上留下心底的记号,下一次从此经过时,便可以一跃而过,才能"识途"。企业要学会抓住那些可遇而不可求的失败机会,认识失败,承认失败,利用失败,从失败中总结出经验教训,从而扭转企业的困境。

因此,企业在应变市场规律的过程中出现错误时,不要总是太过在意,应当鼓起勇气抓住当下的机会,从中吸取更多的经验,记住"试错就是应变",争取未来的成功。

4.在变化中迎接商机(做物流网络还是产业园区)

人生是一个不断寻找和折腾的过程,在这个过程中,我们必须时刻把握两点,一是时刻准备应对变化;二是调整自己,以适应变化。尤其是对处于商业圈中的各个企业来说,更要学会在不断变化的市场经济中去发掘商机,盯准目标,缓缓前进。

马云曾经说过:"一个行业,注意它的人越少,它就越有发展的前景。别人不注意它,你注意了,你就是有眼光的。"聪明如马云,在众人都还在"圈子内"循规蹈矩的时候,他已经跳出了圈子,在变化中捕捉到了新的商机。

当马云还没有考虑去"啃"物流这块"大饼"之前,曾经嘲笑过京东重金自建物流的行为是一种自掘坟墓。然而,随后阿里巴巴的数据分析报告却着实让马云震惊了,根据数据分析报告,目前整个中国GDP的18%来自于物流。这就意味着,今日如果马云不"革"物流的命,以后物流就会"革"淘宝的命。

看到了阿里巴巴的短板所在,马云立马将目光转向了期待已久的另一番"霸业"中来。然而,正当行业内外都揣测马云是否会将眼光"铺展更开"时,马云却表示,自己这次与共同参与的专业快递公司不同,自己组建"菜鸟"网络只有一个目的,就是更好地促进淘宝的发展,而非拓展另一项业务。马云特别强调,阿里巴巴永远不会做快递,而是联合产业链上下游合作伙伴,搭建一个基于数据的物流基础设施平台。尽管除了搭建物流信息化平台,"菜鸟"网络似乎还有更大的想象空间,但是目前马云还不会尽快"动手"。

第一章
拥抱变化，做物流网络还是产业园区

当我们观察一个公司是否具有远大前途时，首先不是看这个公司有多大，也不是看这个公司目前的规模和状况，而是看这个公司是否能够在变化多端的市场中具有致胜未来的适应能力。也就是说，要看这个公司所拥有的商业模式能否在接下来的几年内持续增长，这个公司是否能发明新的模式来促进增长，这个公司是否具有科研创新能力。

变化，往往意味着商机。经济市场中任何一个小数点的变动，可能就会掀起一股非常巨大的"蝴蝶效应"。如果企业能够从这种变化中去寻找更适合自己发展的机会，那么就能够在未来的持续竞争中争得一番优势。

杜邦的总裁苏孝世是个十分有危机感的人，长年在两岸三地工作，让他更是从中国市场迅速的变化中窥见其中巨大的商机。在"2012年度最具价值管理榜样"的14家企业中，杜邦便是其中一家。当时有记者问及苏孝世："我注意到，杜邦针对中国市场，是否很早就开始了整合计划？"

苏孝世回答道："大约是在五年前，杜邦制订了一个有关杜邦中国发展的整合计划。当时不仅要构建强大的公司整体实力，也在人员发展、组织架构、管理流程、市场开发、研发创新等方面建立协作流程，推进业务发展，更好地服务中国社会的需要。我们在国内的光伏太阳能业务在2007~2010年间的增长超过100%。在市场条件最困难的阶段，对一些策略性投资，比如深圳的薄膜光伏太阳能生产设施和山东东营的钛白粉生产项目，我们没有任何动摇，因为它们事关我们在中国的长远发展，事关我们对这一市场的承诺。"

能够发现独特的机会，是成功创业者所必须具备的一项特质，是他们成功的起点。在某种意义上，能够发现独特的机会，就意味着创业已经成功了一半。然而，看起来是一件很简单的事情，实际上做起来却并不是很容易。

成功的企业家，绝不会拘泥于现有的状况，而是对企业发展能做出大胆预测，兼具冒险精神和睿智的头脑。他们并非凭空去放远他们的眼光，而是凭借足够的市场敏锐性和丰富的经验积累，去捕捉市场上独特的机会。

寻求创新与商机，是永恒不变的盈利商业法则。企业应当学会适应变化，在变化中发现新商机，这既是企业的一种智慧，更是企业生存的一种能力。当企业学会在变化中去发掘商机时，那么企业离成功也就不远了。

5.必须在变化之前变化

"现代管理学之父"彼得·德鲁克用其真知灼见影响了比尔·盖茨、杰克·韦尔奇等一批成功企业家，在他给企业家们的建议中，就曾有这样一条，"打造百年企业，守是守不住的，必须走在变化之前，持续创新。"

善抓商机，对创业者们来说十分重要，然而，什么是商机？并不是等到所有人都听到了发令枪响才是商机，而是在市场变化之前，企业就已经适应并展开了变化，这样才能赶在竞争对手之前进行超越。

2011年，淘宝平台上的业务被彻底分为三家公司，分别是淘宝网、淘宝商城和一淘网。其中，淘宝网定位于C2C(个人间)业务，主要吸引个人和小企业卖家；一淘网定位于购物搜索的入口；而淘宝商城则是B2C(企业对个人)业务的平台，是京东、当当和卓越亚马逊最强大的对手。这三家公司全部采用"董事长+总裁"的管理模式，三位董事长则直接向集团董事局主席马云汇报工作。

对淘宝的分拆调整，马云评价说："我们必须变化，我们必须变化在变化之前。今天的分拆看起来似乎令淘宝失去规模优势，从'有'变成了'无'，但这是无处不在的'无'。"

已经占据较大市场份额的淘宝，现在最需要的已经不是规模，而是精细定位和抢占互联网战略高地。淘宝的调整正是为了更好地推进其"转变"。

第一章
拥抱变化，做物流网络还是产业园区

马云在刚创立阿里巴巴的时候，很多人并不相信一个见不到人的平台能给人们带来机会和诚信，然而，就在这时，马云推出了"诚信通"，这不仅解决了当时人们都在担心的问题，也使中国进入一个新的网络交易时代。

人们常说，弱者等待时机，强者创造时机。尤其是在这样一个信息时代，对创业者来说，赶在变化之前做出必要的变化，实则就是获取商机。企业要想获得更持续的发展，就必须紧盯经济形势，以便做出最为适当的计划改动。

有人曾经说过："如果说资金与资源是工业社会最重要的竞争要素，那么时间优势则是信息时代最强大的竞争战略武器。"的确，参与创业的人在不断增加，市场经济每一天都在不停地变动，如果你选好了一个项目，却不赶紧行动，若是被对手先行一步，你的成功机会就会大打折扣。

曾经担任过麦当劳美国区的高级副总裁Paul Sabe，如今是帕尼罗面包的高层，其拥有63家连锁店，3000多员工。他用自己的职业生涯为例："每当我以为规划定下来了，变化就发生了。"

过去33年，Paul的生活一直在变。他先开了个热狗店，练就一只胳膊放15个热狗的本事，认为自己是美国最棒的销售员。但是几年后，他的兄弟运动员退役后，开了家麦当劳，喊他帮忙，他就卖掉热狗店，中途又去上法学院。1993年，兄弟全家开车去参加麦当劳大会，遭遇车祸全部身亡，他不得不离开学校，接过兄弟的生意。此后竞选加入麦当劳董事会。几年之后，他发现自己不适应大公司"西装笔挺"的生活，变化又发生了，他加入了帕尼罗面包。Paul说："其实人们不喜欢变化，因为变化会带来压力、困扰，可不管你喜欢不喜欢，接受不接受，变化是永恒。作为变革的领导者，要消除大家的恐惧，为大家留有失误的空间。"

在市场做出大的改动时，如果企业想靠一己单薄之力紧守是守不住的。我们都知道，今天的商战规则已经不再是"大鱼吃小鱼"，而是"快鱼吃慢鱼"。在以互联网为代表的新经济时代更是如此。要想抓住商机，就要在

思想和行动上做好准备,敢于争先一步。

思科CEO钱伯斯在他的一篇题为《速度制胜论》的文章中说:"我们已经进入一个全新的竞争时代,在新的竞争法则下,大公司不一定打败小公司,但是快的一定会打败慢的——你不必占有大量资金,因为哪里有机会,资本很快就会在哪里重新组合。速度会转换为市场份额、利润率和经验。"

由此看来,企业要想一直在行业内保持领先不变,那么就必然要有先于他人的一些真知灼见和实践胆识。正如彼得·德鲁克说的:"没有人能够左右变化,唯有走在变化之前",只要企业能够提前撑开适应经济变革到来的网,那么就一定会屹立不倒。

6.迎接变化,多出新招

商业世界一直以来都是一个高速变化的世界,当企业管理者踏入商业领域的第一天开始,就要确定自己选择了一种不安定的生活模式。因为每一天,周边的环境与对手都在发生着变化,而要想在这种变化中为自己赢得更多,那么就一定要多出新招。

应对变化的市场经济,马云不仅头脑十分灵活,点子也是特别多。例如在他人还未意识到互联网的动向的时候,他就已经敏锐地捕捉到了这一点。在应对应接不暇的变化时,他也能够冷静从容,因此他带领的阿里巴巴才能一路过关斩将走到现在。

2011年年初,阿里巴巴陷入了"诚信危机"。据阿里巴巴披露,2009年与2010年,其B2B业务平台上分别有1219家和1107家外贸供应商涉嫌欺诈,阿里巴巴B2B前公司CEO卫哲更因此次事件而离职。

对此,马云采取了紧急应对措施,并针对这个问题制定出了新的策略:阿里巴巴将提高B2B业务的防欺诈准入门槛,更将加强对中国站用户主体身份或用户网上操作人(授权代表)身份的审查,对企业和个人均推行实名认证。

阿里巴巴公告称,对已经注册成为阿里巴巴中国站会员的用户,必须在2011年9月23日前完成实名认证。若逾期未完成,将被禁止继续发布商品信息;若届时仍未通过实名认证,已发布的商品信息将被统一下线。阿里巴巴有关负责人对《第一财经日报》表示,公告内容覆盖阿里巴巴中文站所有用户,包括买家和卖家。不少阿里巴巴中国站的用户对此表示了欢迎。

在当前经济全球化的大背景下,企业需要有一种"时不我待"的紧迫感,并且,在变化多端的市场中,始终都要学会保持一种"不进则退"的危机感。毕竟,商场如战场,其中充满了变数。

马云曾将激烈的市场竞争比喻为一场长跑比赛,既然是长跑,有直道,也就有弯道。当变化来临的时候,也就是企业处于"弯道"位置的时候,企业在这个"节骨眼"既可能超越他人,同样也可能被别人超越。那么如何才能立于不败之地?这就要求企业随时留心变化,从中找出可以应对的多项决策。

留意变化,在变化到来的时候直面变化,应对变化,并在变化中寻求创新。只有这样,企业才能在商战路上走得更稳,更远。如果总是一意孤行,固步自封,那么企业就会对这种变化显得措手不及,从而丢失掉发展自己的最好机遇。

2012年,基于中国经济的持续增长与强劲发展,作为全球规模最大的服务机构,IBM的GTS迅速从变化中转型,加强与中国经济合作的步伐。

据IBM全球信息科技服务部(GTS)于2012年年初提出推动中国"下一代IT服务"发展的"3+3"战略后不足两个月时间,IBM又积极推进了战略实施,于2012年6月在苏州工业园区的苏州国科数据中心举办了IBM管理服务中心开业仪式。

作为继北京、上海等地后的国内第六个IBM数据中心,同时也是IBM国内首个整合管理服务中心，它将通过IBM专有的安全网络与另外五个IBM数据中心实现互联互通，共享IBM内部技术与工具资源，为客户提供整合管理服务。

IBM大中华区全球信息科技服务部总经理罗丽表示："IBM管理服务中心的落成，是IBM'3+3'中国服务战略落实的重要步骤。IBM管理服务中心将利用自己专业的人才、工具和技术，以企业的业务发展为导向，结合企业长远业务发展需求，全面整合梳理企业IT架构和IT管理体系，通过灵活配置的服务方式，使IT成为业务发展创新的推动力，以满足现阶段企业的IT管理需求。"

马云曾说过："我们阿里巴巴在过去的七年里和我本人近十年的创业经验告诉我，懂得去了解变化、适应变化的人很容易成功，而真正的高手还在于制造变化，在变化来临之前变化自己！"

在如今全球经济形势的大变动之下，企业只有不断深化创新理念，坚持走创新发展的道路，通过创新努力打造企业的竞争新优势，通过创新缔造企业的核心竞争力，才能抵御市场风浪，实现企业的可持续发展。

马云给有志创业的人们提出了这样的忠告："面对各种无法控制的变化，真正的创业者必须懂得用主动和乐观的心态去拥抱变化。当然，变化往往是痛苦的，但机会却往往在适应变化的痛苦中获得！"

7.变化不来，压力一定会来

机遇、压力与变化三者之间永远都是相互牵连的关系。变化之中藏有机遇，机遇之中又藏有压力，即便变化不来，压力也是不可避免的。企业在发展过程中，一定要学会拥抱变化，这样才能防止在压力来临时"病急乱投医"。

始终以一种旁观者心态自居的马云，其心态显然是练就到了一个高度。因为随时保持清新的头脑，因此在每一次市场出现变动之前，他都能在心中撑起一张敏锐的网。在每一次压力来临之前，马云总是能够"心平气和"、处变不惊。

2013年，马云卸任了阿里巴巴CEO，对表面看上去风光无限的马云，当有记者问及其生活是否乐趣无限时，他却摇摇头说，在家不想工作的CEO绝对不是好的CEO。

事实上，马云其实是一直被骂过来的。刚做阿里巴巴的时候，别人骂他异想天开，都说做这个东西不可能成功。做成了阿里巴巴后，恭维的话多了，但公司的管理压力却巨大。马云坦承自己天天有压力，有焦虑。看着日新月异的互联网市场，再看看阿里巴巴每天的变化，尤其是在收购雅虎中国之后的一年，马云压力更加大了，甚至整年都在北京处理各种难题。可以想象，一个没有承受过压力和焦虑的人，肯定不会有这样的感悟。

马云曾经说过："压力是躲不掉的。一个企业家要耐得住寂寞，耐得住诱惑，还要耐得住压力，耐得住冤枉，外练一层皮，内练一口气，这很重要。"所以，他会深更半夜牵着德国牧羊犬去溜圈，强迫自己每天必须睡足七八个小时。他看了阿里巴巴那么多年，撑了那么多年，拼了那么多年，焦虑了那么多年，无时无刻不在观察着阿里巴巴的变化，看阿里巴巴是否迎合了市场的发展规律，这种压力对马云来说似乎已经是家常便饭。

市场是企业赖以生存和发展的空间，市场的变化是决定企业兴衰走向的首要条件，因此，企业一定要跟随着市场的变化而变化，时刻调整组织结构。即便有时候市场规律的"浮动"很小，企业也应当有所警惕。

马云曾经说过："企业如果不能迎合市场发展的要求而变化，那么压力一定会随之跟来。"市场的变化不仅反映了人们消费水平的改变，更反映了同行业竞争对手"作战方向"的改变。只有关注市场变化，才能认清压力所在。

毕竟，市场就像一条道路，是曲折蜿蜒的。企业则像一辆汽车，如果汽车不能跟随道路的发展走向及时改变方向，而是一直朝着一个方向前行的话，将慢慢远离市场，那么也就会陷入绝境。

20世纪80年代初，杰克·韦尔奇刚刚担任GE公司的CEO，GE公司便开始了大规模地从制造业向服务业的战略转型。杰克·韦尔奇预感到未来的市场将没有国家的界限，并且那时的市场会逐渐从一个国家的市场变成世界性的市场，市场会越来越向服务方面倾斜。因此，GE公司决定赶紧跟上市场的步伐，以便获得更加长远的发展。

但是，当杰克·韦尔奇提出把整个GE公司从制造业向服务业转型时，却遭到了非议和抵制，很多人反对这种变革，指责杰克·韦尔奇是发了疯，是要把GE公司推向死亡。三四年以后，美国几乎所有企业都感到了世界市场变化的压力，被迫纷纷转向服务性企业，而此时的GE公司已经先于他人走了三四年，其服务已成为公司取得持续性增长的重要原因，是公司高速发展的主发动机。走在市场前面的杰克·韦尔奇，其超前的眼光和GE公司所取得的成绩，令人叹为观止。1980年，GE公司85%的利润来自于制造业，而仅仅几年之后，公司就有3/4的利润来自于服务业。

在市场经济条件下，企业之间的竞争愈发激烈，企业能否在竞争中立于不败之地，关键在于能否适应市场的变化。在营销方面，企业管理者应该适时建立起一个优化的市场营销管理系统，并抓住机会选择最适合企业营销的有利手段，以促使市场营销获得整体优势。

压力既隐藏在变化之中，也在变化之外。企业只有跟随变化的市场不断地变化自己的营销模式，这样才能在竞争中维稳而立，掌握更加先进的经营理念，在同行的激烈竞争中一马当先。

第|二|章

勇于放下，
辞职是一个新的开始

1.放下荣耀：昨日辉煌已成为过去

2013年5月，就在阿里巴巴刚刚否认了董事局主席、CEO马云的退休传闻不久，10日，马云就向广大传媒记者朋友们投放了一枚重磅炸弹："从今日起，我不再担任阿里巴巴集团CEO一职，但会继续担任集团董事局主席，并全力做好这份全职工作。"

马云带领的阿里巴巴曾经在中国网络电子商务市场上造就了一个神话，他的赫赫战绩也被无数后来者提炼出精髓并奉为行走商场的"用兵之道"。然而不论马云创造了多少个让人羡慕的神话，他自始至终都保持着一份有别于他人的清醒，这种清醒，让正处于事业顶峰的他更加能够看清现在与未来的自己，所以，他放手得十分"舒心"。

2013年5月10日，48岁的马云正式辞去了阿里巴巴CEO的职位。此前，马云曾在公开信上说："作为创始人CEO，退让CEO是个不容易的决定，因为这容易造成误解，特别是我这个年龄，还是常规意义上年富力强的时候。"

激情颠覆
——站在新起点的马云

马云还说:"快50岁的人了,一半的、最好的黄金时间都已经过去了,等于爬到山顶上往下走了。下山要下得漂亮,你不肯下来,结果可能摔下来。"

2009年9月10日,阿里巴巴的十周年庆典晚会上,马云就曾说过:"我们不希望背负过去的荣誉,明天我们将会重新应聘求职于阿里巴巴,和任何普通的员工一样,从零开始,为下一个十年继续努力。"就在这一天,马云宣布了阿里巴巴18位创始人集体"辞任",他们从此由阿里巴巴的创始人变成了合伙人。

马云希望通过这一变革,让这些创始人能够放下他们因为创始人的身份所承受的压力,从而更好地为阿里巴巴服务。

不论你现在是正处于商场的顶峰,还是正向着目标努力攀爬的途中,商场中,几乎每位领导都曾有过一段为荣耀而争的奋斗岁月或骄傲过去。然而这些荣耀,仅仅是成功的过去式,并不能代表你人生的整个辉煌。

利奥·罗斯顿曾经说过:"你的身躯很庞大,但是你的生命需要的仅仅是一颗心脏。多余的脂肪会压迫人的心脏,多余的财富会拖累人的心灵,多余的追逐、多余的幻想只会增加一个人生命的负担。"

商场如战场,变幻如风云,命运并不会因为你过去创造了辉煌,就给你永久的优待。尤其是在"江山代有才人出"的商场,每一分,每一秒,都可能造就出无数个神话。如果你总是停驻在过去的这一秒里,那么你可能就永远都不会进步。

世界羽坛的标志之一——丹麦选手金童皮特·盖德不仅是一位让人尊重的运动员,更是一位懂得适时"放下"的羽毛球健将。

2012年5月底,在苏迪曼杯上,36岁的盖德突然向外界宣布自己将在伦敦奥运会之后退役,并且宣称自己已经将"告别赛"选在了家乡丹麦首都哥本哈根。尽管有不少粉丝为自己追随15年的偶像即将告别羽毛球坛感到有些惋惜,可是依然接受了盖德的选择。在"告别赛"后,盖德接受《哥本哈根邮报》的采访时,坦然道:"事实上,现在也该是我停下来享受家庭生活的时候了。我有两个女儿，我要好好照顾她们。"

尽管放下了羽毛球坛上的一切风光与荣耀，但要完全告别自己心爱的羽毛球，盖德内心还是有些舍不得。在退役之前，盖德选择了在队中兼任教练。盖德说："我真心热爱羽毛球，我也希望用自己的一些经验教训帮助年轻选手进步，可能会是丹麦国家队教练，也有可能是另外的协会。"盖德放下了荣耀而退役，不仅开启了人生另一个新的篇章，而且还让他自己体会到了生活的另一番乐趣。

过去的生活，不管如何辉煌或者暗淡，都会随着时光如流水般远去，留给我们的只有记忆。除此以外，它能影响你的又有什么呢？对现实的生活来说，荣辱得失都只不过是过眼烟云。无论你的过去多么辉煌，代表的都是过去，即便对你现在找工作有一点点制约，也是暂时的，它也绝对不能决定你的未来。

正如马云，在"众人皆醉我独醒"的境界中，他能够始终用一种清明的眼光去看待一切。在那最显耀的时刻，马云不仅聪明地放下了自己的权力，而且还大声地告诫人们："每个人心里都得有一张时间表，你得知道什么时候不行，而不是相信我永远行。"

人只有学会忘记和超越过去的荣耀，不断掌握新的技术和本领，增强自身的竞争力，才能找到今天和未来的人生坐标，取得新的成就，重新获得他人的认可和尊重。那么，请像马云一样，赶紧从过去的荣耀中清醒过来吧。

2.放下权力："给年轻人留一个舞台"

马云说："14年的创业经历让我幸运地看清了自己想做的、能做的和必须放下的。从心底里，我佩服今天的年轻人。对互联网行业来说，48岁的我不再'年轻'，阿里巴巴的下一代比我们更有优势运营好互联网生态系统。"

激情颠覆
——站在新起点的马云

对自己辞任阿里巴巴CEO一事，马云在给员工们的信中曾明确写道："我绝无偷懒之想法，尽管当阿里巴巴CEO绝非易事。我是看到阿里年轻人的梦想比我更美，更灿烂，他们更有能力去创造自己的明天。"

2013年，震动中国互联网行业的"马云辞职事件"让很多业内人士都认为中国互联网创业的时代已经过去，留给年轻人的机会也越来越少了。但是马云却不这么认为，相反的，他倒觉得中国互联网还没真正到来，年轻人的机会会越来越多。马云对下一代即将奋起的精英们这样评价道："这世界谁也没把握你能红五年，谁也没有可能说你会不败，你会不老，你会不糊涂。解决你不败、不老、不糊涂的唯一办法——相信年轻人。因为相信他们，就是相信未来。"

马云称现在的年轻人比自己聪明，他说："今天自己解决不了的问题，不代表未来的年轻人解决不了。"马云还说："阿里立志发展102年，我们还有88年要走。没有健康、良好的年轻人接班制度，我们很难想象我们会走到那一天。"

不可否认，很多能力卓越的企业领导的眼界要远远胜过一些年轻的下属，但是，当企业发展到一定阶段，比如其经营形态日益多元化、规模也不断扩大，等等，这就直接导致企业领导者无法再做到事必躬亲。如果企业领导非要大包大揽，反而很可能会付出一些不必要的代价。

在一些企业中，年轻的下属虽然工作经验相对来说没有那么丰富，但是他们年轻的思想是最富有创新精神的，因此也是最富有发展潜力的。现实生活中，很多企业都是因为年轻人的加入才拥有了新鲜的血液，促进了企业向更好、更快的方向发展。

马云在创建阿里巴巴的路途中，虽也犯过"轻视"年轻人的错误，然而在后来的工作中，他却逐渐改变了自己对一些年轻人的成见，他发现："他们都是一张白纸，容易接受新事物，成才概率相对比较高。"马云还说："如果一个年轻人今天和你说他要做什么，三年后依然说他要做这个，而且坚持在做，那你就一定要给这个年轻人一个机会。"

1994年起，联想几乎每年都按100%的速度在增长。当有记者问及联想CEO柳传志的"经验秘方"时，柳传志却说："可以说1994年我们成功跨越了一个坎儿。"而跨越这个"坎儿"的，正是柳传志紧急策略下以提拔年轻人为重任决策的成功。

柳传志解释说，作为老一代创业者，我和其他人一样，对年轻人不是很放心。但是1993年在市场上的失利，让我充分认识到，我们这一代人在联想打天下的过程中发挥了奠基性的作用，这是毫无疑问的。但随着时代的发展、技术的进步，创业梯队的知识结构陈旧，对市场变化的反应迟钝，对新知识的接受能力也不如年轻人了，潜在着"老马可能拉不动大车"的危机，必须大胆启用年轻人。我找到了当时集团CAD部总经理、年方29岁的杨元庆，告诉他联想将有重大的改变，希望他以公司为重，放弃出国的念头。

正是这场重要"委任"，让联想整个翻了身。后来，柳传志专门成立了总裁办公室，目的就是把一些具有良好可塑性的、有潜力的人才集中起来，一方面进行训练与选拔，另一方面让这些年轻人在工作中加强合作与协调，把他们培养成联想的中坚力量。

一个人的时间有限，能力有限，能处理的工作量也有限，一个人不可能包揽所有事务。一个企业管理者要实现高效管理，就在于"小事不管，大事拍板"。有时候，年轻人并非不能担当重任，只要能有所作为，企业就应当给年轻人一个施展自己才能的舞台，为他们营造良好的成长环境。

马云在辞职让权时，就曾对阿里巴巴的各位领导说过："这世界谁也没把握你能红五年，谁也没有可能说你会不败，你会不老，你会不糊涂。解决你不败、不老、不糊涂的唯一办法——相信年轻人。因为相信他们，就是相信未来。"

在企业中，每一个人都扮演着一个特定的角色，而当这个角色已经变得陈旧，且不再能够创造出新的辉煌时，就应当懂得退让。只要企业愿意给有能力的年轻人一个机会,放手让他们去发挥自己的才能,多给他们一些信任和支持,那么企业才可以得到更加辉煌的明天。

3.放下虚名:"我不是传奇,我是平凡的人"

如果问谁是中国互联网的开山之人,估计很多人都会异口同声地叫道:"马云。"的确,"马云"不仅是互联网界中"传奇"的代号,更是很多年轻创业者心中的"创业偶像"。

然而,对于外界给予如此高的声誉,马云却说:"我不是传奇,我是平凡的人。我最怕别人把我看成圣人、教父,晕了。我跟大家没什么区别,是淘宝和阿里巴巴给了我光环,不是我给淘宝、阿里巴巴、支付宝光环。是两万多名员工帮了我,不是我帮了他们。"

马云在一次接受记者的采访时说过:"我不知道'创业教父'是什么东西,也从来没有想过做'创业教父'!"他表示,一开始的时候,自己跟所有人一样,把李嘉诚、比尔·盖茨当做自己的榜样。但是马云又说:"后来发现他们不是榜样,没法学习,因为他们太大、太强。真正的榜样一定在你附近。你做小饭馆,榜样就是斜对面的小饭馆老板,为什么他家门口排队而我们家的服务员比客户还多?小饭馆老板就是你的榜样。"

马云还告诫青年们说:"希望以后大家永远觉得我们一样,事实上我们本来就是一样的。我只是比你们早生了几年,我经历了一个好的时代,我有一些好朋友,有很好的一群人在帮我,我才会这样。十年以后,你们也会,只要你说'我也愿意这么去努力',肯定可以,没什么传奇的。"

商场上的名利纷争十分常见,为了一点"蜗角虚名,蝇头微利"争破头皮、撕破嘴脸的大有人在。而今,"争名夺利"已成为不少商业人士混迹商场的终极目的,在这种心态的带动下,很多人渐渐在名利中迷失掉自我。

真正有修为的人,常常会将"忍狂妄,忍猖介,耐清寂,耐不遇"作为自己的行为准则,不渝地执行,从不为虚名所累。他们明白,表面上的那些尊称实则都是泡影,要想真正获得他人的尊重,那么就得靠汗水积累而来。

从阿里巴巴建立之初起,马云对待所有的成功与失败都是一种"拿得起,放得下"的"大家"之态。即便是在今日,他已经选择从阿里巴巴辉煌的领奖台上走下来了,也依旧是一副从容不迫的随意之态。在马云的眼中,名利就如过往云烟,自始至终,他展现在人们眼前的从来都是那个沾满人间烟火的"凡夫俗子"。

中国文学泰斗季羡林先生,不仅是中国著名古文字学家、历史学家、作家,而且还在佛典语言、中印文化关系史、佛教史、印度史、印度文学和比较文学等领域,都做出过突出贡献,成为享誉海内外的"东方学大师"。

季羡林先生的头上顶着无数被人艳羡的光环,然而2006年,95岁高龄的季羡林先生却郑重请辞"三顶桂冠",要求远离虚名。季羡林先生在其《病榻杂记》一书中写道:"'三顶桂冠'一摘,还了我一个自由自在身。身上的泡沫洗掉了,露出了真面目,皆大欢喜。"而这里的"三顶桂冠"正是指:"国学大师"、"学界泰斗"和"国宝"这三个称号。

季羡林说:"到了今天,名利对我都没有什么用处了。我之所以仍然怕,是出于惯性,其他冠冕堂皇的话,我说不出。'爬格子不知老已至,名利于我如浮云',或可道出我现在的心情。"

成就和名利是分不开的,当你通过攀爬达到了一定高度,或者说已经受到很多公众的认可,有了一定的影响力的时候,你更应当学会从容地看待外界给予你的一切褒贬。名利不过是捆在每个人心头的一把枷锁,你越是紧张它的存在,它就会束缚得你越紧。

马云虽然已经离开了互联网界,然而他却没有带走自己在互联网的影响。因为不论他走到何处,停留何方,他曾经所创造出的一切都已经深深埋在人们心底,这些都是时间认证过的,更是一个时代的见证。它绝不会像那些禁不住时间考验的虚名一样,慢慢从人声鼎沸的热闹人群中消逝而去。

一个人没有不能放下的东西,功名利禄不过浮云;当你参透了人生深邃,自然对得失就不再放在心上。做个平凡的人,做好平凡的事,所谓"英雄不留名,但留凡人心"就是这个道理。

4.放下贪欲:有所为,有所不为

许多企业经营者时常会在经营过程中犯下这样一个错误:"贪大求多"。他们一贯的作为是最大限度地达到所定目标,且不论使用何种手段。这种做法就是一路"贪吃求大",最终在碰到"软钉子"后,上不去,下不来,僵死在途中。

马云说过:"在商场上有三种人——生意人,创造钱;商人,有所为,有所不为;企业家,为社会承担责任。"在马云看来,无论是哪一类商人,在商场上都要有原则,有底线,懂得经营,这样才能真正在商场上有所作为。

从阿里巴巴最初发展到如今,已经延伸出了淘宝、支付宝、阿里妈妈等大型网站,然而,正当阿里巴巴这个"老大哥"带领着"小弟"、"小妹"们继续向前冲的时候,马云却适时地放下了。

2013年,48岁的马云在其阿里巴巴的辞职大会上说道:"9年前初创淘宝时,有位投资者朋友和我谈话,希望我有一天不再担任CEO。他认为我不会是个标准版的合格CEO,我同意他的看法,呵呵。但我知道那时候的我和公司都没有准备好。从那时候起,我和我的团队就开始为这一天努力。我们也许不会是最成功的公司,但我们希望自己是最持久、最具活力的公司。

"作为创始人CEO,退让CEO是个不容易的决定,因为这容易造成误解。特别是我这个年龄,还是常规意义上年富力强的时候。我绝无偷懒之想法，尽管当阿里巴巴CEO绝非易事，我是看到阿里年轻人的梦想比我更美，更灿烂，他们更有能力去创造自己的明天。"

阿里巴巴最初创建之时还只是一个小小的商务网站，但在"西湖论剑"后，马云就带领阿里巴巴管理着全球最大的网上贸易和商人社区。面对这些成功，马云并没有表现出"乱花渐欲迷人眼"的神态，也没有像人们眼中一般商人那样的急功近利，而是在大家都争先恐后地为自己争创更大利润、吞噬更多财富的过程中选择了"放下"。

马云在一个电视节目中对主持人说过："我们不想做商人，我们只想做一个企业，做一个企业家，因为在我看来，生意人、商人和企业家是有区别的，生意人以钱为本，一切为了赚钱；商人有所为，而有所不为；作为企业家，是为社会创造财富，为社会创造价值，影响这个社会。赚钱是一个企业家的基本技能，而不是你的所有技能。"

《菜根谭》上有句话说得好，"毋以善小而不为，毋以恶小而为之"，说的就是做人的道理。而做生意也是如此，"不要因为利润少就不去做，也不要因为风险小就去做"。任何时候，都要懂得有所为，有所不为。

2012年12月27日，世纪佳缘网宣布公司董事兼联席CEO龚海燕不再担任联席CEO职位，并任命龚海燕为联席董事会主席。

对自己的淡出，这位被称为"网络第一红娘"的70后却认为，这正是因为自己执掌的世纪佳缘出现了瓶颈期，放权给他人是更聪明的选择。用十年的时间走完了从创业到登陆纳斯达克完成海外上市，再到淡出的全过程，应当说龚海燕是幸运的。然而，她却坦言道："创业就像马拉松，跑一段累了，让精力更充沛的人接棒，对企业发展是个好事。而世纪佳缘，她永远是我的孩子，我虽然已放下，但只要她有任何需求，我都会义无反顾。我的放下，也是希望她能更好。这是一份无私的爱。在这里也要感谢7300万世纪佳缘的会员，谢谢你们对世纪佳缘的支持和信任，希望你们能够早日收获属于自己的佳缘。"

爱财本就无可厚非,不是所有人都具备圣人那种"视金钱如粪土"的境界。但是,在竞争越来越激烈的今天,很多人在竞争的过程中,忘记了自己当初创建企业的最初目的,为了一些利益,不惜冒着巨大的风险让企业从中盈利,甚至为了自身的发展,不惜把已经发生的企业危机放在一边,一味地跟进。

马云曾经说过这样一句话:"生意人都是唯利是图,商人有所为有所不为,企业家必须有社会责任感。"企业要发展,必须懂得结合自身情况来"量身定价",该放弃某些东西的时候,就不应违背原则贸然前进,否则带来的最终后果将是不堪设想的。

做大事者必远离一个"贪"字,放下心中的贪欲,实事求是地踩着步伐前进,这样才能为企业找到真正可以进步的地方。同样,一个创业者如果能够学会"有所为,有所不为",那么必然最终能够得到精神上的圆满。

5.放下人言:在众说非议中走自己的路

2013年5月,正当商业各界人士都在计划下半年该如何运筹运营等事项时,"马云离职"消息的传出,让各路人士的眼光全聚集到了一起。然而,各界对事件本身的关注程度,远远不及对其他八卦新闻来得猛烈。为什么?谁会舍得丢下阿里巴巴这么大块肥肉不要?莫非马云又在耍什么花招?

看着各路人士争相猜测,一片非议之声,马云却是十分坦然。对这种非议,马云似乎早就司空见惯,不仅十分淡定地在公司举办了正式离职的仪式,走之前还不忘与各路人士打了声招呼:"我挥一挥衣袖,不带走一片云彩。"

马云说过:"我带领阿里巴巴一路走来,备受质疑,被许多人怀疑、拒绝、诽谤，可这就是新生事物。如果每个人都认同了，还轮得到我们做吗？每个新生事物都是在非议中成长的，要成就一番事业，需要有超前的眼光、敏锐的触觉，就是要做一些别人暂时不敢做的事，才能把握住先机。当别人明白了，我们已经成功了；当别人理解了，我们已经富有了。"

或许，正是因为马云能够放下人言，才能够一路淡定地走到今天。哪怕此时马云已经宣布离职了，却依然能够从容地应对各路人士的猜疑。哪怕各路非议已经传到了马云的耳朵里，他依然能够表现得十分沉默，只是通过官方向媒体和各界人士给出了信息："接任创始人CEO是个很艰难的工作，特别是接像我这种'外星人'类的CEO，更是需要有巨大的勇气和牺牲精神。阿里巴巴有幸有数位这样的人才。"

国美总裁黄光裕说："一个机会只要有三分把握都要去试。自古以来，成功都是从尝试开始的。马云于1995年去美国，知道了互联网，回来后创办了中国第一家网络公司：中国黄页。那个时候他宣传互联网，人人都认为他是骗子，结果到了今天，阿里巴巴的市值足有四千亿港币。"

都说人言可畏，可是真正让人感到害怕的不是众人的非议，而是内心的怯弱。放下人言，不在乎别人说什么，不管它听起来有多么匪夷所思。只要你内心能够做到心无旁骛，那么你就能顺着自己的道路走向成功。

马云的离职，是他自己选择的道路。不论他以后是否真的不再将心思过多地放在阿里巴巴上，那都是他经过一番思考后所做出的决定。不难看出，在成功这条路上，马云始终都能够坚持自己，哪怕离职后，他也能义无反顾地走属于自己的路。

有人采访美国国际公司总裁马休·布鲁斯，问他对别人的批评与质疑是否敏感。他说："是的，我年轻时确实对别人的非议非常敏感，因为当时我渴望全公司的人都认为我是完美的。如果他们不认为如此，我就会很烦恼。为了取悦第一个有反对意见的人，往往我得罪了另一个人，于是我又得安抚第二个人，结果搞得一群人都有意见。

"最后我终于发现,为了避免别人对我个人的批评,我试图安抚的人越多,我也同时得罪了更多人。我只有告诉自己:'如果你身居领导地位,就注定了要被批评,想办法习惯它吧!'这对我很有助益。从那以后,我只管尽力而为,然后撑起一把伞,让批评之雨顺伞滑落,而不再让它滴到脖子里,让自己难过。"

正是因为布鲁斯的这把"伞"为他遮挡了许多"批评之雨",才让他得以有了这样庞大的事业。问问自己:我对他人的批评敏感吗?是否会为他人的一句抢白暴跳如雷?是否会因人家一个讥诮就沮丧颓废?是非天天有,不听自然无。不把他人的批评放在心上,自然也就没那么多烦心事儿,才能将心思与精力更多地投入到自己要做的事情之上。

事实上,越成功的人,往往受到各界的猜忌,甚至诽谤就会越多——这已成为整个社会的共识,所谓"人怕出名猪怕壮"。你默默无闻的时候,谁都不会注意到你;而当你崭露头角时,大家开始多看你两眼;最后你声名大振了,各种各样的负面新闻就会如潮水般涌来。

总而言之,总是被他人言论所左右的人,是不可能或者很难做出大事业来的。无论你在做什么,都请堵住耳朵,义无反顾地坚持下去。有时候,成功往往就在你最后那一刻的坚持中突然出现。

6.放下浮躁:心可以大,目标不要太大

浮躁不仅会让创业者急功近利,而且还很容易使创业者走向迷途。马云曾经多次强调,对一个创业者来说,创业的过程中会有无数障碍和困难,只要有一个问题没解决,就很可能前功尽弃。所以,浮躁心理是创业者解决这些困难时最大的障碍。

不论是阿里巴巴建立之初,还是如今离开阿里改做"菜鸟"网络,我们

看到的马云，似乎总是在略为深沉的思考之后，才开始迈步前进。对阿里成功之后的下一个目标，马云从来也没有过好高骛远，而是将目光对准一个点，全力以赴。

马云在接受记者采访时曾说："假设我今天是90后，重新创业，前面有个阿里巴巴，有个腾讯，我怎么办？首先第一点，我会利用好腾讯和阿里巴巴，我想都不会去想，我会跟它去挑战，因为现在我的能力不具备，心不能太大。"

马云表示，希望现在的年轻人不要好高骛远。他说："我要问很多年轻人，你们到底想创业还是想做大事业？我当年说，我以前把比尔·盖茨当榜样，后来我不知道该怎么干起来；做金融，我把巴菲特也当榜样，却发现根本干不起来。其实隔壁的小王、小李，开馄饨店的、搞理发店的也是你的榜样，你创业一定是这样。"

马云还告诫想要创业的年轻人："不要埋怨创业的机会少，是因为你不够努力，你不够执著，你的心不够稳定。机会其实很多，但是你个个都想做腾讯，个个都想做Facebook、谷歌，真难，这种概率太低了。"

不论是在生活中还是在商场中，有一些人总是好高骛远，他们往往大事做不了，小事做不来，还总埋怨没有机会，自己空有一身本事得不到施展。事实上，在商场中，追求速度的卓越不是第一位的，相反，放下盲目以"快"为目标的心态，脚踏实地做事情，才是安身立命的根本。

万科集团董事长王石曾经说过："我想浮躁心态是现在普遍的一种存在，恨不得今天读一本书，明天能马上见效，上午一句什么警句，下午马上一说出去就可以得到大家的赏识，太浮躁。这是我想说的，年轻人急于求成。当然我得首先批判自己。不批判自己，别人会说，就你不急躁，就我们急躁，其实我也有急躁的时候。"

当然，"脚踏实地"绝对不等同于原地踏步、安于现状、停滞不前。"脚踏实地"需要我们拥有更多的韧性和更明确的目标，纵使向前的每一步都很小,也要时刻不间断地前进。事实上,最后那"突然"而来的成功,绝大多数都源于这些"量微"又"密集"的"脚踏实地"。

2000年,马云将阿里巴巴的英文网站放到硅谷,当时正值互联网的冬天,大批互联网公司倒闭,阿里巴巴的硅谷中心也陷入了生存危机中。如果不尽快采取措施,整个阿里巴巴将就地阵亡。2000年年底,马云宣布全球大裁员。2001年,马云开展了阿里巴巴的"整风运动"。"如果你心浮气躁,请你离开",这句话,马云不仅是对员工讲的,也是对自己讲的。

静下心来的马云开始考虑阿里巴巴的核心是什么?经过深思熟虑,马云认为,小企业通过互联网组成独立的世界,这才是互联网真正的革命性所在。帮助中小企业赚钱是阿里巴巴的目标。于是,马云频频飞到世界各地联系买家。同时,在分析当时国内电子商务的环境后,马云发现,B2B交易成败的关键在于安全支付问题上。于是,2002年3月,阿里巴巴启动了"诚信通"计划,和信用管理公司合作,对网商进行信用认证。结果显示,"诚信通"的会员成交率从47%提高到72%。于是,从2002年开始收费,年付费用2300元的"诚信通"成了阿里巴巴盈利的主要工具,45000个网商的营业收入让阿里巴巴日进斗金。至此,冷静下来的马云终于把握住了阿里巴巴的发展方向。

诺贝尔医学奖得主托马斯·高特·摩尔根说得好:"不要把志向立得太高,太高近乎妄想。没有人耻笑你,而是你自己磨灭了目标。目标不妨设得近点,近了,就有百发百中的把握。标标中的,志必大成。"

创业中的每一个人都需要有自己坚定的目标,也需要通过努力去实现自己的目标。但是目标要现实,不能太虚幻,太笼统,否则就可能只是昙花一现。目标的制定既要基于现实,又要超越一般标准。太难和太容易的目标,都不会激发人们去实施的热情。

企业的发展要靠管理者一步一个脚印地去完成。只有放下心中的浮躁,朝着既定的目标前进,这样纵然失败,却总会有达到目的的那一天。

第 三 章

战略眼光，
站在局外看局内

1.全球眼光，第一天就站在全世界

很多企业家，尤其是一些中小企业家，在考虑自己的企业发展的时候，有全球眼光的并不是很多。然而，在经济全球化蔓延的今天，国内的经济市场已经与世界市场紧密连在一起了。你不去考虑它，它却会考虑你。这就要求企业家必须要有一点全球眼光，才能使企业走得更加长远。

马云在创办阿里巴巴时就曾说过："不管再远大的理想，必须立足于本地。全球的眼光，当地制胜。一个企业要发展，并不是你人在那里就可以了，而是要你的心在那里。你如果看全世界，你能做全世界的生意。"

2009年，马云在中国首届网商交易会"内外兼修共赢天下"论坛上表示，21世纪是一个开放的世纪，必须从全球的角度看问题。前面的八年阿里巴巴做的事情是证明中国将会诞生一批新的群体——网商。"各地有各自的商人群体，广东有粤商、山西有晋商，但是互联网是没有区域的，都是网商，后面的五年我们将证明网货的力量。"

激情颠覆
——站在新起点的马云

马云认为，今天的中国必须倡导互联网的分享力量，制造商们要迅速开始新的营销。在他看来，传统的渠道商拿了制造业的钱，剥削了消费者，但他们拿的钱不是用来真正地完善渠道，而是做各种投资。马云说："未来的五年我们将倡导和推进网货的力量，再五年我们将推进网规，没有网络上的诚信和做事的规则，我们绝对不相信互联网可以完善。"

在马云的眼中，"开放的胸怀、分享的精神、承担责任、全球化的眼光，是21世纪要想成功必须要有的四大特征"，而每一个阿里巴巴人都必须做到。

在经济全球化这股大潮的涌动下，企业只有树立正确的策略，对未来发展前景的各种艰难险阻有一个充分的思想准备，才能在国内外市场都能站得住脚。毕竟，如今竞争已成为全球的竞争，企业只有从更加宏观的角度去看待世界，着力发展和更改自身战略步伐，才能跟随潮流而前进。

当然，制定一个正确的战略绝非易事，这里就包含着对国内、国外两个大局的理解，对所在国基本国情与市场经济的理解。同时，如何同外部世界打交道，这也是有学问的。而在这些过程当中，企业日常所建立的外交资源将会发挥积极的作用。

马云曾经说过："宇宙是多么浩瀚，地球像粒灰尘根本找不到。地球都找不到，人更别说啦。你要想到这些，你就有了远见。"作为一个卓越的商界领袖，一定要放眼全球，从大局出发，这样才能够在竞争中胜出。

1980年到1993年，可口可乐公司的股票价值从40多亿美元上升到560亿美元，成为当时全美市场价值排名第六的上市公司。面对如此辉煌的业绩，公司领导人并没有高兴很久，因为所有人都面临着一个严峻的挑战，那就是可口可乐如何在整个20世纪90年代保持高速增长。

当时，可口可乐的领导人戈伊苏埃塔决定依靠更广阔的市场来推动公司的发展。于是，他开始了可口可乐的全球战略布局，努力把公司和品牌打造成"环球可乐"。为了打开海外市场，戈伊苏埃塔首次实地考察了一系列欧洲国家，目的在于探讨可口可乐及其合作商们如何在该地区进行10亿美元的投资。

成功的考察使戈伊苏埃塔相信，可口可乐将步入一个发展新时代。他说："我们过去是一家拥有大量国际业务的美国公司，而如今我们是一家在美国具有一定规模业务的大型国际公司。"在后来的商业实践中，戈伊苏埃塔重新改造了可口可乐公司，使它发展成为一家全球化的软饮料公司。可口可乐公司的这一切，都与戈伊苏埃塔的"全球眼光"经营策略有直接关系。

在近十年的世界财富英雄榜上，有两个热门人物十分值得大家注意：一个是沃尔玛创始人萨姆·沃尔顿，一个是微软掌门人比尔·盖茨。许多人都在探究比尔·盖茨创造财富的奥秘。然而，比尔·盖茨一言以蔽之说："我的眼光好。"

塞斯·沃曾经说过："我一直相信，一个公司的眼光应该长远一点。只顾眼前利益，如同顺着斜坡滑一样，可能偏离主题，越走越危险，直至最终灾难的到来。"由此看来，只有开阔性的眼光才会为企业带来更长远的利益。

每一个企业的高层管理者应该明确，市场营销和管理决策本身包含了大量的预测活动，而把握未来市场发展大势也是管理者必须具备的素质，只有努力使远景目标成为可以实现的美好愿望，这样才不会犯下"因小误大"的错误。而将目光投向全球，将会让你一直站在世界的最前端。

2.眼光超前，创业要有超凡的预见力

有句名言说得好，"你能看多远，你就能走多远。"在如今竞争异常激烈的商战中，企业要想获得先机，就得对未来策略的制定有一定的预见性与预测力。因为慢一秒，就有可能意味着失去赢得先机的机会，还有可能让正在成长中的企业关门大吉。

激情颠覆
——站在新起点的马云

马云的高明之处,不在于他对现有事物的掌控力有多强大,而在于他远高于常人的对未来趋势的预见。用马云的话来说,"如果时机成熟,就轮不到我来做了"。在大部分人都还处于"眼盲"、"耳盲"、"心盲"的时候,马云总是第一个预见到商机。

2010年,马云在出席网货交易会时,就曾首次谈及涉足物流行业的原因:"目前物流行业存在发展阻碍,阿里巴巴相信生态链建设,因此一定会在物流上做些事情,但不会抢民营企业的饭碗。"

马云曾经说过物流是制约电子商务发展的最大问题,而今他又再次重复了这一理论:"在电子商务刚开始发展的时候,支付跟不上,现在支付宝发展起来了,物流又遇上了大问题。我们可以预见到淘宝一年可以做1万亿,但是做不到4万亿,主要原因就是物流。"

在谈及涉足物流业的原因时,马云说,上一个世纪,企业要成功,需要抓住机会;但是这一个世纪,企业要成功,就必须思考,看能够帮助别人解决什么问题,而不是看机会。

正因为此,2013年,马云一卸任阿里巴巴的CEO,立马就将眼光投放在了自己预见已久、却未曾着力实施的物流中去。而同马云当初预见的一样,物流很显然已经成为了当今电子商务平台中不可分割的重要组成部分。

抓住商机,对创业者来说很重要,是决定创业者成败的关键所在。然而,什么是商机?并不是等到所有人都听到了发令枪响才是商机,而是在大多数人都还不曾看清的时候,你已经对未来有了初步的预设与规划。

今天的阿里巴巴,从淘宝到支付宝,从天猫到一淘,再到将要全新打造出来的物流界。可以说,其构建的电子商务生态系统不仅正影响着线上线下的商业经济,而且还对社会商业形态有着巨大影响。然而,即便如此,马云依然不允许阿里巴巴被外人所控股。马云"私有化"阿里巴巴,正是看到了数十年后阿里巴巴的影响力,提前解决未来可能出现的巨大麻烦。

人们常说,弱者等待时机,强者创造时机。尤其是在这样一个信息时代,对创业者来说,时机就是商机,商机就意味着成功。创业不仅要有超凡的想象力,更要有一定的预见力,这样才能为企业的未来发展提前做出更好准备。

作为星巴克的市场经理,1983年,霍华德·舒尔茨被派到意大利米兰去参加一个国际家居用品展。一天早晨,他来到宾馆旁边的一个咖啡店休闲时,惊讶地发现,这里的咖啡店不仅仅是一种商业的模式,它已经成为了一种文化。咖啡就像是一种纽带,而咖啡店则是人们情感交流和休憩聊天的绝好的"第三空间"。舒尔茨被这些充满人文气息的"咖啡"深深地震惊了,他坚信这种全新的"咖啡文化"必将成为休闲时代的潮流。

舒尔茨抱着发扬这种文化理念的决心回到美国星巴克,但是星巴克的管理层们却异常顽固,他无法说服他们,以至于最终不得不离开了星巴克。

1986年,离开星巴克的舒尔茨开起了第一家咖啡店。这种新的咖啡文化,给了人们全新的体验,使他的生意异常火爆,到1987年,他就开了三家店,每家店的销售额都达到了年均50多万美元。而就在这一年,老的星巴克的拥有者鲍德温等人打算把星巴克卖掉,舒尔茨立即融到了400万美元,将它买了下来。就这样,新的星巴克诞生了。

如今星巴克咖啡的名号已经享誉全球,霍华德·舒尔茨凭着对人们生活文化发展趋势的深刻洞察与前瞻性的把握,在短短的20年时间里,打造了一个遍布世界的咖啡王国。

马云曾经说过:"做互联网好像冲浪,机会稍纵即逝,不能够等浪高了再冲,要随浪而高,随风而变。"对每一位创业者来说,时间就是金钱,以快取胜,创造时间效益,不轻易放过任何机遇,要牢牢树立起"时间就是商机"的观念,才能够捕捉到市场机遇。

毕竟,在现代这个以市场需求为核心的市场经济中,市场总是瞬息万变的。抓住机遇,争取时间,才能因势利导,化险为夷,让企业的未来之路能够走得更加顺畅一些,否则,一旦企业发生任何危机,可能就会因为措手不及而导致失败。

当然,企业每一次的预见都会存在有一定的风险。因此,一个敢于预见的创业者必须有勇气去承担这种风险,并且善于避开风险中的各种阻碍,有能力将风险转化为机遇,这样才能在超前于他人的眼光中拔得头筹。

3.眼光放远点,未来的事大家拼的是想象(我们不做"帝国", 我们做"生态系统")

市场的变幻莫测往往决定了企业的兴衰成败,然而有些企业在恰逢市场惨淡的时候,往往很容易泄气。事实上,机遇无时不有,无处不在,关键在于你是否能够练就一双火眼金睛,能够看得比常人更远。

正如马云说过的:"在创业的过程中,不要看到小金子就忙不迭地拣起来,否则会不胜其累,无法到达遥远的金矿。唯有把眼光放长远,全力投入到创业中去,才能收获最丰厚的回报。"

在创建C2C、B2C项目不久,马云就发现阿里集团发展的重要瓶颈是物流业的滞后。经过一系列考察,马云心中腾升出了"大淘宝"战略计划,这个计划也成为了阿里集团未来发展的重中之重,因为这一战略不仅会改变物流业整体的布局,还会使C2C、B2C、B2B产生联动效应。

经过一番市场调查,马云发现,送货慢、服务态度差、质量无法保障,几乎已经成为了如今网购零售业的心病。虽然一些B2C企业如凡客诚品、京东商城等已经有了自建的配送团队,但是其覆盖范围还是很有限的,而且缺乏统一的服务规范。因此,马云将目光看向了更远处,创建了以物流为主的"大淘宝"战略。相比于单一的B2C企业来说,马云的这次"大淘宝"物流计划因为依托阿里集团C2C、B2C、B2B业务,因此具有巨大的潜在需求和发展空间。

第三章
战略眼光,站在局外看局内

曾经有人用猎狗这种动物来比喻优秀企业家的睿智精神,猎狗平时谨慎而低调,可一旦嗅到了猎物的气息,就会迅速出击,抢先找到猎物,而旁人只好眼睁睁地看着它将猎物叼走。马云的成功经历恰好告诉我们,一个人的成功并不是偶然的,而取决于他的那种独特的猎犬式的眼光和远见。在马云的眼中,未来的事大家拼的是想象——这亦是一名优秀的企业管理者所应具有的眼光与睿智。

当初微软做起来的时候,人们都说没人能超越微软;后来出现了雅虎,人们说没人能超越雅虎;后来又出现了eBay,人们觉得eBay已经很了不起了,又出现了谷歌。而当人们觉得谷歌已经像太阳一样灿烂了,现在又出现了Facebook。

当然,也有一些企业的成功来源于企业家的直觉和他们对市场机会的"赌注"。然而,这种"赌注"却只会让企业家们出现急功近利的问题。例如,只看到了短时间内的盈利,忽视了企业未来的发展,让企业一时获得蝇头小利,而在未来造成整体格局的大变动。

网易总裁丁磊在刚开始创业的时候,觉得写软件比较赚钱,于是他将网易定位为一家软件公司,免费邮箱的大卖使他赚得钵满盆盈。而当丁磊发现网站运营的诀窍、看到广告营收的利益时,他立即眼光一转,决定向门户转变,软件公司摇身一变成了真正意义上的互联网公司。由靠技术赚钱转型为靠服务赚钱,这一战略转型正是靠着丁磊敏锐的市场眼光实现的。

为开拓海外市场,吸引海外投资者,网易开始筹谋上市。这是网易进入国际资本市场、接受国际竞争挑战的标志,可惜却遭遇"滑铁卢",使得网易遇到了前所未有的失误和灾难。这时候,丁磊乘着2001年新浪和搜狐争相在门户内容上肉搏的时机,另辟蹊径,找到了绝处逢生的机会,网易开始投入无线业务和网络游戏。这在当时不被看好的领域,经过一年积累就迅速井喷。

在三大门户网站中,网易的纯收入不到搜狐的三分之二,而搜狐又只有新浪的四分之一。在这种情况下，丁磊暂时放弃新闻和内容建设，大胆转型，主攻网游和短信，同时还继续保持门户网站上一些服务产品的优势。

经济市场每日都在不停地变动，企业要想在这种变动中寻求到更好的发展，那么就应该对市场随时保持一种灵敏的悟性。这种悟性是企业管理者对经济所应具备的触觉，只有把握好这份敏感性，才能更好地分析市场、投入市场，最终赢得市场。

著名的管理大师彼得·德鲁克曾将创业者定义为那些能够"寻找变化，并积极反应，把它当做机会充分利用起来的人"。的确，能够发现独特的机会是成功创业者所必须具备的一项特质，是他们成功的起点。能够发现独特的机会，在某种意义上就意味着创业已经成功了一半。

一个成功企业管理者的眼光绝不会只局限于眼前的小利上，他们会自己发掘出更为广阔的市场与目标，并且制定出可行的方案，再自己去努力拼搏与奋斗。对他们来说，只有拥有高瞻远瞩的能力，才能实现自己还未完成的长远计划。

4.眼光独到，善于发现被别人忽视的机会

马云曾经说过一句话："如果我马云能够成功，那么80%的年轻人都能够成功！"可为什么那么多人没有成功呢？马云之所以能成功，除了具有创业激情和能够吃苦的精神，还在于马云有眼光。马云是一个眼光独到的人。

我们身处在这个信息时代，信息就是我们经商的基础，所以眼光独到，善于捕捉信息，就等于抓住了成功的机遇。回顾马云的创业经历，我们可以充分证实眼光对创业者的重要性。善于发现被别人忽视的机会，你就拥有了获得成功的一半筹码。

第三章
战略眼光，站在局外看局内

2013年4月，马云现身云南昆明，在"2013年中国绿公司年会"上透露，目前自己正与圈内好友构思"中国企业家创业者大学"，计划在未来两年内办起来。

在会上，马云谈到了自己对中国经济前后三十年的看法。马云认为，中国改革开放三十年是中国"探索中发展的三十年"，自己和柳传志这一代的企业家都是前三十年的幸运者。但是，未来的三十年可能将是中国竞争较激烈的三十年，因为随着市场经济的不断融合与改变，企业未来面临的挑战将会非常大，而互联网行业"还有十年可以做"。

在马云的心中，帮助中小企业共渡难关是阿里巴巴一直所坚持的初衷所在，而办"中国企业家创业者大学"，不仅是帮助中小企业创业者更好的途径和方式，对自己的拓展目标而言，也是一次机遇。

日本企业界曾提出这样一句口号，"做别人不做的事"。也就是说，创业、开店、做生意，要寻找冷门，独辟蹊径。马云也说过："一个项目、一个想法如果不够独特的话，很难吸引别人。"

在这个信息泛滥、商店林立、充满着竞争与挑战的时代，所有创业者都会感觉到如今生意难做、钱难赚。但生意越难做，就越会有人赚钱，因为他们总能棋高一着，靠自己独具匠心的产品和服务吸引顾客的眼球。在创建战略方式的途中，他们要求越新越好，越独越好，也正是因为这份"新颖"，让他们能够站立到今天。

事实上，创业是一件十分艰难的事情，然而只要你能够眼光独到，看到他人所没有看到的，能够在他人之前抓住机遇，那么就一定能成功。正如马云曾经答记者问时说的："做任何事，今天会成功的事情，我不会做。10年后成功的事情，我会特别有兴趣。"

都说温州人十分会做生意，实际上是因为温州人的眼光十分独到。温州商人刘世明初战商场时，当时温州的服装业正值鼎盛时期。看着身边的亲朋好友都在经营服装，刘世明一时十分发愁，因为他对服装业一窍不通，实乃"门外汉"。

没有事情可做的时候,刘世明便和朋友一起到北京考察市场。也就在此时,他留意到街头上有人穿着皮夹克,既漂亮又时髦。但是他又发现,偌大的北京城,穿着皮夹克的人却非常少。即便是在热闹非凡的王府井,他也发现仅仅只有两处卖皮夹克的,而且总是缺货。根据皮夹克店铺老板的解释,原来,皮夹克的货源很稀缺,商场里常常进不来货,一旦购进,便会被喜爱的顾客一购而空。在王府井,刘世明亲眼见到了那种蜂拥争购的场面。这个场面使刘世明看到了商机,于是他决定另辟蹊径,独创自己最感兴趣的皮夹克生意。

当时市场上的皮夹克只有黑色一种颜色,款式也很少,生产工艺也不复杂,对技艺娴熟的温州裁缝而言,他们一看便会做。就这样,刘世明很快就设计出了第一批产品,面世后很快卖罄。于是他又组织生产第二批、第三批,很快便卖光了。久而久之,刘世明成了王府井商场的供货商,几个市场都喜欢进他的货。卖皮夹克不仅使刘世明赚了大钱,还使他名声大噪,享誉京城。

不论从事何种行业,企业管理者都要能够从别人容易忽略的地方发现属于自己的商业机会。毕竟,在鱼目混珠的市场中,要想第一时间博得顾客的喜爱,那么就要靠在经营上以独特的个性和少见的手法去吸引顾客的眼球。

马云曾经认为,做生意,"做小了,就一定要做到独特"。当然,要想眼光独到,看起来是一件很简单的事情,实际上做起来并不容易,不过其中也有一定的规律可循。

市场机遇的捕捉包含着观念的确立、独具慧眼的创意、正反思维的交替以及新技术的应用,等等。只要企业能够抓住这点,并且果断行动,那么就一定能够凭借自己独到的眼光和踏实的耐力实现自己的目的。

5.大势不好的时候,你未必不好(看到危机背后的机遇)

一提及"大势不好"这四个字,不少中小企业就像被霜打的茄子一样,对企业的未来发展开始动摇起来。然而事实证明:在通往成功的道路上,从来就少不了危机的身影。但是这种"危机"并非一成不变,在某种情况下,没有到最后一刻,请不要轻易给"危机"下结论。

马云曾经说过:"大势好未必你好,大势不好未必你不好。"正所谓"塞翁失马,焉知非福",或许你的这次"危机"可能就是你的"转机"。如果企业能够将精力都用在如何补救的方法上,那么你就一定能够看到危机背后所隐藏的机遇。

马云曾讲过这样一个故事:"在北京,有一位老板曾问过我,如何看待现在的全球金融危机?我的答案是,2009年下半年会好一些。他说,是不是今年下半年经济会复苏?我告诉他,不是经济会很快复苏,而是许多企业将适应这一新的环境。再坏的环境也会有好的企业,而再好的环境中,也会出现烂企业。"

马云认为,百年一遇的金融危机不会很快就过去,但中国的企业却有机会再次起来。届时,包括云南企业在内的中国企业将会有更多机会。马云认为,许多人把源于美国的金融危机归咎于金融创新,这是错误的。外国一些投资银行把垃圾债券包装后再出售,实际是它们价值观的沦丧,已违背了价值体系。在这场危机中幸存下来的企业将会更强大,因为它们会从中汲取教训,从而更重视品牌、价值观与使命感。中国已成为世界市场举足轻重的制造基地,中国企业经过洗礼后,只要产业链不断,就会获得更多利润。

"在若干年以后,当你们年纪很大时,会自豪地告诉年轻人:我们成功渡过了一次重大的金融风暴。对一个企业来说，危机将是一次机遇；而对一个企业家来说，危机可能是你的一笔人生财富"。

事实上，不仅仅是阿里巴巴或者是互联网，每一个企业在面对经济寒冬的时候，都要镇定自若思考一下自己的对策。在寒冬期间，创业者一定不能坐以待毙，被寒流冻住身心，而是更要全力以赴、有条不紊地全面整改企业内部一切不好的制度和体系，争取做到"利用危机，强大自己"。

当2008年互联网的寒冬时期来临时，谈及中小企业，马云依旧显示出他一贯的乐观："我从来不为中国的中小企业担心。他们几乎没有银行贷款，不是靠负债扩张。过去二十年间，这些中小企业凭借自己的聪明、毅力和勤劳走到今天——没有人引领，他们已然用上了互联网，并且他们不断学习，学会利用互联网做生意；目前的艰难时刻，创造工作机会是一切经济刺激计划的核心要旨，而中小企业则可以提供大量的工作机会，这使它们成为国家经济刺激计划的一部分。最重要的是，这些企业家从不言败！"

在经济危机的大环境下，企业一定要做到镇定自若，头脑清晰，这样才能从延伸的危机中找出自己可以破解的门路，为自己寻找到另外一条谋生之路。如若轻易就被吓倒，那么就只能忙中出乱，最终加速失败的到来。

2011年，在通货膨胀、债务危机、经济下滑的形势下，有很多中小企业在困境中苦苦挣扎，更有人惊惧地高呼："全球经济的冬天来临了！"然而，在如此人人自危的大势之下，专门为企业在困境与危机中寻找出路的中国咨询管理公司——登尼特却迎来了外国宾客。

因为看中了登尼特优厚的专家力量与众多业内资深顾问人士，美国德州达拉斯市副市长率史维特斯私人财富管理有限公司高管来到登尼特集团中国总部深圳，与登尼特集团董事会高层进行洽谈，希望能在投资理财、市场营销、企业培训、资源交换等方面与登尼特展开合作。登尼特集团董事长对此次合作充满了信心，在谈到当前的经济形势时，他说，登尼特的责任之一就是为陷入困境中的中小企业寻找出路，并且建议中小企业要保持镇定与淡定，因为"大势不好未必你不好"，广大中小企业要学会在危机中寻找商机、获得转机。

对同样处于经济低潮期的登尼特公司来说，这次合作，不仅是自己从危机中找到的"契机"，而且也是一次合作共赢、共渡难关的最好机会。

当然，或许还有些人会这样认为，在"金融危机"的"大势"下，恐怕不管你多有能耐，就是无法顺顺利利地一展所长。然而，"危"和"机"总是伴随产生的。有危险产生，那么就一定会有一定的机会去抵挡与防御，最重要的是要卸掉心中的恐慌。

马云曾经认为，外部环境的好坏与自身成功与否并没有必然的联系。真正能决定我们的前途和成功的，是我们的努力和努力的方向。因此，在金融危机的"大势"中，企业首先要做的绝不是怨天尤人，把一切的不如意归结在"大势"上，而是应该好好地反省自身，从危机中找到可以扭转的"大势"所在。

6.从宏观思考问题，不做井底之蛙

一个企业若是不懂得从宏观思考问题，只想着做井底之蛙，只注意眼前的利益，是不会长久发展的。因为这个世界一直都在变，尤其是商业界，其变化更是迅速。今天你的商品卖得好，可能明天大家就去买别人的了，你就会亏损。如果其他人一直在变，而你不变，那你就是在坐井观天，只是在做黄粱美梦。企业必须要跟得上时代发展的步伐，或者最好能引领时代的发展，这样才永远不会落后，被人甩在后面。

2013 年 5 月 28 日，中国深圳，阿里巴巴集团、银泰集团联合复星集团、富春集团、顺丰集团、"三通一达"（申通、圆通、中通、韵达），以及相关金融机构共同宣布,"中国智能骨干网"项目正式启动,合作各方共同组建的"菜鸟网络科技有限公司"(以下简称"菜鸟网络")正式成立,马云任董事长,沈国军任首席执行官。同时,中国人寿集团与阿里巴巴集团和银泰集团,中信银行与"菜鸟网络"分别建立了战略合作伙伴关系,它们将为"中国智能骨干网"的建设提供资金支持。

此消息一出,作为淘宝卖家的我们才知道马云似乎早有新的规划。"人生需要挖空自己,不断注入新鲜血液,我们的生活才能有新的改变"。

那么马云的"菜鸟网络"概论是否能引起大家的新意呢?

"公司定名为'菜鸟网络',第一就是想时刻提醒我们自己,互联网的创新无处不在。在互联网时代,我们要保持'菜鸟'心态,才能保持创新性和学习性。"沈国军表示,"而且我们要做的事情对我们而言是崭新的、从没人做过的。作为一个行业新入者,我们服务的客户也都是刚起步或正处在成长中的中小企业,相对于传统大品牌、大企业,我们以及我们的客户还都是新手,取名'菜鸟',意在激励我们选择共同成长。"

物流体系的不完善,一直是淘宝发展的瓶颈。如果物流方面的问题得到解决,那么将来中国的电子商务将会创造出巨大的财富。有人说,淘宝永远也打破不了物流的桎梏。马云似乎不相信这个说法,他要用他自己的行动,并且联合大家的力量,一起为中国的物流创造新的神话。

所谓宏观,简单来说,就是从一个大的角度看问题,比如站在时代的角度上看问题。做任何生意,都要了解清楚你所处的是什么时代。比如过去,大街上就有卖米卖面的商家,而现在那种卖米面的商家就几乎销声匿迹了,这就是时代不同所导致的。宏观,也可以理解为一个全面而细致的统筹式角度。站在这样的角度来看一个企业的发展,会为企业提供出多种发展的思路,并且能及时全面地总结当前时代的经验,使企业不至于固步自封,总是重走老路。

一个企业如果不能把目光放得长远些,不能敏感于企业的发展,即使这个企业再大,也会因为目光短浅而被时代所淘汰。

第三章
战略眼光，站在局外看局内

诺基亚是一家拥有百年历史的庞大企业，而最被国人熟知的就是其强大的手机业务。自 1996 年以来，诺基亚的手机销售连续 14 年占据市场份额第一。2003 年，诺基亚 1100 在全球已累计销售 2 亿台。2009 年，诺基亚公司的手机发货量约为 4.318 亿部。在诺基亚公司最辉煌的时候，人人以拿一部诺基亚手机为荣。在那时，诺基亚的市值在最高时曾经达到了上千亿，这不得不令人惊叹。

自从乔布斯推出苹果 iphone 系列后，随即引起了全世界的智能手机狂潮。但诺基亚却似乎不以为然，还在做它的功能机和自己的操作系统。

很快，在新操作系统、新模样智能手机的冲击下，诺基亚全球手机销量第一的地位在 2011 年第二季被苹果和三星双双超越。其市场份额不断往下掉，甚至还不如一些不起眼的公司。

有些慌了的诺基亚在 2011 年只好和微软达成了合作，共同研发 Windows Phone 操作系统。这在一定程度上缓解了诺基亚的颓势，但是却没能阻挡得住越来越多的智能手机开发商的冲击。出现亏损的诺基亚只好在 2013 年被微软以 72 亿美元收购其设备与服务部门，也就是它的手机业务，并获得专利和品牌的授权。一个手机的传奇帝国就这么倒下了。

曾经做过井底之蛙，有过目光短浅的时候，这并不奇怪，也不可笑，因为每个人都会有思维局限的时候。大家都是一点点地认知这个世界的，每个人都一样。但是如果已经看到了一丝的危机或者机遇，却还是固步自封、顽固不化，根本不愿意跳出限制自己的那口井，这才是真正的可笑。很多人总是局限于自己重复走过的路，做同样的事情，周而复始，而不愿意接受外面更大的舞台。而当有一天，当他们不得不走出去的时候，却往往会发现自己已经无力在外面生存了。

7.看到浩瀚的宇宙,你就有了远见

马云曾经在一次演讲中说:"我们还以为自己很牛,在自己的办公室,在自己的同事、员工和家人面前——哇塞,觉得自己很厉害。但是再走远一点看看呢,在世界上你微不足道。我是到了伦敦的格林尼治天文台才真正明白我是多么的渺小的。那个宇宙是多么的浩瀚,地球像粒尘土,根本找不到。地球都找不到,人更别说啦。你要想到这些问题,你就有了远见。"

"石油大亨"洛克菲勒先生曾在给儿子的信中说过:"成功不是以一个人的身高、体重、学历或家庭背景来衡量的,而是以他思想的'大小'来决定的。"这思想上的"大小"就是一个人的胸怀——他是否能看见浩瀚的宇宙,他是否能看见更远的未来,他是否能容纳得下这些。

马云虽已辞去了阿里巴巴 CEO 一职,但他不会真正"退休",他将继续在商海里"折腾"下去。事实是,在宣布退休不到一个月的时间里,马云就穿着一身蓝色的太极服出现在深圳的"中国智能骨干网"的发布会上,与他一起出席的是几乎能垄断中国快递物流业的"三通一达"董事长和高层。

马云说:"现在中国每天有 2500 万个左右的包裹,10 年后预计是每天 2 亿个,今天中国的物流体系没有办法支撑未来的 2 亿。所以我们有一个大胆设想,通过建设'中国智能骨干网(CSN)',让全中国 2000 个城市在任何一个地方只要你上网购物,24 小时货一定送到你们家。"毋庸置疑,马云已经有了新的目标和方向。

只有见到了浩瀚的宇宙,你才会知道宇宙之大难以想象;你才会摒弃自己以前的小众思想;你才会更有信心地去探索浩瀚无垠的宇宙,这就是远见,也可以说是目标。不管是一家企业还是一个人,必须要有一个有远见的目标。这个目标不是说那种徒有宏大、不切实际的目标。目标大，会让你更好地看待问题，更能有积极奋进的决心，可以用更广阔的视角来实现自己的目标。这也可以理解为"真正的远见"。有一句话叫"燕雀安知鸿鹄之志"，燕雀只想着每天在小树间飞来飞去；而在天上翱翔的雄鹰，看见的则是更广阔的天地，所以它不会满足于飞得低，它会越飞越高，不断超越。

所谓的远见就是看到别人看不到的东西，并且通过自己的远见树立起自己的奋斗精神，有人说，"你要有雄心壮志，江河也会向你俯首"。这"雄心壮志"不是空想、瞎想，而是站在了更高的角度看问题，用真实的成果来战胜别人的偏见，获得别人的认可和喝彩。

马云说："眼光就是一种远见，但怎么去理解远见？我自己也在思考。很多人觉得一个优秀的领导者，是要看到未来美好的东西。但这是一种动态的平衡。你要看到美好的东西，是要在别人低落的时候看到美好的东西，在人们骄傲的时候你要看到灾难的到来，所以要把握这个平衡的度。我觉得在不同的角度上，你比别人看得更远、更宽、更长、更独特，这才是最关键的。"

就像比尔·盖茨小的时候，他的爸妈带着他见到了一台电脑。在以后接触的日子里，电脑里的一条条程序就深深吸引住了比尔·盖茨。他在那个时候就有了梦想，他希望每个家庭的每张桌子上面都有一台个人电脑，而这些电脑里面运行的是自己所编写的软件。在这一伟大梦想的催生下，微软公司诞生了。试想一下，如果当初小比尔·盖茨也如其他的美国孩子一样打棒球、骑自行车，或者去快餐店打工，并没有见识到这个电脑的神奇世界，他还会梦想着人人都用他的个人电脑么？

"看到了浩瀚的宇宙，你就有了远见"，这句话也可以理解为把自己看得非常渺小，这样才能看到自己的不足，看到更多其他事物的发展。只有见到了比别人更多的东西，才能抢占发展的先机。马云认为，不要把自己定义得特别大，而是要自己看得特别大，比如企业的一步一步转型、未来的发展方向,都要在你创办企业之初就要想到,并且觉得自己的未来一定能达到某种程度。这样不仅可以为自己立下更广阔的目标,还避免让自己闭门造车,堵住了自己前进的道路。

这其实是马云的一种哲学——远见哲学。他通过这样的方式,让阿里巴巴一开始就奔着"立足于世界"而去。如果不是这样,阿里巴巴很可能会在国内经营得很好,然后被某个更大的公司收购,马云拿到一大笔钱后就回家养老。这样的话,就没有今天阿里巴巴的神话了。而这一切,都得益于马云自己的远见哲学。

变革创新，
颠覆传统的制度和思想

1.创新是超越现有制度的发展

做生意最为忌讳的是永远跟在他人后面，亦步亦趋。凡是能够引领创新的潮流者，才能够在激烈的商场竞争中赢得先机，成为市场最尖端的引领人。

行走商场的马云一直都非常重视创新。马云周围的朋友对马云有这样一个评价："这个人如果3天没有新主意，一定会难受得要死。"就连马云自己也都这么说："如果我失去了创造性的思维，那我这个人就一点价值也没有了。"

2013年7月，马云从阿里巴巴"退役"后不久，受香港《南华早报》邀请，在其专访时指出，阿里巴巴涉足金融领域是因为电商发展注定需要金融支撑，而实际情况却是中国的金融已很难支撑阿里巴巴向前发展。

马云表示，支付宝的成功是基于"中国特色"产生的。支付宝作为全世界独有的第三方支付工具，最初是用来服务阿里巴巴平台上的中小企业。

伴随着支付系统越来越强，可提供的服务范围也逐步扩大。"我们不是因为要进入金融才进入，而是我们在发展电子商务的交易过程当中，一定要用到金融。原先的金融体系没办法支持我们，现有的金融体系很难支持创新行业的发展，所以，我们就自己创新一套金融。"

马云直言，中国并不缺银行，也不缺任何金融机构，但需要创新的金融机制，去适应未来金融业的发展。关于创新，马云还认为，创新一定是在超越了现有制度下的发展，对各级政府的政策制度也是巨大的挑战。但只要做的事情是对社会有益的，且按照开放、透明、公开的方式处理，及时跟政策部门沟通，是可行的。

竞争无处不在，竞争残酷无情。日本企业界曾提出这样一句口号："做别人不做的事。"也就是说，创业、开店、做生意，要寻找冷门，独辟蹊径。马云也曾说过："一个项目、一个想法如果不够独特的话，很难吸引别人。"

市场从来就不是一种"自然秩序"，而是一种制度环境。人们的需求增长一般也都会快于满足其所需要的物质财富与科学知识的增长的市场环境。这就要求企业不仅要学会满足市场发展中的这种"稀缺性"，更要学会去填补这种"稀缺"。

如今，在很多传统的经济体制桎梏下，很多企业由于缺乏压力和动力，导致企业没有生机和活力，以致在激烈的市场竞争中处于艰难之地。实际上，正是因为没有重视企业创新的根本。企业要想真的摆脱困境，成为市场经济的主体，那么就必须推行变革。"创新"就是企业适应市场变化的根本所在。

今日苹果在全球获得的巨大成功，无一不是在颠覆着人们的观念。然而这和乔布斯一直奉行的特立独行与坚持不断创新的策略是分不开的。乔布斯曾经说过，"如果你做了一些还不错的事情，你应该继续做一些更好的，而不要停留太久，要不停地想下一步"。

苹果的成就主要就是来自于不断地创新。当智能手机刚刚崭露头角的时候, 当诺基亚还霸占着绝大多数手机市场份额的时候, 苹果依然凭借iPhone——一种触摸带来的时尚元素, 跻身智能手机行列, 并且独创的APP Store模式更是带来一种新的市场变革, 让一度占据绝对话语权的移动运营商不得不低下自己高傲的头颅。

美国有媒体评论称,乔布斯和苹果改变了世界"玩"的方式,将现有的创意变为主流的应用。苹果创造的不仅是技术革新,还是文化革新。苹果是"聪明代码和极致美学的完美结合,是心理学、行为科学和哲学等各领域的前沿结晶"。

在高盛科技大会上,当有人问到苹果是不是已经"江郎才尽",不能与其他竞争对手竞争时,Tim Cook回应道:"苹果的创新性从来没有这么强过,创新性深刻在苹果的文化中。苹果创新的大胆性、雄心和信念都没有限制,公司有强烈的欲望开发最好的产品,这些都是公司的DNA。"

企业现有的制度体系是先前制度创新活动的积淀,很容易在路径锁定的机制下发生固化。企业应该将目光多放在变动的市场规律上,在现有策略准则上不断地进行推翻、尝试,从而才能制定出一条新颖的、灵活的、有创造性的,能够适应当前发展的路子。

我们不妨细数下大街上的店面,一个"土家特色菜馆"很容易就在北京站住脚跟并迅速成长,而满大街的各种小吃店的存活率却少得可怜;一个独特的"手工物品店"刚开业不久,就能宾客云集,而满大街大大小小的超市却常常门可罗雀……

在这个信息泛滥、商店林立、充满着竞争与挑战的时代,所有创业者都会感觉到生存与发展的压力。而愈在这时,就愈加需要创业者发挥自己的创新精神。正如马云一直所强调的,企业要想在市场中创造出新高地,那么就必须把创新作为目标与手段, 这样才能带领公司上升到一个全新的高度。

2.创造机会,而非等待机会

"机不可失,时不再来",人们常用这句话来强调抓住机遇的重要性。然而,机遇并不全是偶然的,它只偏爱有准备的头脑。当企业看清市场变化,从中找到可以突破的创新格局时,就要立马确定目标,抓牢机遇。

不论是初建阿里巴巴,还是离开阿里转战"物流",自始至终马云都在想方设法为自己创造商机。从马云的成功模式来看,他从来不会主动去等待机会的降临,而是采取"山不过来,我便过去"的方式。可以说,马云的每一次成功都是他自己给自己创造的。

2010年,秘鲁中小企业峰会由亚太经合组织在利马召开,在大会上,马云对现场的1000多名小企业主、官员,以及无数从秘鲁其他7个城市通过网络视频观看大会的人表示,在未来十年中,小企业、发展中国家将会有巨大的发展空间以及发展机会。

在就小企业未来的发展方向做出讨论时,马云告诫道,"千万不要等待机会的来临,要充分利用这个机会,向中国等其他国家出口货物和服务。我希望,小企业能充分利用互联网这个平台,无论是否通过阿里巴巴这个平台。利用互联网了解世界的另一端,这会有助于你成为世界商界的领袖。"在马云看来,只有给自己创造机会而非等待机会的人,才能适时抓住机遇腾飞。

作为"云计划"的首席导师,马云曾经在回复"现在开网店真的迟了吗?"这个问题时说过:第一,永远不会迟,电子商务才刚刚开始。你现在觉得晚,5年以后会更晚。创业永远不要等待别人的支持,而是靠自己的努力。第二,你觉得难,所有的人都觉得难。第三,开始的时候,当做游戏一样,当做有意思的事情做。要有乐趣,不要有压力。

既然机会不来敲门,我们为什么不去试着敲开"机会"的大门呢?在如今这个速食经济年代,什么都讲究要快,如果总是单纯地想要"守株待兔",那么最终可能就是血本无归。因此,企业一定要打破沉默,学会给自己创造机会。一般来讲,企业要做好以下的思想准备:

第一,要有先入为主的时间观念。

马云曾经说过:"做互联网好像冲浪,机会稍纵即逝,不能够等浪高了再冲,要随浪而高,随风而变。"其实,无论做哪个行业都是如此,如果没有一种先入为主的竞争激情,终究都会在竞争激烈的商战中被淘汰出局。现代企业以市场需求为核心,而市场又是瞬息万变的。抓住机遇,争取时间,就能因势利导,化险为夷,在竞争中取胜。

第二,掌握当前精准的信息情报。

市场在变,企业对信息的获取也在随时发生变化。企业必须以当前有关市场状况的最新消息和情报为标准,制定出目标市场正确的战略选择,从产品设计到产品售后服务,都要以信息为先导,以信息为依据。信息是企业的耳目。要捕捉到市场机遇,就必须能掌握来自各方面的信息,知己知彼,方能取胜。

第三,拥有合理的效率观念。

市场机遇来得快,消失得也快。消费者的需求变化快,竞争对手的崛起也快,这就要求企业的信息快、决策快、营销快,归根到底就是要求企业效率高,才能抓住市场机遇,掌握主动权。高效率,就能减少劳动的支出,降低成本,为实施廉价策略创造条件。树立起效率观念,就能以快动作、低成本、高收益来捕捉到市场机遇。

第四,树立正确观念和风险意识。

要捕捉到市场机遇,就必须积极参与市场竞争,在市场上争客户、争质量、争效益。竞争的规律是市场经济发展的必然规律和客观要求。创业者必须以敢于承担风险、善于避开风险、减少风险、分散消除风险、化风险为机遇为指导思想,才能够勇于敢为人先,领先别人。

在疾步而行的经济市场,企业最容易犯下的错误便是坐以待毙。市场的灵活性要求企业也必须拥有灵活的应变态度。尤其是在超前创新,以及改变管理理念和思想这一块,企业必须主动去寻求改变,主动去为自己创造可以胜出的机会,否则只会遭遇淘汰的结局。

3.模式突破,寻找技术领域的"蓝海"

产业技术的日新月异、行业融合步伐的不断加快、信息化新型市场的不断涌现和国际竞争的日益激烈,使得各个行业都面临着新一轮的挑战。在如今这个分秒必争的竞争环境中,企业想要永远保持领先的关键,已经不再局限于企业是否拥有独一无二的产品、与众不同的服务、得天独厚的地理位置或是庞大的企业规模,因为这些因素很容易被复制、模仿。如果企业想要超越他人,那么首先就必须寻找出技术领域的"蓝海",也就是对技术领域的未知空间进行开拓,这样才能以"新颖"创造出更多可增值的价值空间。

2006年6月,以创新、和谐、转型为主题的2006年浙商大会暨首届浙商投资博览会在浙江杭州举行,马云在蓝海战略高峰论坛上做出了这样一番演讲。

马云说:"我认为蓝海战略是一个正确的战略,不是说蓝海战略跟其他战略是没有什么大的区别的,是正确的战略,完美的实施,优秀的人才。这个蓝海战略,其是正确的战略加上两个字,没有什么新意。还有说是赢了就是'蓝海',输了就是'红海'。思科天下无对手,在这个领域打成这个样子。

"还有一个是创新,明天我刚好要跟星巴克CEO和董事长讲这个事情,是你走着走着就是'蓝海'了?每个人创业的时候都有一个美好的前景,都成了'红海'、'黑海'、'黄海',赢者为'蓝'、输者为'红'。今天所有的行业里面就都是'红海'、'黄海',坚持打下去说不定就是一个'蓝海'。"

俗话说得好,一家成功的企业,必然要有天才的领袖,该领袖必然要有敏锐的商业嗅觉,在"红海"中找到"蓝海",并制定战略。而马云的成功,正是源于他对商业的敏感。他从遍地的"红海"中,嗅到了"蓝海"的具体方位,并制定出有效的战略,才得以取得今日的成功。

事实上,企业根据消费者需求来引导创造新的市场,那么就等同于开辟了发展之路中的另一片天空。而当企业能够创造出全新的战略市场时,企业才能保持获利性增长,在竞争中永远都能够占尽优势。

毕竟,企业与对手针锋相对地硬碰硬,最终只能陷入血腥的"红海"中。即竞争激烈的已知市场空间,并与对手争抢日益缩减的利润额,这样就将越来越难以创造未来的获利性增长。如果换一种方式,从未知的领域去寻找技术的"蓝海",或许企业能够不战而胜。

2006年3月,连续召开5年的IBM论坛如期在京举行,整个论坛的主题紧紧锁定在了"创新"这两个字上。

IBM大中华地区董事长及首席执行总裁周伟焜先生在致辞中谈到,世界的扁平化、信息技术的日益更新,以及竞争的全球化,让越来越多的企业认识到创新的重要价值。IBM认为创新可分为六个层面:产品创新、服务创新、业务流程创新、业务模式创新、管理和文化的创新、政策和社会的创新。

与历届论坛一样,此次"IBM论坛2006"也邀请到了一位业界专家——世界趋势研究专家、《蓝海战略》一书的作者、欧洲工商管理学院教授金博士。

金博士谈道:"要赢得明天,企业不能单靠与对手竞争,而是要开创蕴含庞大需求的新市场空间,这种'价值创新'的战略行动才能为企业和买方都创造出飞跃的价值, 使企业彻底甩脱竞争对手, 并将新的需求释放出来。"

蓝海战略要求企业把视线从市场的供给一方移向需求一方,从关注并比超竞争对手的所作所为转向为买方提供飞跃的价值。通过跨越现有竞争边界看市场,以及将不同市场的买方价值元素筛选与重新排序,企业就有可能重建市场和产业边界,开启巨大的潜在需求,从而摆脱"红海"。

当然,对一些已经根深蒂固的大企业来说,在"红海"中既然有了足够的资本,那么就要适时地"亮剑",毕竟逃避竞争,对大企业来说,将会是更大的"硬伤"所在,本质上还会产生惯性的"惰性"思维。

对中小企业来说,与其在"你死我活"的"红海"中身心疲惫,不妨设计出与竞争对手完全不同的、独树一帜的价值曲线,通过开辟无人竞争的"蓝色海洋",避开优势对手的攻击,无疑是最好的选择。

4.变通,你永远不会走投无路

在马云的世界里,往往都有一种"剑走偏锋"的变通执行精神。马云称银行不改变,我们就改变银行;马云说,别人做高端,做大客户,我偏偏做小企业,做中小企业;马云还说,忘掉Money,忘掉赚钱;大多互联网公司都把总部设在北京,而马云偏偏把总部设在杭州;因为没有理想的支付体系和信用体系,马云和他的团队创造性地发明了支付宝。

面对变化着的事物,如果我们固守过去的思想或者按照常规的思路,那么很可能就会陷入死胡同里僵死。当管理者的管理方式出现问题时,一定要学会"绕个弯",尝试改变思路,打破原有的思维定势,反其道而行之,开辟新的境界,这样才能找到新的出路。

2004年9月,阿里巴巴成立五周年,马云宣布了公司战略从"Meet at Alibaba"全面跨越到"Work at Alibaba"。

这次转型主要是向更专业化的方向调整。马云认为,到了2008年、2009

年,电子商务必然有一个爆发。因此阿里巴巴必须抢在这个变化前先变,而不是等到出了问题后再去想法解决。这是阿里巴巴保持变革能力的关键。

马云说:"我们阿里巴巴在过去的七年里和我本人近十年的创业经验告诉我,懂得去了解变化、适应变化的人很容易成功,而真正的高手还在于制造变化,在变化来临之前变化自己。"因此,马云给那些有志创业的人们提出了这样的忠告:"面对各种无法控制的变化,真正的创业者必须懂得用主动和乐观的心态去拥抱变化。当然变化往往是痛苦的,但机会却往往在适应变化的痛苦中获得。"

马云最值得创业者学习的,不仅是他的"闯劲",更应该是他的"变通"。前期摸索,拜师学艺,借船出海,马云绝对不是为了创业就把自己"置之死地"的野兽派创业者,相反,他是用最小的代价来做好创业前的准备,而后根据市场变化随时做好计划策略的变动。

任何企业经营的第一要务,就是根据市场的变化来改善与引进更新的营销模式,甚至是经营方式。对企业管理者来说,如果你不去这样做,你的竞争对手也会去这样做。等到你的竞争对手都去这样做的时候,也就是市场与消费者抛弃你的时候了。

曾经家喻户晓的"百信鞋业",依靠家族的凝聚力在全国连锁鞋业中取得了骄人业绩。然而,他们却将曾经的成功经验不断地复制于往后的发展中。可想而知,在市场环境发生巨大变化的今天,依旧沿用过去模式,所受到的阻碍会有多大。然而"百信鞋业"依旧坚持过去固有的模式,为此,在市场竞争中最终被淘汰。

企业管理者如若已经发现管理模式出现了问题,却依旧不愿意改变经营方向与模式,钻进牛角尖,一味坚持与对抗,就如逆水行舟,不仅徒劳无功,最终只能被市场淘汰。因此,每一位管理者都要学会变通的本领,善于打破一切常规。

世界知名汽车制造商日产汽车公司,除了把汽车作为主业外,它还涉及宇宙航空、工业机械和船舶等领域。但是,谁能想到,这家日本第二大汽车制造商,在20世纪90年代曾经陷入过严重亏损,甚至差点破产。

从1991年到1999年,当时的日产汽车连续8年失去市场份额,在全球的市场上,已从最初的6.6%降到不足5%。面对这种情况,当时的企业管理者一筹莫展,怎么办? 面对濒临破产的绝境,最终日产的管理者不得不进行变革。公司决策者经过认真研究,决定接受雷诺,进行重组:雷诺出资49亿美元,购得日产36.8%股份,成为日产的第一大股东。

接着,在"成本杀手"卡洛斯·戈恩的领导下,日产实施了一系列大刀阔斧的政革。首先,卡洛斯对日产的经营弊病做出了科学的诊断,然后从人事薪酬、责任承担和组建团队上进行了深入的调整;接着,又启动了"增值计划"和"180计划",通过再造策略,使日产脱离了濒临破产的边缘,起死回生。2001年度, 日产公司综合营业利润达到39.2亿美元, 综合税后纯利润29.7亿美元。

马云曾经讲过,"市场变化的很重要原因是需求变化了"。他在讲述这一问题时,举例说,在他很小的时候,人们听说哪一件衣服在北京城里一天能卖出五千件,那大家就会争相来买这件衣服,因为这就是当时人们眼中的时尚观;但是现在的人们则开始追求个性化,因此如果只有一件衣服,就算这件衣服的价格非常贵,也会有人买,但是如果你宣扬说这件衣服已经售出了五百件,那么人们就会立刻对它失去兴趣。

正所谓,"水利万物而不争"。水虽然是最柔弱的,但也是最顽强的,滴水可以穿石,遇到岩石,水也会改变方向,迂回前进。马云正是一个会变通的人,他能够始终贯彻并执行正确的方针,晓变通而不去找借口,这使他的执行力更强大。

5.洞察需求，才能把握商机

在商场中行走的马云很显然是务实的，他通过观察网站，观察生意的本质，然后披荆斩棘，打破一切陈旧规则，创造出属于自己的商路。尽管马云本质上就是个商人，然而他却深知商人的需求，他能洞穿，能放下，能看山还是山，这就是他的洞察力。

企业强烈渴望预见前景，制定出明智决策，以把握商机。但事实是，并非所有的企业都能轻松实现。企业除了对内部各个环节进行洞察之外，还要对外部市场进行勘察，这样才能看清市场的真正动态，从而做出决策，完成整个计划调整。

曾经做过马云的秘书，并且在阿里巴巴销售、市场和行政部门做过许多职位的周岚说，马云经常以杭州张生记的服务为例告诉他们，"你们做销售的非常关键一点，就是眼睛不要盯着客户口袋里面的钱。如果你的眼睛只盯着客户口袋里的钱看的话，是不可能把客户给服务好的。你可能也会赚他一时的钱，但是客户终究有一天会逃走。"

"我们在决定一个业务是不是要做的时候，不是问'这个业务可以赚多少钱？这个业务竞争对手怎样？'而是问'这个业务是给谁做的？客户到底需要不需要这个业务？'"支付宝副总裁邱昌恒透露，他们在梳理支付宝未来5到10年的业务的时候，在中间画了一个圈代表消费者，在旁边画了一个圈代表商家。"我们要讨论，'你到底给他们提供什么样的服务？''我们是怎样设计我们的服务的？''我们到底能提供什么样的价值？'"他说，这是关键。"不是说这个带来多少利润，那只是结果，而不是出发点。我们要从客户利益出发"。

如果洞察力意味着更好的决策流程，那么缺乏洞察力，则意味着企业各级决策者将不能做出最佳决策。企业决策者在做决策时无法清晰获取相关信息、数据或关键业绩指标，很有可能导致企业陷入决策和实际行动不符的窘境，让商机白白溜走。

在阿里巴巴B2B公司上市后3个月，其股价曾一度出现波动，从最高41.80港元一度跌到3.46港元。很多人都在期待马云做出回应，其中既有投资者，也不乏幸灾乐祸的竞争对手。有小股东在网上写信，要求马云回购股票以提振股价。马云不为所动。有段时间，卫哲忍不住说："是不是采取点什么措施？"马云说："你再仔细考虑一下，你是做一年还是要做几十年这家公司？"

有人说，你马云创业的时候环境和机会比我们好，你运气好，所以你成功了，但我们没机会了。其实，这不过是一个借口。这世界到处都是机会，而我们缺的只是那双能够洞察市场发展规律的眼睛。

大学毕业初期，罗光明在一家商场做导购。一次，一位顾客来购买空气杀菌机，罗光明却向她推荐时下正热销的臭氧消毒机。可是，顾客却说："这样的两个机器又占地方，又贵，如果一个机器同时有两个功能就好了。"最后顾客什么也没买，遗憾而去。

顾客走后，罗光明却动起了脑子。商场现有的一些空气净化器跟空气消毒机，都只是单一性的产品，没有综合功能，如果能将多种功能集中在一起，这样既能避免顾客买了多种机器在家摆放占地的不便，还能降低成本，让顾客受益。这个想法让罗光明看到了创业的曙光，于是，他开始查找资料，以便实施这个创意。

罗光明将HEPA过滤技术、负氧离子生成、臭氧技术集中在一起，设计出具有多重功能的空气清新机。产品技术完善后，罗光明带着样机，开始找寻合作厂家。有一位港商林先生愿意与罗光明合作，但他提出的条件是，要产品有市场反馈时才能投资。罗光明提议先将产品放到林先生的贸易网上去投石问路。

一个星期后,产品在网上有了反馈,香港的几家公司和欧盟国家的一些公司都发来了邮件询问,美国一家公司还发来一封邮件,希望订购500台这样的机器。

同年,罗光明和林先生成功合作,注册了一家电子产品公司,并很快投入生产,获得了盈利。

著名的管理大师彼得·德鲁克将创业者定义为那些能够"寻找变化,并积极反应,把变化当做机会充分利用起来的人"。的确,能够发现独特的创业机会是成功创业者所必须具备的一项特质,是他们成功创业的起点。在某种意义上,能够发现独特的创业机会,就意味着你的创业已经成功了一半。

IDC公司曾经就"洞察力的重要性"做过一次调查。调查显示,在任何行业中,"将最具竞争力的企业与最不具竞争力的企业相比,前者的员工受到洞察力的影响的比例是后者的2倍"。而"最不具竞争力的企业将数据共享视为丧失控制力的比例是同行业内最具竞争力企业的2.5倍"。由此不难发现,洞察力与企业自身的竞争力有关,而竞争力的强弱,将直接影响到企业能否把握机会。

实际上,世界上许多事物都隐含着一些决定未来的玄机,经商也是如此。在创业之时,如果能够对市场走向保持一种灵敏的悟性,培养起一种灵动的触觉,就能更好地分析市场,投入市场,最终赢得市场。

6.看市场的眼光要有突破性

1999年时,如果有人说"要买衣服或日常用品,可以足不出户,即可送货上门",别人一定以为这个人是疯子。但马云却执意坚持,不顾亲人朋友的反对。毅然选择做下去,终于取得了现在的成功。

激情颠覆

——站在新起点的马云

马云曾经说过："一个成功的创业者需要有三个因素：眼光、胸怀和实力。"毋庸置疑，马云看市场的眼光从来都是具有突破性的。他内心的不安分，让他的目光总能够比他人看得更远。他就像希腊神话中的西西弗斯一样，把石头不停地往山上滚。而唯一不同的就是，西西弗斯滚动的是石块，马云追逐的是自己的梦想。

历经14年的电商征战，马云终于从阿里巴巴前线退下阵来。然而宣布辞职18天后，马云又出现在了另一条起跑线上——物流。他的目的是要建立一条空间和时间上都有高覆盖率，并且具有资源高利用率的全国物流网络。

截至2013年5月底，"菜鸟"网络在全国已经拿下了近2万亩土地，且已经有很多地方政府表明了扶持意向。投资方面，"菜鸟"网络预计在5~8年时间内分三期投资3000亿元，其中第一期1000亿元。很多人对马云的这一决定产生过质疑，认为马云的这一项目是在圈地做地产。然而，不可否认的是，马云的这次决策实际上是他自己计划中的又一次突破。因为透过互联网对人们日后的影响，马云发现了物流在日后所形成的重要价值所在。这样看来，"菜鸟"能否起飞，它扑翅加速的过程更令人期待。而马云做电商成功的前后，再到他退出和转型，这一切都取决于他看市场的突破性眼光。

如果把企业比作一列正在高速行驶的火车，"战略目标"是终点站，"战略规划"就好比是我们的动力齿轮。如果企业不能在"战略规划"上创新出更多的东西，那么火车就会因为齿轮老旧而减缓行进的速度。

有很多企业，一旦到了成熟期，企业规模变大，管理上的教条主义便很容易遮挡住富有突破性的眼光。当企业失去了原先的锋芒时，往往就只会努力维持现状。事实上，成熟期的企业制定战略，既是企业长远发展的必要，更能防止企业维持现状、固步自封。如果企业一旦进入成熟期便"按兵不动"，缩减"目光"，那么最终就只能僵死。

一位哲学家说过："只要方向对头，跨一步就够了，足够了。"成功的全部奥秘，在于跨出突破性的一步，紧接着就可以跨出第二步、第三步。制定战略、决胜战略,就是关键的第一步,而其中看待市场的突破性眼光,则是这一步中的重中之重。

青岛双星集团是一个跨国界、跨行业、跨所有制的国有独资特大型企业集团。在双星集团的生产工厂,双星要求每个车间在保证质量的前提下,要大胆进行突破创新,要发动员工开动脑筋,为节约挖潜进行小改小革,提合理化建议,也可以直接写信给总裁。通过小改小革,达到降低资金的目的。双星集团的"双星鞋厂"将每月的27日定为全月"创新日",对全月的创新活动进行总结讲评。对在创新工作中做出突出贡献的,给予重奖;对没有学历却创出突出成绩的,直接聘任,并享受相应的待遇,等等。建立创新制度、创新体制、创新机制,调动起大家创新的积极性和主动性。在双星,员工个个开动脑筋,把工艺布局调整到了最佳状态。

谈到创新,双星集团总裁汪海说:"管理是一种挑战,管理是一种考验,管理是一种决裂。管理企业,没有认真的态度管不好,没有必胜的信心管不好。企业只有不断创新,用新的实践丰富管理理论,企业管理才能越做越好,企业才能越做越强。"

企业要跳出过去固有思维的圈子,才能做到真正的创新。比如NOKIA,曾经横行天下手机市场,而后来,由于没有实现突破性创新,市场份额逐渐萎缩,如今已是苹果的世界。企业只有不断开拓自己的眼光,不断提出新的思路和想法,才能加快发展的步伐。

马云曾经说过:"不能盲目作战,要知道如何去进攻,从哪里去突破,如何去训练组织自己的队伍。"2002年,马云为了扩大自己的团队,在"西子湖畔屯兵",在那里训练人马,训练团队,了解客户,了解市场。这一年,阿里巴巴的员工达到了1300名。

只有不安分的人,总爱折腾点事儿出来的人,跃跃欲试、蠢蠢欲动的人,才能不断突破自我,演绎出精彩纷呈的人生。而一个企业要想在同行竞争中演绎出自己的精彩,那么就应当将看待市场的目光提升上去。

7.别人都不敢走的路,要敢走

马云说:"当今世界上,要做我做得到而别人做不到的事,或者做我做得比别人好的事情,我觉得太难了。因为技术已经很透明了,你做得到,别人也不难做到。但是现在选择别人不愿意做、别人看不起的事,我觉得还是有戏的。这是我这么多年来的一个经验。大家都看好的时候,千万别去惹,因为别人比我有实力,比我能力大。"

成功者所走的路,几乎是大多数人都不愿意或者不敢去走的。然而,正是因为他们拥有这种勇气和这份坚定的心,才能在人烟稀疏的路上找到适合自己的生存法则,开辟出一片他人为之羡慕的新天地。

刚刚从西雅图回来,准备成立公司的时候,马云先是找了24位朋友到自己家里面——他们大多都是马云在夜校教书时候认识的学生,其中还包括一个82岁的老太太。马云跟他们说:"哎,我要做这么个东西,Internet。"接着便给他们大讲Internet的好处。

说实在的,马云对技术一窍不通,要讲一个根本不懂的东西,就像痴人说梦一样。马云讲得糊涂,大家听得也糊涂。朋友们都很吃惊:你好好的放着老师不当,去玩儿这个东西,脑袋是不是灌水了?当时这24个人里面有23个人反对。他们说你干什么都行,开酒吧也行,要么开个饭店,要么办个夜校,但这个肯定不行,干了是要闯祸的。只剩下一个人对马云说:"你要是真的想做的话,你倒是可以试试看,不行就赶紧逃回来。"

第二天早上,想了一个晚上的马云决定干,"哪怕24个人全反对我也要干"。于是,马云不得不天天出去跟人家讲互联网络的商业作用,说服他们同意掏钱并把企业的资料放在互联网上。马云在别人眼里就是骗子,是精神病人,但他没有动摇,他硬是将这个自己一窍不通的互联网事业搞了下去,并做得风生水起。

行业的竞争是必不可少的。朝着同一目标前进,竞争的对手越多,竞争也就会越激烈,同样,你获取成功的机会就会少很多。然而,如果你能够转换一下目光,去选择那些竞争者少,并且别人都不敢去做的事情,那么你得到的机会就会越多。

事实上,企业是否能够获取最大利润,关键看它能否适应市场发展的需要,在别人不敢涉足的领域勇猛闯荡,开辟出一条新路来。当然,做别人不敢做的事,不是说企业"有勇无谋",而是要经过严密的市场调查之后才能做出决定。

拉蒙·阿雷塞斯·罗德里格斯出生于一个贫苦的农民家庭,他10岁时跟着别人漂洋过海,到达古巴哈瓦那,边当童工边学习。1934年,他花了3万杜罗(西班牙货币)在马德里买下一家名叫"埃尔科尔特·因格莱斯"的缝衣店,开始了自己的经商生涯。

当时,这家小小的缝衣店只有4名员工,几十平方米的铺面。阿雷塞斯根据他在哈瓦那及纽约当商业伙计时学到的知识和经验,将缝衣店进行了一番精心的改组。他摒弃了这家店单一经营的传统思想,开始了多元化经营模式。他认为,经营零售批发业务必须要有"积少成多"的策略,善于从量的积累中迎来质的飞跃。据此,他首先将缝衣店改为成衣工业有限公司,不但自己承接裁缝衣服,还经营各种时装及缝裁衣服的工具,继而扩大到经营各类大小百货。随着时间的推移,其经营范围变得越来越广,店内品种越来越齐全,最后这家店发展成为全国经营商品最多、最齐备的巨型商场。

如今,"埃尔科尔特·因格莱斯"是西班牙著名的百货公司,年利润超过1亿美元。1990年年初,其拥有的资产就已居欧洲第一位。

别人不愿或不敢做的事情,必然隐藏着众多的原因。做别人不愿意做的事,必然需要勇气。广东非常小器公司的董事长梁伯强先生,经多年来的专注和努力,就把大企业不愿做,小企业做不来,让老百姓烦恼的"小不点"产品——指甲钳,做成了中国第一、世界第三的"巨无霸",年销售额过亿元。

很多时候,市场上涌动的危险之下往往可能就蕴藏着机遇,关键是看有没有企业愿意去尝试。很多企业的管理者常常是飞来飞去、马不停蹄地忙碌着,似乎都在争分夺秒,但其中却鲜有卓有成效者。这是因为,快速——不仅仅表现在完成同等任务量上所花费时间的比拼,更重要的是,要出其不意,走别人不敢走的路。

一个优秀的企业,不仅仅要敢于去变,更要具备在复杂的环境下多变的竞争优势,才能领先行业的革新,建立起一条专属于自己的道路。

永不放弃，
熬住了就能赢

1.走下去才会有运气，放弃就没有了

谈到成功，马云的座右铭是"永不放弃"。他说："短暂的激情是不值钱的，只有持久的激情才是赚钱的。"如今，马云在商界已获得了很高的声誉，他也成为很多创业者顶礼膜拜的企业家。但是，请别忘记，马云的声誉也是在他带领阿里巴巴克服各种难以想象的困难后换来的。

在马云的眼中，管理者既然已经站在了自己的目标处，就必须一直坚持下去。暂时的失败并不能代表永远的失利；一时的成功并不能代表将来的成功。只有树立远大的理想，并在理想的道路上坚持下去，才能获得最大的成功。

这些年一路走过来的马云，的确有些累。然而，没有走到最后一步，马云就从来都没有卸下肩膀上的责任与重担。截止到2013年，几乎是在一年半的时间内，马云迅速将淘宝一分为三，再把阿里集团分成7个事业群，又把阿里集团分拆成25个事业部。这一系列的做法，让外界看得眼花缭乱，但马云心里却十分有数。他要做的是最终实现"同一个生态,千万家公司"的社会商业生态系统。

当做完这些之后,外界以为马云又会大干一场时,马云却意外地宣布辞去CEO一职。他说提前数月宣布离任CEO,可以给年轻的同事更多的时间来适应CEO的工作。在马云看来,阿里巴巴的最终上市是很重要的,但最终的时间点和细节还未确定。直到公司上市之前,马云依旧还会保留他对自己所创办的这家公司的强有力的控制。马云给阿里定的目标是"发展102年,还有88年要走"。"我还是会非常活跃的,"马云说,"我不可能退休。"

马云曾经说过:"今天很残酷,明天更残酷,后天很美好,但绝大部分人会死在明天晚上,所以每个人都不要放弃今天。"那些走在创业长征路上的人们,一定要谨记马云的这句话。不要让希望在今天磨灭,要一直坚持下去,最后便会云开见日。

很多时候,人的力量和耐力是需要精神来支撑的。只要心中的信念不死,就可以走出绝境,迎来光明。对目前正处于逆境之中的企业来说,只要还有可以扭转的一丝契机存在,都要坚持到底。因为运气不会经常来敲门,但是只要你坚持,那么就能够等到运气来敲门的一天。

2010年3月的日本大地震,让日系汽车三巨头纷纷陷入困境。特别是丰田,也在召回事件之后再次遭遇产能大幅下滑的影响。丰田落后了,丰田也意识到了。然而,在连续数年,历经金融危机、大规模召回、日本地震、泰国洪灾等一系列重大打击后,丰田汽车仍然屹立不倒。大众、通用的步步紧逼,更让丰田加快了在中国的扩张步伐。2011年,在中国政府及汽车企业都在扎堆进行电动车量产推广计划时,丰田依然坚持其全球领先的混合动力技术,并积极推进丰田环境技术在中国的国产化。

在广州车展之后的2011年东京车展上,丰田以"永不放弃"的激情演讲引来无数观众;丰田展区内,硕大的红底白字"REBORN(重生)"标语随处可见。严肃的丰田不失梦想,"哆啦A梦这只机器猫会使用出色的未来工具,把朋友从困境中拯救出来。我坚信,在我们产品制造的'现场',一定有'哆啦A梦'存在"。

马云曾经在一次采访时说过:"'赢在中国'中我就讲过,懂不懂没有关系的,要坚持自己的理想和想法。阿里巴巴和马云能够走到现在,从来不是第一天就这样的。我们犯的错误远远比取得的成绩要多。这是一点一滴'倒霉'走到现在的,不是因为我们真的聪明。"

的确,挫折人人都可能碰到,但更多的人是被挫折绊倒,再也爬不起来。只要你还有梦想,只要不断努力,只要不断学习,即便中途可能遇到非常多的挫折,但是你依然有机会达到成功的彼岸——尽管那个彼岸需要你用一生的时间去摆渡。

一次成功的背后往往是无数次失败。当企业陷入困境后,即便中途成功未果,但是只要你永不泄气并努力坚持走下去,那么就一定能够凭借这股来势汹汹的干劲再次东山再起。

2.只有偏执狂才能成功

有人说成功的企业家多是"偏执狂"。英特尔的总裁格鲁夫也曾经说过:"只有偏执狂才能生存。"似乎,在成功的企业家中,"偏执"二字更能体现其自信与勇气。

纵观马云的创业经历,我们不难看出他体内所含有的那种"偏执"。然而,正是他这种"偏执"中所带有的顽强和坚持不懈,才能让他一路披荆斩棘,从而风风火火、无所畏惧地走向今天成功的顶峰。

2003年,全球电子商务巨头eBay收购国内C2C老大易趣,实现了强强联合,准备独霸中国网拍市场。面对eBay这个全球电子商务的"巨无霸",马云没有退缩。2003年5月，马云做出了一个大胆的决定：进军C2C，向eBay易趣挑战。

一听马云的这个想法，当时阿里巴巴的首席技术官吴炯吓呆了："Jack，你疯了吗？我在雅虎跟eBay交锋了那么多年，输得口服心服，那是个非常可怕的巨人……"然而，马云没被这个威胁吓倒。2003年7月，阿里巴巴在上海、杭州、北京同时宣布：投资淘宝网，进军C2C领域。

马云这个决定的确是够"疯狂"的，而且不是一般的"疯狂"！后来，马云到美国华尔街做演讲，此时淘宝已经开始上线经营几个月了。马云讲到淘宝的前景时，基金经理们的表情顿时"180度大转变"，甚至有位美国基金经理在当场给马云这场争斗下了"eBay will win(eBay将赢)"的结论后，愤然离去。

最后的结果，令吴炯，令这位相信"eBay will win"的美国基金经理大跌眼镜：淘宝网在不到两年的时间内占领了中国C2C市场70%的份额，而那个号称全球老大的"巨无霸"——eBay，选择了止损出局。

在企业成长的过程中，有很多企业家历经艰难险阻，积累了大量的知识和经验，并在组织中享有崇高的威望，因此他们不但十分自信，而且也少有束缚。在他们身上，大多都拥有能够让企业渡过难关和抓住转瞬即逝的市场机会所需要的勇气和执著。这种执著便是成功"破晓"之前所要产生的质变。

企业管理者身上所拥有的这种"偏执"，对企业的未来来说，是利大于弊的。因为企业成长必然要经过一系列的磨合，然而要想挺过战略拐点、摆脱"死亡之谷"的话，企业家的"偏执"，恰好就成为了渡过这种磨难的重要法宝。

企业管理者通过大胆尝试，坚持自己的观念和看法，摆脱一系列他人的谣言怂恿，坚定目标，朝着自己的既定方向出发，就能够使企业在这种一鼓作气的战略方式下一举获得成功。因为大多时候，企业失败的真正原因就在于企业内部战略的不断动摇。

15岁小学毕业后，王永庆到一家小米店做学徒。不久，他用父亲借来的

200元钱做本金,自己开了一家小米店。当时大米的加工技术比较落后,出售的大米里常混杂着米糠、沙粒、小石头等,买卖双方都是见怪不怪。王永庆想,我要是在每次卖米前都把米中的杂物拣干净,人们肯定会更加喜欢买我的米。他这样做了,结果这一做法深受顾客欢迎。

在当时,其他的米店都不提供上门服务,王永庆卖的米,则多是送米上门。因为送米上门,他在一个本子上详细记录了顾客家有多少人、一个月吃多少米、何时发薪等。算算顾客的米该吃完了,他就送米上门;等到顾客发薪的日子,他再上门收取米款。王永庆给顾客送米时,并非送到就算。他先帮人家将米倒进米缸里,如果米缸里还有米,他就将旧米倒出来,将米缸刷干净,然后将新米倒进去,将旧米放在上层。这样,那些米就不至于因陈放过久而变质。他这个小小的举动令不少顾客深受感动,铁了心专买他的米。就这样,王永庆的生意越来越好。从这家小米店起步,王永庆最终成为今日台湾工业界的"龙头老大"。

马云曾说过这样一句话:"只有你想不到的,没有马云办不到的。"其实,这里暗含了马云性格里疯狂的一面。马云在"赢在中国"中曾经为一位选手点评时说过:"你的性格不适合创业,你太儒雅。"马云的言外之意就是,一个人要想创业成功,不能太过儒雅,还必须有点执拗与疯劲。

疯狂的人具有不妥协、不放弃的精神。他们认定的事,都会执拗到底——不管对错。在"不管对错"的过程中,他们屏蔽掉了"给自己找借口"的风险,在这个过程中,他们坚持做下去的"风险系数"较低,或者说风险成本较低。所以,只要给予正确引导,"疯狂的人"才更容易成功。

企业要想连续不断地在激烈的竞争中获利,那么就应当打破旧规则,建立新规则;打破旧平衡,形成新平衡……在"偏执"中找准自己的道路,那么就一定会不断进步。

3.即便没有好报,你也得干下去

马云曾经说过:"不给梦想一个机会,你就永远没有机会。""梦想",这个词对每个人来说都不陌生,但是却不是每个人都能让它开花结果。因为在现实面前,有太多的人因为周围的一些主客观原因而选择中途放弃。

然而,在马云的眼中,有了梦想,就等于有了一个成功的机会。正是因为他的坚持与专注,才能排挤开来自四面八方的非议与敌视,一路硬撑着,将自己的梦想从梦境中整个还原到现实。

2013年对马云来说是一个颠覆年。从阿里巴巴"卸任"后,马云便马不停蹄地开始着手干起"自己"的事情来。当他向外界宣称要办为中小企业管理者成立的商学院时,便遭遇到了来自周围众多的质疑。在一次采访中,当主持人问及有关商学院的话题时,马云这样回应道:"我们主要是办'中国企业家创业者大学',正在构思之中,争取这两年办起来。但是,弘扬正气、做好人未必有好报,就算没有好报,你也得干下去。如果你为了好报,你一定会失望的。我自己觉得我失望的事挺多的。来的路上,上飞机之前,我们被骂得一塌糊涂,说我们卖假奶粉,在害孩子。我觉得这个卖假奶粉,比卖毒品还严重。不可能对自己的儿子说,你老爸我当年为了几罐奶粉,还被关起来了。所以我觉得这个事很严重。我跟公司说,我们用天猫来解决这些母亲、父亲的问题,大家就觉得没有那么容易。以前我们被人家骂,我特郁闷,因为我跟比尔·盖茨问过,骂你的人那么多,你真心真意希望为社会好,你可能因为垄断等各种原因,你最后还是全心全意为大家好,你怎么看?比尔·盖茨说,我无所谓了。我们这些人被骂了以后,我们这些人是非正常人,抗击打能力特别强。有人在骂你的时候,不一定是坏事,正是在不断地提醒你。有人表扬你的时候,灾难就来了。好人不要追求好报,只求自己的心态平和。我跟朋友这样讲，中军也一样，我们特在乎别人骂我们。"

相信很多人在面对梦想的时候，都曾经想过要去尝试，但现实是残酷的，我们就像在经历大浪淘沙。在现实面前，很多人选择退缩，于是就像沙子一样被海浪淘去了。人的一生，说来也短，说来也长，关键是看你怎么样去把握。总是不敢去付出行动，不给梦想一个机会，又怎么可能让梦想开花呢？

马云在找寻梦想的路上是勇敢且执著的。在马云的眼中，梦想就是用来实现的，而不是想想而已。一旦有了好的想法，经过一番仔细思考之后，马云就会全心全力地投入到实践中去，哪怕这个目标可能会面对来自周围四方的质疑，他依然会迎难而上。

苏格拉底说过："世界上最快乐的事，莫过于为理想而奋斗。"一个人只有背负明天的希望，在每一个痛并快乐的日子里，才能走得更加坚强；只有怀揣未来的梦想，在每一个平凡而不平淡的日子里，才会笑得更加灿烂。

毛姆在小说《月亮和六便士》中描写了一个追梦人：主人翁查理斯是一个成功的证券经纪人，他有一个令人美慕的家庭，妻子温和优雅、招人喜爱，还有两个健康活泼的孩子。查理斯的前半生一直过得平淡而温馨。

但是直到有一天，对艺术的追求让查理斯离开了这个他曾经熟悉的家庭与城市——他要画画。于是在人们的不解与谩骂声中，他离开了现实生活，进入了艺术之门。为了画画，查理斯去了巴黎，过上了穷困潦倒的生活；为了画画，他甚至舍弃文明生活，来到了南太平洋群岛的塔希提岛，与土著人一起生活。最终，他终于创作出许多艺术杰作。

俞敏洪说："一个人要实现自己的梦想，最重要的是要具备以下两个条件：勇气和行动。"比尔·盖茨的梦想是在信息技术领域开创一片自己的天地，于是，他放弃了大学生活，专心于实现自己的梦想。最终，世界上出现了"微软"，盖茨收获了成功与满足。

有很多人都说，每个人最大的敌人就是自己，最大的困难则是自困。自己把自己困在自己的想法里面,无法自拔,那才是真正的困难。把梦想捆绑在心中,而不去实现,就算再完美,始终也只是个念想罢了。

对一些正走在创业路上的人来说,只有坚持梦想,尊重残酷的现实,正视来自周围的一切褒贬,用尽全力向着一个目标奋力冲刺,这样才能让自己在追逐梦想的路上更加具有生命力,更容易存活。

4.保持乐观,战胜焦虑

作为"杨澜访谈录"创办十周年时派对的邀请嘉宾,马云在现场曾被要求回答过嘉宾这样一个问题:"在你的经营理念中,哪一条最适合于婚姻?"当时马云毫不犹豫地这样回答道:"乐观和信任,因为婚姻就像企业一样,麻烦挺多的,不这样麻烦会更多。"

在马云的前37年里,他的人生里面可能充斥着两个字:"失败。"然而37岁之后,他突然飞黄腾达了,秘诀只有四个字:"永不抱怨。"马云曾经说过:"人不是为了惊天伟业而生的,人是为了感受生活而生的,只有摆脱抱怨,才能拥抱生活。"

下面是2013年马云参加某期节目访谈时与嘉宾的一场互动:

提问者:"我用30秒完成我的提问。今天是2013年中国绿公司年会,我本来不打算发言,我们是园林地产公司,每天都在栽树,一年700多棵。我说的是,我突然发现有使命感,为什么?马总在杭州的别墅,是我们做的,我们做得很不错。但是中国绿公司城镇化、美丽中国,这都是我们的使命。我很焦虑,因为我们在市场上,只能在一些低端的环境竞争,我的问题是我很焦虑,马总作为前辈,有没有什么指导?"

马云:"你焦虑什么?你把自己脚下的工作做好,你不要总跟牛比谁种的树多,而是谁把树种活了。这些显得更重要。我们焦虑是自己的期望和能力相差太遥远。其实平静下来,我们老牛也很焦虑,我们习总书记也焦虑,奥巴马也焦虑,每个人都焦虑,焦虑是正常的,不焦虑,人就不正常了。所以,绿公司,保护好原生的树,比你种树更为重要。"

有人说马云的成功是因为他善于抓住机遇。但是抓住了机遇,还要能够坚持下去,才能够成功。要能够禁受住冬天的考验,禁受住失败的打击,否则,就是有再好的机遇,也不会成功。马云从创业开始,一直以来所遭遇到的艰难与残酷打击不计其数,但是马云的心态是好的,面对前方的挫折,他始终以一副坦然之态来应对,用乐观去战胜焦虑,最终走向了成功。

在任何企业中,一个管理者都是企业的标兵。如果公司出现了一点问题,管理者便心态不稳,那么这种情绪就会影响到下属的情绪,从而让整个公司都士气不振。而且这种消极的态度只会有效地给组织内其他人进行呻吟的许可,让整个团队更加低落、颓唐,元气大伤。

挫折或者压力——每个人都会遇到,关键是如何去防止不良情绪的产生。如果随意让焦虑、不安等情绪任意发展下去,那么最后只会将自己反锁其中,从而郁闷的程度会越来越厉害,衍生出新的烦恼。

通用汽车公司总CEO丹·艾克森是通用汽车制造巨人在联邦政府监管下运营以来的第三位CEO。可是一上任,艾克森便发现公司过去的管理制度存在有很大的问题,而且他所面临的是一个烂摊子。面对这种情景,埃克森决定全力解决该公司过去存在的问题。

当时联邦所有权限制了通用汽车高管的薪酬,这大大影响了公司能够招聘到顶尖的高管的能力。这意味着通用公司在其股票价格上涨之前,政府不可能放松对通用汽车公司的控制,否则,美国的纳税人将会在紧急救助中蒙受损失。对政府的这种控制,艾克森感到非常烦恼,他甚至对《纽约时报》的比尔·维拉斯克说:"我努力不让这件事情打扰我,但事实上这件事情确实令我困扰。"

通用汽车公司如何解决转型问题是艾克森的工作,而且这也是他应该在公众评论方面关注的重点问题。然而艾克森公然的这句"烦恼"一经传出，却让通用公司的员工士气大大下降。

作为公司的管理者，不仅要对公司的所有员工负责，更要对自己的行为负责。当面对逆境的时候，要承认挑战，把注意力多放在你正在做什么来解决目前的问题上，而不是抱怨与不知所措。

通常情况下，那些抱怨连连、焦虑不安的管理者，往往不仅得不到威信和自身的成长，而且其自身发展的格局也会随之越来越小。因为遇到问题，如果只是陷在焦虑的情绪中一筹莫展，不能冷静地分析形势、调整心态，就会让情况变得愈加糟糕。往往那些身居高位的管理者都懂得：一个积极的想法，一个果断的行动，都会让下属看到企业的希望。

所以无论怎样，哪怕身陷绝境，作为管理者，也永远不要被坏情绪束缚。只有保持乐观，战胜焦虑，才能以坦然与淡定之气度而胜人。

5.给自己挖坟墓才最了不起

"如果你没有在创业路上摔100个跟头的准备，你不要创业；如果你没有无数次被拒绝甚至被嘲讽的准备，你不要创业；如果你没有做好'被全世界人抛弃'的准备，你不要创业。所以，创业路上，苦难是我们最好的朋友。"这是马云在历经坎坷、备尝失败与艰辛困苦之后的真情总结。

每一个成功的企业背后一定都会有一位有胆识的管理者，他们不仅仅能够用毅力去接受前方所有的苦难，而且还会接受来心灵上的一切打压，他们的成功之道莫过于"在自己'营造'的苦难中打磨更强的意志力"。

2013年，马云49岁，再有一年将步入国人常称的"天命之年"。三十而立，四十不惑，天命之年做何？马云给出的答案是卸任之后来场更大的赌

第 五 章
永不放弃,熬住了就能赢

局。对此,马云以坟墓来比喻:"每个人都是别人挖的坟墓,但是如果学会给自己挖坟墓才最了不起。"

对马云这场赌局,感兴趣者不少,而且多以马云2006年在杭州创办的江南会成员浙江商帮为主。到目前为止,马云的这家新公司的注册资金已经达到50亿元,而阿里旗下的浙江天猫技术有限公司出资21.5亿元,持股比例43%,是第一大股东。

对自己"掘"的这个"坟墓",马云坦然。与京东、易迅、苏宁云商自建物流不同的是,阿里走的是平台化路线。马云希望未来物流公司在"菜鸟"平台上如淘宝的一个卖家、"菜鸟"网络的一个玩家,如果口碑不好,就减少订单,以此提高服务质量。

成功本身就是一种磨难,而最让人敬佩的是,自己在设定目标的路途中"明知山有虎,偏向虎山行"的那股闯劲。许多企业有时候往往可以禁受任何灾难困苦的炼狱,却偏偏禁受不住自己所设定的"成功"磨难。诚然,一个人在刚刚受到某些打击的时候,是会格外消沉的。在那个时候,你会觉得你简直不想爬起来了,或者觉得自己已经完全没有力气爬起来了,然而这只是一个过渡期。

松下幸之助曾经说过:"逆境给人宝贵的磨炼机会。只有禁得起逆境考验的人,才能算是真正的强者,尤其是在商战中。"企业在向成功攀爬的途中,一定不要给自己多加限制,而要正视眼前可能遇到的困境。

而一个企业管理者,要想将手中的企业做大,那么就要有敢于向困难发起挑战的勇气。哪怕你在自己设定的困境中遭遇了挫折,但是你要让自己的心态更加的成熟,让自己从中获得更多的经验,从而最终在经验与教训的磨炼中走向成功。

作为世界上的巨型企业之一的松下电器,起初它并不是一帆风顺地发展起来的,而是经过了多次失败之后,凭着坚韧不拔、永不认输的精神,才一步步发展到今天。

激情颠覆
——站在新起点的马云

当初,松下幸之助在刚开始创办松下电器时,正值电器行业开始发展的时候,他凭着直觉判断和认真的分析,研究出了一款非常新颖,而且刚刚在家用电器市场上出现的电源插座。然而这款电源插座并不畅销,他失败了。但是,在失败中,他也知道了创业的艰难。

1923年,松下又研制出了一种自行车电池灯。当时市场上的自行车电池灯只能用2~3个小时,而松下发明的却能持续不断地照明30~50小时。然而,不幸的是,由于过去电池灯的质量普遍低劣,批发商并不相信这种灯有可靠的质量保证,因此拒绝销售松下公司的电池灯。对批发商的拒绝,松下幸之助只能再次凭借自己一贯的韧性继续拼搏。

松下幸之助认定这种灯会受欢迎,因此决定投入大量资金生产,并且生产了几千个样品灯,免费为客户安装。因为这些灯的性能优越,而且消费者感到很新鲜,因此很快便成了市场上最炙手可热的商品,松下幸之助成功了。

如今很多人看到的都是阿里巴巴光辉灿烂的一面,其实马云与他的团队在创业的过程中,时时刻刻都面临着巨大的挑战和失败。只不过,马云的坚持让他很好地控制住了自己的心境,使他能随时以最坚韧的心去迎接所有的磨难。

公司的管理者,如果没有足够的抗打击能力、抗失败能力、承受各种挫折和委屈的能力,那么断然不会引领出成功的团队。我们的人生之路,正如松下幸之助所言:人的一生,或多或少,总是难免有浮沉,不会永远如旭日东升,也不会永远痛苦潦倒。

企业的发展需要有蒲苇一样的韧性,这样才能在风吹雨打来临之前做好迎接它的准备。另外,企业管理者还应当时刻以率直、谦虚的态度为基础,永远乐观地向前,始终把面对失败、克服困难当成迎接成功的最佳磨炼,那么你必然会是下一个被成功点名的人。

6.激情冒险,挑战"微信"

2013 年,对互联网行业来说,是很特别而且很重要的一年。在这一年,"微信"早已突破了 6 亿的用户量,蓄势待发地准备进军移动电子商务;阿里集团强力打造"微淘"和"来往"两大移动电子商务的入口。2014 年,注定是移动互联网的第一个爆发年。

当大家埋首在手机上玩微信玩得正酣,马云也不甘示弱地走到台前力推阿里自家的即时通讯工具"来往"。其实"来往"已经面世两年多,基本都是阿里员工自己在玩,其用户量少得可怜。为了增加客户,马云规定,每个阿里巴巴员工在 11 月底前必须有外部用户 100 个,无法达到的视同放弃红包(年终奖励)。强势推出的效果显著,阿里巴巴 CEO 陆兆禧表示,20 多日以来,"来往"的用户增长率约为 140%。

虽然腾讯的"微信"对此不屑,但其竞争的力度绝不会因此变弱。

各家都在为自己的利益拼尽全力,通常情况下,竞争双方的老板肯定会撕破脸,或者不择手段把对方绊倒。2013 年 11 月 6 日,阿里巴巴董事局主席马云以及腾讯董事会主席兼 CEO 马化腾共聚复旦大学召开的互联网金融论坛暨众安保险启动仪式,终于面对面谈起了"微信"和"来往"。马云表示,只有互相的挑战,社会才会进步。如果移动互联网只有一个"微信",整个中国是不够的。所以我们做一个"来往",他们搞一个"微信",只有这样保持好奇心,保持对权威的挑战,才有进步的可能。

听过马云演讲的人都知道,马云的演讲非常有激情,他永远都激情澎湃。我们不明白,他这么大岁数了,为什么还这么有活力?应该说,是马云把激情当成了一种创新力。马云说:"年轻人都有激情,但年轻人的激情来得快,去得更快,持续不断的激情才是真正值钱的激情。你可以失去一个项目,丢掉一个客户,但你不能失去做人的追求。这就是激情。失败了再来,这就是激情。"马云就是一个激情四射的创业者,是一个伟大理想的布道者,是一个辉煌梦想的鼓吹者。马云用活生生的事实证明了一个道理:只要我们拥有梦想、激情和不断努力,就有可能到达成功的彼岸。

比尔·盖茨曾经说过,"我们公司的核心文化就是激情文化。员工必须要有激情,才能全身心地投入到工作中去,而技巧是可以培养出来的……"微软公司的创办,正是源自于比尔·盖茨的"不做就一辈子都不会甘心"的创业激情。为此比尔·盖茨放弃了学业,全身心地投入到了软件创业的理想中,最终成就了大名鼎鼎的微软公司。

上海理工大学里有一个国家大学科技园区,这里面有很多的刚创业企业,进入园区,一眼望去都是年轻人。在这里进出的还有一位年近50岁的"老同志",他正是这里的创始人吴家荣。

吴家荣已过花甲之年,他在国企干了30年技术工作,却在后半生创办了这家高新科技企业,且没有任何退休之意。吴家荣自豪地说,只要你坐过地铁,那你的包包一定通过了他产品的安检。吴家荣正进入"太赫兹"这一国际探测领域最热门的波段,而最初他只是从探测一只月饼开始创业的。

那时,报纸上不时有这样的新闻——名牌月饼中吃到钉子。原来,月饼生产过程中,馅料开罐、搅拌等环节容易混入金属杂物。于是吴家荣凭借其知识与手艺,想利用电磁场原理,在月饼流水线上及时发现金属杂物。他在虬江路市场淘材料,配上各种电子仪器,在家中陋室搞出了第一台金属探测仪。

当时进口一台同类设备需2万美元,其价值相当于一辆"普桑"轿车。吴家荣驮着这台"纯手工"处女作,在38摄氏度的高温天,骑着破自行车上门推销。果然,金属探测仪受到食品企业的欢迎,当时的市商检局还牵线搭桥推广这种产品,更有外地企业上门提货。

第五章
永不放弃,熬住了就能赢

　　创业是一件非常困难的事情,需要考虑很多事情,也需要懂得很多事情,更艰难的是,创业很可能会非常久,不会在短时间内看到成功的希望。青年未必能够创业,但是敢于用激情创业的创业者是永远年轻的。

　　"心有多大,舞台就有多大",只要创业者有激情,就永远年轻,就永远和年轻人一样拥有良好的点子,能接受新的事物。那些有激情的企业家,无论其年龄多大,总会给人带来耳目一新的感觉。正如马云所说:"激情就是一种创造力。"有了激情才敢于冒险,才敢于做别人不敢做的事。不墨守成规,这才是一个企业家应该具有的品质。而充满激情,就是最重要的一环。

第六章

脚踏实地，
做最务实的理想主义者

1."不脚踏实地，神马都是浮云"

在2010年中，那些看似网商管理者、网店经营者的人都在做着一个又一个艰难的决定，但结果大多都变成了有头无尾的闹剧。2010年岁末，中国电子商务"教父"马云终于站了出来总结："不脚踏实地，神马都是浮云！"

一个优秀的企业，只有具备求真务实的工作作风，才能使这个企业从真正意义上获得成功和永远立于不败之地。因为求真务实的作风往往会让这个企业有生机也有活力，而且一步一个脚印才能聚沙成塔。

2012年，马云出现在北京对外经贸大学的图书馆报告厅里，与来自全国各地的大学生和青年网友热烈交流，分享创业心得。在谈到创业的话题时，面临学生们"冲向发话器"提问的热情，曾被媒体戏称为"狂人"的马云，这一次更多地是教会80后的年轻人要踏踏实实。

在与观众的交流中，马云说道："创业不是空想，假如你不去把这事情变成现实，那么什么都是浮云。真正的榜样一定在你四周。假如你刚开始开小饭馆，你的榜样应该是你斜对面那个小饭馆，它为什么门口排那么多队，而我们店里的服务员比客户多？它是你的榜样。我们既要有像兔子一样的速度，也要有像乌龟一样的耐力。假如你愿意从今天开始改变自己，一点一滴去做，那就不是浮云。你贯彻始终，为未来而创业，不是为今天而创业，可能你会心情平淡，做事就利便多了。"

一个企业要想在激烈的竞争中占据优势，就必须依据市场所提供的信息做出科学的决策。决策如何才能科学呢？这就要看信息是否及时、准确、有效，而这一切的根本要求，就是企业必须脚踏实地去做好调查研究。

当前，市场经济改革的深化和开放的扩大使企业面临越来越激烈的市场竞争。能否脚踏实地、坚持务实，成为了企业在激烈的竞争中做大做强的一个重要因素。务实，体现了企业专一进取的精神，能够弘扬企业内部正气，帮助企业提高整体竞争力。

企业的未来要求企业的脚步要更加稳妥，同时也要求企业的眼光能够聚集在一处。正所谓水滴石穿，只要企业能够有这种坚定的信念存在，那么企业一定能够在自己踏实的步子中击败前方所有阻碍。

2010年10月，在深圳举行的创业板专委会成立仪式上，阿里巴巴董事局主席马云发表了致辞。马云将创业板与美国纳斯达克进行对比后指出，正如纳斯达克历经30余年才打造出苹果、微软等市值庞大、实力雄厚的全球巨头一样，诞生刚刚1周年的创业板，也将成为未来的"造星"摇篮。

马云说："在美国，有一个很著名的人问我说，你认为中国经济是不是在创新能力上会超过美国，中国一定会打败美国的创新机制？我说，在中国庞大的市场驱动下，一定会诞生很多的技术创新，但是中国整体的创新能力要超过美国，需要很长的时间。

"创新是一种文化，而一种文化的培养，是几十年，甚至是几代人的努力，我们还得脚踏实地。再伟大的公司也必须有一颗平凡的心，所有的伟大都只有平凡的、重复的、单调的、实实在在的、脚踏实地的努力才有可能做到。"

对一些没有强大资金实力的中小型企业来说，没有清晰的管理模式，如果想要生存下去，那么首先就要确定自己独特的盈利模式。要注意的是，在考虑初期的盈利模式时，不要想得太高，一定要做到短期之内就能盈利。对大部分中小企业来说，生存还是主要课题，这时候就要踏踏实实赚钱，保证自己的现金流顺畅。只有生存下去才可能产生创新。

企业理想，并不是一种高高在上的理念，而是实实在在的言出必行，以及行动中所渗透出来的点点滴滴的细节。要想适应市场，与时俱进，那么就一定要踏踏实实地走好自己的每一步，重视好企业每一步的细节发展。

正如马云曾经对所有渴望成功的人提出的忠告："创业注定充满艰辛，其过程重复而单调，但同时也是通往成功的必经之路。要保持一颗平常心，学会变通，减少抱怨，同时懂得取舍，这种脚踏实地的努力终将带来回报。"

2.小公司的战略就是两个词：活下来、挣钱

企业行走市场的初衷便是："盈利"。毕竟，企业不赚钱，一切都是空谈。然而，商场是一个比战场还要残酷的地方。战场上你投降了，也许可免一死，但是在商场上，不能打赢，就只有死路一条。

那么对刚起步的小公司来说，什么样的战略才是最值得自己发展的呢？用马云的一句话来总结就是，"活下来，挣钱"。作为创业者，面对强大的对手，当务之急是怎么才能生存下去，因为只有活下来，才能有机会和精力去完成自己的伟大目标。

在某期"赢在中国"中，作为点评师的马云与在场的一位中小企业的创

始人有过这样一段对话。

马云:"你讲性格决定命运,战略决定格局,也讲了战略格局,你能用半分钟时间解释一下你公司的战略吗?"

嘉宾:"我公司的战略,首先是我的目标,我是中产阶级生活理财的第一忠实伙伴,这是我们的使命。而我相信我们有着优秀的团队和终端运营系统,我们的两大杀手锏是终端运营系统和高度创新营销服务体系,如果讲这个战略,涉及到商业秘密,因为在这个行业中还有两个竞争对手,我能不能这样解释,我只能打败他们,可以吗?"

马云:"小公司的战略是几个字:活下来,挣钱。但是我觉得打败对手绝对不是战略。你讲战略的时候,你要很清晰地说,我想做什么,我该做什么,怎么做,我对手的情况怎么样。你要能够半分钟把它讲清楚,你只要讲得很清楚,投资者知道你干什么,这就可以了。你刚才讲了几点,你的目标,你的对手,但是我觉得想提醒的就是对手不是战略,不要因为对手去制定战略。"

近年来,参与创业的人越来越多,但是,在这些创业者中,半途夭折的也越来越多。尤其是在一些中小企业中,这种现象更是频频发生。据统计,日本90%以上新成立的企业都是在3年以内消亡的。这个数字甚至可以映射到所有的经济发达国家。因此,马云忠告那些创业者:"活下来"才是首要任务。

作为一个企业,能够挣钱、扩大规模是目的,但是,如果你是刚刚成立的小公司,往往是要经历一段艰难的生存斗争的。很多创业者,刚刚创办起公司的时候,就希望它能够赚钱,一旦没有预期的那么好,便失去信心;还有些创业者,更是急功近利,公司还没完全站稳脚,就妄想着扩大规模,一夜暴富,最后往往不能达到预期的结果,反而栽了大跟头。

的确,没有人能够一口吃成个胖子。作为企业,也是一样。马云曾经苦心教导后来人:做企业,首先要有吃苦20年的心理准备;其次,就是一定要脚踏实地,一步一个脚印,把企业的基础打好;然后再想着去扩大规模,挣钱。其实,当你把企业的基础做得扎扎实实,即使你不想着去赚钱,钱也会主动找上门来。

黄冠是重庆一家布艺沙发厂的老板,准确地说,他是在2012年才投资12万元刚办不久的沙发厂的老板。算上老板,沙发厂一共才5人。对这样一个赤手空拳的创业者来说,最重要的或许并非是模式或定位,然而黄冠却十分懂得"活下去再赚钱"的策略。

在一次重庆晨报对中小企业创业人士的采访中,黄冠对记者说道:"重庆主城区的小沙发厂有200多家,尽管自己很努力,但活下去的把握也只有50%。"当记者问及他:"想过突围的办法没有?"黄冠回答道:"我们考虑过网络的个性化订制,但目前的设计能力有限;也考虑在安置房、还建房开连锁店,但目前的资金和人力有限。现在主要是考虑活下去的问题。目前,除了在大川销售自己制造的沙发外,还有7个家具店代理了我们的品牌,但这仍然不够,下一步我还计划寻找更多的代理商。另外,有个仪陇马鞍镇的老乡在重庆开了9个小家具厂,有实木家具、板式家具、床垫,把这9个厂整合起来也是一种思路。"

Webvan.com的创始人科佩·霍尔茨曼(Coppy Holzman)从他90年代末经营的杂货店中迅速崛起,尔后又从迅速破产中学到了很多教训。霍尔茨曼说,他的合伙人说服他,他们可以迅速将规模扩大,可以将沃尔玛和联邦快递相结合。他表示,"同时进攻太多的市场是我们失败的根本原因"。吸取教训以后,霍尔茨曼对他的新产业高档网上慈善拍卖网站所采取的策略是保持慢速稳步增长。他表示:"让我们的核心业务能够100%地满足客户是我们优先考虑的问题,这比征服整个市场更重要。"

当然,企业如果总是在原地踏步,显然也不行。毕竟,不赚钱的企业是无法实现其在市场上存在的价值意义的。当企业有了活下来的资本之后,接下来就要以赚钱为目标了。尽管不能"好好活",也就不可能"做有意义的事",但是能够"好好活"时,就一定要实现自己的价值意义。

对中小企业来说,当你踏上竞争市场这条路时,就一定要明确自己的战略目标,并且要有能力活下去,这样才能更快地提升自己的实力,让自己的信念、梦想成真。好好活,好好挣钱,这就是创业者最大的生存智慧。

3.生存下来的第一个想法是做好,而不是做大

马云曾经告诫创业者:"一个优秀的创业项目是做好,而不是做大,更需要注重项目细节的可执行性。"很多创业者因为对内心宏伟蓝图过于笃定,才刚刚起家,心中就装着全世界的辉煌,慢慢地在这种臆想中失去了务实的精神。

心中有伟大的梦想自然不是坏事,但是,对中小企业,尤其是刚刚敲开市场大门的"初学者"来说,要想生存下来,第一个想法应是怎样将自己的企业做好,而不是做大。如果只是一味地好高骛远,那么就必然会从成功的云梯上狠狠摔下。

2011年,马云在自己的云锋基金会议上发表了一番感言,在谈到如何去做企业时,马云说道:"前几年我讲那个奥巴马说,'是的,我可以',但是美国经济并没有做起来,因为他忘了回答,我们到底怎么做起来。要知道怎么做这个企业,如何做是最关键的。今天很多人看到的是今天成功的史玉柱,今天成功的虞锋,今天成功的沈国军,但是我希望大家看到十年前的沈国军,倒下去的史玉柱,曾经的虞锋,他们当时都做了哪些决定和想法。今天的我们不值得大家学习。而我们前面十年走过艰难的过程,犯过错误,在这个过程中,需要所有人反思、学习和思考。"

"我不觉得今天的阿里巴巴是今天做成的,那是十年以前的理想,十年的努力才做到今天这样。我们今天不是做今天的企业,做企业要为十年以后做的,你对十年以后中国经济的判断,世界经济的判断,这个行业的判

断,今天开始按照这个方向,不断地改变自己去适应它。"

　　十年前的阿里巴巴还是一个青涩的小伙子,那个时候他没有多大的想法,而是一直努力为自己赢得在市场上的位置,思考如何才能让自己活下去,从而做得更好。那个时候的马云也没有想过今天的阿里巴巴会如何发展,会如何扩大,而是一直想着该如何做才能让阿里巴巴赢得更多的掌声。

　　马云一直认为,创办一个企业就像是养一个孩子,不能指望他一生下来就去挣钱、养家糊口。你只有不断地给予他成长中所需的营养和知识,让这个孩子能够茁壮地成长,那么他长大后赚钱是早晚的事情。

　　企业绝不能产生"一口吃成一个胖子"的思想。当企业在市场上取得一席之地时,首先思考的是如何才能让自己得到更多人的认可。要知道,企业的壮大绝对离不开顾客的支持。企业的目光应当放在如何赢得客户上,而非盯在如何才能赚更多的钱上。

　　银泰从创建最初到如今已经有16年,截至2010年年底,银泰已经在全国48个城市拥有了自己的企业,为银泰服务的员工接近5万人,银泰集团下面也已经有了4家上市企业。如今银泰的辉煌在其董事长沈国军的眼里,可谓既在意料之外,也在情理之中。

　　创业之初,沈国军首先选择的是从事一些比较传统的行业,当在这些行业中打牢基础之后,银泰才开始做一些创新业务。在谈及创业时的体会时,沈国军说:"我觉得创业的体会,一定要选择一个适合市场以及你自己能做的一些事情,并且要从眼前做起,不要好高骛远。我们跟一些比我们年纪轻的企业家也好,创业团队也好,有的时候交流的时候,我们都觉得信心都很大,跟他一说,他要解决世界性的问题,大家都觉得很郁闷。我们觉得对一个刚刚创业的投资者来说,一定要从眼前做起,不要好高骛远。这是最重要的。银泰创业的时候,我们只有5个人,也就100万左右的人民币资金,租了一个房子。当时我们也没有想到去解决世界性的问题,把它做成全世界最大,想都没有想,现在我也没有这么想。我从来没有在任何场合说我们要把这个公司做成全世界最大的，做成百年企业，我从来没有说过，这个还要适应市场的机会，市场的需要。"

在我们身边，有很多创业者，他们的失败不是因为他们没有经验，缺少资金……他们中很大一部分人是栽在眼高手低上。对此，马云给创业者的建议是，首先要专注。专注就是有所不为才能有所为，这点非常重要。

我们大家都熟知的3721网站，它坚持6年，一直做中文上网、中文搜索，自始至终就在做这一件事情。其他诸如百度、Google，都是非常专注做一件事的典范。它们并没有盲目地扩张，或者一开始就想着如何做大，而都是等到积累了一定的经验之后才开始横向扩展。

企业在发展过程中的原始积累是最为重要的，这是企业的根基，也是企业日后得以发展的最为牢靠的基础。如果在还没有对市场有一定了解，并且还没有对本行业的规划做出一个深刻的认识时就盲目做大，最终吃亏的只是企业。因此，每一个企业都应当从最基本的做起，将之做好、做稳后，才能最终做大。

4.战略不能落实到结果和目标上面，都是空话

马云曾经说过："做任何事情，首先要做正确的事，然后是正确地做事，还是要有结果的。所以我们觉得要做正确的事，首先要有一个正确的战略，方向要搞清楚，然后就是还原现实。"

马云是那种一有想法就马上行动的人。阿里巴巴创立之初，马云有一句口头禅：你们立刻、现在、马上去做！立刻！现在！马上！由此可以看出，马云之所以成功，固然在于他有一个天才的头脑，在于他有个恢弘的远大理想，但更在于他能很快把头脑中刚形成的东西落实出来，执行出来，做出来。

在某期"赢在中国"中,选手被分为红蓝两队,分别完成一个商业命题。题目要求选手通过联通营业厅推广的形式销售CDMA掌上股市的两个产品,并且要在有限的时间内找到足够多的目标客户进行业务推广,每队有5千元的活动经费。这个题目主要考察选手现场推进活动的组织效率和实施效果,在相同的前提下,看谁销售的联通CDMA掌上股市的产品更多,最后还要看选手的活动经费的使用效率。

看完选手们完成活动的情况之后,马云这样点评道:"有一点要很明确,那就是一切的理念、想法、战略如果不能落实到结果和目标上面,都是空话。你努力一点,我尽力了,他尽心了,最后发现,每个人都捶胸顿足地说,我尽心尽力了,但没有结果。目标不明确,过多关注别人,而太少关注自己的细节,再加上缺乏临门一脚的手段,所以失败了。我们做的是一场营销,而不是让大家去做市场。通过这几场比赛,我觉得队长(牟文建)有很大的问题。今后要当队长和领导的人,一定要清楚,没有一个明确的目标,你下面那批人都会成为没头的苍蝇,转来转去,没有结果。"

战略目标是企业行走市场所必须要弄清楚的策略步骤,然而当企业内部已经把战略目标规划完后,一定要想着如何去实施和执行,否则即便战略目标再好,也无法给企业带来任何实际好处,最终白忙一场。

对很多企业来讲,集团化程度还不高,管理水平显得落后,很容易造成企业的战略目标层层分解落实到每个下属部门、班组和岗位,十分难于操作。然而,如果企业能够将战略目标先分解为年度的主要生产经营目标,从细节入手,慢慢地将计划渗透,一步一步去实现,那么是能够将绩效指标落实到公司各个岗位的。

所谓"机不可失,时不再来",这是任何人都明白的道理。机会往往稍纵即逝,犹如昙花一现,如果当时不善加利用,错过好运之后就会追悔莫及。成功学创始人拿破仑·希尔说过:"生活如同一盘棋,你的对手是时间,假如你行动前犹豫不决,或拖延行动,你将因时间过长而痛失这盘棋,你的对手是不允许你犹豫不决的!"

有一次,李嘉诚在翻阅英文版《塑胶》杂志时看到一则报道:意大利有家公司已经开发利用塑胶原料制成塑胶花,并将进行大批量生产,向欧美市场进行大规模进发。这时,敏锐的李嘉诚推想,欧美的家庭都喜欢在室内、户外装饰花卉,但是快节奏的生活使人们没有时间去种植娇贵的花草,而塑胶花则不同,它不需要人们花时间去看护它,从而可以弥补自然花的不足,这里面应当存在很大的商机。而且,李嘉诚更长远地看到,欧美人天性崇尚自然,塑胶花的前景不会太长。因此,要占领这个市场,就必须迅速行动,否则就会贻误商机。

商场上面临着诸多不确定性因素,正是这些不确定性因素,才使许多创业的人们获取了大量的财富。于是,李嘉诚以最快的速度从意大利引进了设备,并花重金聘请了塑胶花专业人员,大力开发塑胶花。由于动手早,李嘉诚抓住了"人无我有"独家推出塑胶花的机会,并运用低价策略,迅速占领了香港的塑胶花市场,从而使企业得以迅速发展。

很多著名品牌的产生和跨国公司的崛起,最初往往都是源于一个微不足道的想法,以及敢想之人的敢为之举。因为那些企业者敢想他人之不敢想,敢做他人之不能做,才能真正把梦想还原到现实,一路走到今天。

战略计划在企业中不是空话和套话,有时候,一个十分重要的战略计划可能直接关系到企业的生死存亡问题。如果企业总是在不停地提计划,而从不去实施,那么就如同纸上谈兵,当市场机遇真正来临时,企业可能就会与之擦肩而过。

世上也没有任何事情比下决心、立即行动更为重要,更有效果了。因为人的一生,可以有所作为的时机只有一次,那就是现在。"立即行动",是一种积极的人生观念,是自我激励的警句,是自我发动的信号,可以影响你的生活,乃至决定你的成败。正如马云所说的:"想永远快人一步?那么马上行动。"

5.高瞻远瞩还要脚踏实地(让风险投资找网站)

马云给外界更多的印象似乎是"疯子"、"狂人",但他的确是个"疯狂而不愚蠢"的创业家。在互联网"发烧"的年代,他难得地保持了一颗平常心,并将创业、经营一个企业看做一场3000米的长跑——不仅要跑得快,更要跑得稳。

对一些刚刚建立的小企业来说,对自己定一些高目标并不是什么坏事。但是,在拥有高瞻远瞩的眼光的同时,是不是还要学会脚踏实地一些呢?马云曾经告诫道:"一个优秀的创业项目是做好,而不是做大,更需要注重项目细节的可执行性。"

马云手下的阿里巴巴最大的特点是从来不走其他网络公司的老路:找钱——招人——做事,而是独辟蹊径:招人——做事——找钱。人家是网站找风险投资,马云却让风险投资找网站。他先是精心做品牌,不谈投资;然后又对风险投资百般挑剔,先后拒绝了37家上门的投资商,才最终接受了高盛的第一笔风险投资。

马云说:"我一直认为,不管做任何事,都不能有功利心。做事不能功利性太强。我没有什么功利心,我只是想证明,我们这代人通过努力是可以做一件伟大的事情的。说归说,做还得脚踏实地,最后证明你不是狂人。七八年前大家觉得你狂,你做出来了,就不会有人说了。我不过比别人早做了3年而已。阿里巴巴融资是为做一番事业。要找风险投资的时候,必须跟风险投资共担风险,这样你获得投资的可能性才会更大。"

然而,就在马云接受高盛为首的投资集团500万美元的投资到位的第二天,便受到邀请飞赴北京去赴约一位所谓的"神秘人物"。见面才知,那人是IT财团大亨、雅虎最大的股东孙正义!马云在向孙正义谈阿里巴巴的情况时,只说了6分钟,就得到孙正义的青睐。当时,软银每年会收到超过700家公司的投资申请,而他们只能选择其中的70家公司进行投资,而孙正义本人,也只会与其中一家最有潜力的公司亲自谈判。这次,孙正义选择了马云。孙正义决定投资给阿里巴巴,他的理由是:"我坚信,一切成功都是缘于一个梦想和毫无根据的自信!"

企业管理者具有高瞻远瞩的眼光是好事,然而在我们身边,有很多管理者,他们的失败,不是因为他们缺乏思想,缺少经验……他们之所以失败,有很大一部分原因就在于他们缺乏行动,从而让自己的目标变成了"昨日黄花"。

一个好的目标,往往只是成功前一个好的开头方式。凭空想象并不值钱。如果要想真正让你的想法值钱,那么就一定要将这种想法与行动结合起来。譬如,在一个企业中,可能同样的想法被两个管理者都想到了,但是谁的执行力更强,谁先迈出第一步,谁就更容易成功。

《哈佛商业评论》中文版曾经发表了这样一篇文章——《做企业要"眼高手低"》,作者是阿里巴巴集团的"总参谋长"曾鸣。此"眼高手低"并非日常理解的"好高骛远"之意。曾鸣认为,"眼高"就是高瞻远瞩、看到未来,有一张战略地图;"手低"就是动手的时候一定要脚踏实地、实事求是,要有非常好的切入点,才能够把战略地图拼出来。

太极集团涪陵制药厂是"九五"全国重点发展的五大中药集团和重庆重点扶持的30家扩张型企业集团之一。然而,1993年,涪陵制药的迅速崛起却给内部管理带来了巨大的压力。

当时,财务部每月光是需要处理的业务凭据就达200多本6000多号,而所有的业务都是通过手工方式处理的。这样一来,财务部的业务处理越来越长,信息传递的速度越来越慢,数据的准确性也越来越差。面对如此情景,涪陵制药厂的管理人员做出了如此决定:不如让所有业务流程迅速信息化起来,并且为财务部上电算化管理。

很快，高层管理人员的想法便得到了有效实施。涪陵制药成立了专业电算化领导小组，当时由王彦杰任组长，开始对财务部实施电算化改造。据王彦杰回忆，当时由于初期数据量很大，而且项目组成员都是第一次实施，经验不足，数据经常出现问题，不得不重新来过。几名成员经常加班加点，十分辛苦。想起当时的情景，王组长颇为感慨地说，"我们吃了半年多的方便面"。

经过专业人员长达半年脚踏实地的专研，最终证明新系统完全符合要求，并逐步替代了老的系统。不仅如此，新系统的应用，使财务部的业务流程更为清晰了，处理财务业务数据的效率提高了，数据的准确性也得到了改善。

包玉刚曾经说过："一个目标一旦确立，不管它最初是源于什么，都要尽最大的努力去完成它，这是公司之间有所区别的地方。"产业终局判断是方向，创造价值是动力，只有把战略和执行很好地结合起来，战略才有生命力，企业发展才会走上良性轨迹。

任何一个企业，其眼光不光要投放在企业的可持续发展战略上来审视企业的发展方向，还要将这种远大目标策略与具体步骤相结合，这样才能让思想与行动融为一体，从而创造出更好的价值，也让好的思想得以在企业中真正体现出其价值所在。

6.做事不要贪多，做精做透很重要

每个人在创业之初，面对各种诱惑，往往会显现得有些不知所措。尽管在当今瞬息万变的市场环境中，机会的把握与抉择显得尤其重要。然而真正优秀的企业家都是战略家，他们在面对各种机会与诱惑前，往往都懂得有所为，有所不为。

第 六 章
脚踏实地,做最务实的理想主义者

马云曾经说过:"不要贪多,做精做透很重要。碰到一个强大的对手或者榜样的时候,你应该做的不是去挑战他,而是去弥补他。"机会是常有的,然而,如果想要一把抓,最终可能会丢掉一切。

在某期"赢在中国"里,马云与一位选手之间有过这样一段对话:

选手:"我觉得淘宝网不是我们搜购吧的对手,这跟做得早、跑得快有关系。另外我们和您竞争是有区别的,如果您来和我竞争的话,我特别有信心能够打败您。就拿积分来讲,很多网站的积分不值钱,不值钱的积分会员都不愿意看到,而我们网站的积分卡都是拿钱换来的,会员不愿意倒戈。因为商家要挣钱,多少他不在乎,只要他不拒绝我,我就有资源,只要我有资源,我就有和您竞争的机会,就是这样。"

马云:"我觉得你很有能力,也很年轻,不投你的原因就是你想做的东西太多,想得太多,想做的也太多。其实你刚才那句定义80年代创业的话,是年轻人创业的时候都会犯的一个错误,'我希望每个人来用我的产品和服务',这是不可能的。定位要准确才能做好,对所有的创业者,包括你也有一个建议,少做就是多做,不要贪多,做精做透很重要,碰到一个强大的对手或者榜样的时候,你应该做的不是去挑战他,而是去弥补他,做他做不到的,去服务好他。先求生存,再求战略,这是所有商家的基本规律。你还没有站稳脚跟,就去跟人家挑战,肯定是不行的。先生存,再挑战,这样赢的机会就会越来越大。"

马云曾打过这样一个比方:"看见10只兔子,你到底抓哪一只?有些人一会儿抓这只兔子,一会儿抓那只兔子,最后可能一只也抓不住。CEO的主要任务不是寻找机会,而是对机会说No。机会太多,只能抓一个。我只能抓一只兔子,抓多了,什么都会丢掉。"

每个人在创业之初的时候,首先要做的并不是要把事业做得多大,而是应该抓准事业的一个点做深、做透,这样才能积累所有的资源。即便是一些已经成熟的大公司,他们在走多元化路线的时候,也不见得就一定会成功,而一家新生的小公司,如果到处去铺摊子的话,那也只会无谓地消耗有限的资源,加速自己的灭亡。

马云在创立阿里巴巴的时候,遇到过很多赚钱的机会,但是他都放弃了,因为他很清楚自己的最终目标是什么,所以他才能带领阿里巴巴取得今天的成就。

相宜本草在品牌创立之初,几乎从未做过广告,但是正是这样一步一个脚印,不盲目贪大,才让相宜本草如今越做越大,成功地进入了国内护肤大品牌之列。

相宜本草在渠道拓展方面的策略被称为"一旦选择,就做精做透",即"做一个,赚一个",铺一个产品,做扎实一个产品。这是一个令相宜保持稳健的策略。因为在国内,护肤品企业目前有两三千家,每年有数百家企业诞生,同时可能又有几百家退出,这个市场相对还不成熟稳定,因此相宜本草下的策略便是花费足够的时间去做底子。

在某个渠道进入之前,相宜本草会专门成立项目小组,在一家或几家店内做2~3个月的投入尝试,研究出该渠道的特性后,再全线铺开网络。在某个渠道被研究透彻之前,相宜本草通常不会考虑进入,比如药妆店。一旦有把握做到非常完美的时候,相宜才会出击。这也恰恰符合了严明"理性思考,感性做事"的风格。决策之前充分考虑,一旦决定就毫不犹豫,果断行动。在充分做好准备的前提下,把目标定高,令相宜本草的卖场取得了突破性的意想不到的成绩。

马云曾经说过:"我觉得一个企业最重要的是耐得住寂寞,挡得住诱惑。我们第一天集中在B2B,今天还是如此。不管外面的潮流怎么变,我们学习,但是不跟随、不拷贝。后来出现了各种概念,阿里巴巴也面临着很大的压力,也有很多其他的机会。在这一年半的时间内,我们面对机会,斩钉截铁地说了无数次的'No'。我们朝着既定的方向往前走,不管外面怎么变化,我们还是不受干扰,走自己的路,用心去做。"

　　的确,市场中的行业千千万,机会更是不止一个。仅仅互联网行业,就存在众多模式,而且新模式层出不穷,新机会也是数不胜数。企业要学会取舍,放弃一些才能得到另一些,如果一味贪多,往往会"嚼不烂"。在谈及一个天才成功者的时候,管理学大师彼得·德鲁克就曾说过:"他并不是天才,只不过把毕生的精力放在他做得成功的事情上,而不是用力改变自己的弱点。"

　　所以说,一个企业不怕没有远大理想,就怕缺乏脚踏实地、持之以恒的精神。而要持之以恒,企业就要先学会专注。

第 七 章

保持冷静，
禁得住诱惑方能有所为

1.懂得去做自己该做的事情

　　企业想要在商战中生存下来,不仅需要胆量,更需要冒险。然而,尽管冒险精神是创业家精神的一个重要组成部分,但创业毕竟不是赌博。创业家的冒险,迥异于冒进,一定要将勇敢与无知区分开来,懂得去做自己该做的事情。

　　马云说过:"一个企业家经常要问自己的,不是'我能做什么',而是'该做什么,到底想做什么'。要做到面对金钱的诱惑不要动心,面对快速的扩张不要动心,冷静地记住自己要做的是什么,冷静地去发现有价值的核心是什么。"这也是马云给创业者的三原则之一。

　　马云在"赢在中国"节目中给参赛选手李书文点评时曾经说过:"我非常欣赏你的心态,你的智慧,你的勇气。就项目来讲,也许你是最不需要钱的人,你已经很成功了。你是1970年出生的,所以我的建议是,在你40岁以前,你能够学会专注。这个世界不是因为你能做什么,而是你该做什么。"

第七章
保持冷静，禁得住诱惑方能有所为

"这个世界不是因为你能做什么，而是你该做什么"，这句话发人深省。马云的这句话不单单是说给李书文的，更是说给所有的创业者的。任何一个想要创业的人，都要懂得去做自己该做的事情。马云搞阿里巴巴，绝不是一时头脑发热。马云熟悉电子商务，经过慎重考虑后，他知道这是他该做的事。每个人能做的事情固然有很多，如果不去做你该做的事情，怎么会有大成就呢？梦想不足以使我们到达远方，但到达远方的人一定有梦想。

对任何一家企业来说，在商场中奋起的过程都好似一场马拉松式的长跑，知道终点在哪里至关重要。因为只有知晓自己的目标，才能随时完善自己的"供血"系统和"造血"机能，懂得运用什么样的方式才能最终达到目的地。

在商界，的确是有很多敢于冒险的生意人，但是在关键时刻，对一些利润太高、风险太大的项目，他们总是慎之又慎，甚至中途放弃投资，他们很少涉足那些风险又高、利润又高的行业。他们一般不会对高利润动心，因为他们知道"世上没有免费的午餐"，伴随高利润的，肯定是高风险。

一个企业如果想要在竞争激烈的商场中能够更好地成长，那么就一定要清楚地知道自己将要去做的事情，这样才不会盲目对市场乱投一气。俗话说，打靶看靶心，企业管理者的脑海中必须随时有一个清晰的计划和详尽的安排，这样才能朝着目标前进。

日本的"生意之神"松下幸之助是目标投资理念的信徒。1964年，日本松下通信工业公司突然宣布不再做大型电子计算机。对这项决定的发表，大家都感到震惊。松下已花5年时间去研究开发，投入10亿元巨额研究费用，眼看着就要进入最后阶段，却突然全盘放弃。松下通信工业公司的生意一直很顺利，不可能会发生财政上的困难，所以令人费解。

松下幸之助之所以会这样断然地做决定，是有其考虑的。他认为虽然大型电脑的利润高，但是风险太大，加上当时公司用的大型电脑的市场竞争相当激烈，万一不慎而有差错，将对松下通信工业公司产生不利影响。如果到那时再退，就为时已晚了，不如趁现在一切都尚可撤退，赶紧一"走"为好。

投资以后,撤退是最难的。但如果无法勇敢地喊撤退,只一味无原则地冒险,或许就会受到致命的一击。松下幸之助勇敢地实行一般人都无法理解的"撤退",懂得朝着自己真正的目标前进,足见其眼光高人一筹,其不愧为日本商界首屈一指的人物。

有清晰的目标,企业才能准确地把握市场,抓住市场机会,开拓创新。如果企业起初就没有一个目标,总是在人云亦云中不断地变幻自己的初衷,那么最终可能会因为突如其来的变化而方寸大乱。

克劳塞维茨在其大作《战争论》中指出:一个优秀的将军,勇气与谋略应该平衡发展。勇大于谋,会因为轻举妄动而导致失败;谋大于勇,会因为保守而贻误战机。事实上,在商场中,并不是所有的冒险都能让企业挣到大钱,很多冒险背后隐藏的凶险往往会让企业输得精光。向着前方勇敢行进,并不是赌博式地孤注一掷,而是在通过客观分析的基础上得出的较为科学的判断,这样的"狠闯"才最有意义。

商场如战场,勇敢不是瞎撞乱闯。有理智的勇敢是冒险,无理智的勇敢就是冒进。想赚钱,一定要分清楚冒险与冒进的关系,要区分清楚什么是勇敢,什么是无知。无知的冒进只会使事情变得更糟。

2.脑子很冷静时,你知道谁将来比你厉害

商场中每日不断变化的竞争方式和突如其来的变化,往往会让一些企业自乱阵脚。事实上,保持一颗冷静的头脑,才不会在关键时刻让企业的智慧和胆识偏离轨道,并排除错误之见,继续前行。

马云最值得每个企业家学习的,不仅是他的"闯劲",更应该是他的"谨慎前行"。前期摸索,拜师学艺,借船出海,马云绝对不是为了创业就把自己"置之死地"的野兽派创业者,相反,他是在用最小的代价来做好创业前的

准备，是个脑子十分冷静的"闯客"。

2013年5月，在马云的临别赠言中有这样一段和记者的对话。

记者："对比柳传志、王石或比尔·盖茨辞去CEO的角色转变，你觉得你退休跟他们有什么不同吗？"

马云："我没想过这个问题。不同的一点是，我比他们退休得年轻些。我的财富也没想跟盖茨比，但可以比他先离开工作。盖茨如果早点离开，其脑子冷静得早，那微软今天可能就不一样了。我还是觉得在脑子最冷静、身体状况最好的时候生儿子是最重要的，对吧？找接班人也一样，脑子很冷静时，你知道谁将来比你厉害。人到五六十岁后，不安全感就出来了。当你40岁时，你判断很多事情的状态是不一样的——你是带着思考的眼光去看。你是知道谁比你可怕，谁将来做得比你好。"

对一些创业者来说，躲过商战上的明枪暗箭容易，时刻保持冷静的头脑却很难。一般来说，多数人在通常情况下都能控制自己的情绪，保持头脑冷静，进而做出正确的决定。但是，一旦事态紧急，很多管理者就会自乱阵脚，无法把持自己。

企业的发展不可能都是一帆风顺的，面对危难之事，性格狂躁的管理者必然失败。只有保持头脑的冷静，才有可能想出解决问题的办法。否则，就真的如同是迷了路的人，在森林中只会来回地打转，走不出自己的困局。

当然，企业如果要想在激烈残酷而永不休止的商业斗争中立于不败之地，除了一切必须的商业策略和正确的运作方式外，还需要有一个头脑冷静的领导者，帮助指挥企业的庞大舰队在风浪中躲开暗礁、拨正航向。

没有人会否认英特尔CEO克雷格·巴雷特就是这样一个富有领导能力的"企业灵魂"。照片上的他总是微笑着，但他的眼神却冷静锐利，仿佛能洞察一切。他的魅力不仅存在于他的神情气质上，更多的是体现在他的冷静的市场策略和经营手法上。

芯片制造进入互联网时代,其面临的困难事先无法想象得到。记录表明,英特尔2002年的芯片生意成绩平平,问题一大串:微处理器和晶片的送货时间比预定的时间晚了几个月;设计缺陷令人尴尬;供应短缺,等等。一些向来忠诚的客户,如戴尔(Dell)和Gateway也开始公开抱怨"芯片巨人"的种种不足。Gateway把一部分订单给了Advanced Micro Devices(AMD)公司,该公司的芯片产品曾一度与英特尔的芯片较劲。而那时候AMD的产品销售量一度居高,英特尔差点陷入绝望的境地。

但巴雷特沉得住气,从前任安德鲁·格雷弗手里接过CEO的大权后,他决定扫除障碍。巴雷特从来都不打算让英特尔退出芯片产品的战场,他决定正面迎敌,一决高下。"英特尔的微处理器支配着公司的经营策略。"巴雷特说,"芯片是我们梦寐以求的、能带来可观利润和良好市场定位的主导产品,我们也会一直将其作为我们的首要业务,而英特尔公司在促销产品方面也会变得越来越主动,以赢回客户的信赖和订单。"

克雷格·巴雷特之所以能够带领英特尔乘风破浪,让英特尔从重重迷雾中走出来,有很大一部分原因在于他能保持冷静的头脑,能沉得住气。善于在大家的头脑热得像熔岩的时候,保持自己的头脑像冰水一样冷静,这是一个成功者必不可缺的素质,也是他领导企业走向成功的又一秘诀。

成功创业就是能够完美地完成自己的既定目标,并且让这一目标不偏离道德标准,能够实现利益最大化。所以在创业的道路上,必须要保持一个冷静的头脑,帮助你做到目标明确。

正如苏联伟大的文学家高尔基所说:"理智是一切力量中最强大的力量,是世界上唯一自觉活动着的力量。"不管处于怎样的境地,也不管遇到怎样的考验,企业都应该保持理智的头脑,冷静分析形势,并注意考虑自己所做的事情的后果。只有这样,才能让自己创业的脚步走得更加稳健。

3.确定项目的关键：兴趣

企业选择项目时，最重要的原则，就是要结合自身的特点、优势，整合各种资源，以及进行环境分析，看这个项目是否最适合自己，是不是自己的最优选择。根据自己的喜好来选择创业项目，完全可以用"看菜吃饭"来比喻。

马云离职后，曾向各方媒体高呼"自己很幸运能在48岁时去做自己感兴趣的事"。可以说，兴趣一直以来都是引导马云前行的标志。因为对电子商务感兴趣，马云建立了B2B。又因为对物流感兴趣，他不惜早退来完成自己的"二次大业"。可以说，马云确定项目的关键就两个字："兴趣"。

2013年7月，除去投资最大的物流之外，最让人想不到的是，马云还将目光投放到了文化产业中去。马云涉足娱乐业并取得了初步成功，给自己和报纸版面都先预留下了伏笔。互联网行业之外，另有一片天空，马云的精力和雄心还可以企及。

记者："你是因为好玩才进去的吗？"

马云："我一开始没有觉得好玩。你可以这样看，今后阿里进入的任何一个领域，都是中国十年以后需要的东西，我们才会去的。什么东西今天很热，我们原则上不会进，一定不会进。在我当CEO的时候，什么东西太热了，人说咱们今天进去？轮不到我们。什么东西我们判断十年之后有机会，我的兴趣就来了。十年之后的机会是因为十年以后会有这样的问题，所以，我们必须今天去'prepareforit'，你这样才会有机会。"

记者："文化产业不只是娱乐、电影，还有很多啊。"

马云："我是觉得电影我最容易做，其他深奥的不会弄啊。电影还能看明白，有乐趣。对社会有贡献的事情太多了，你选择的永远是你自己感兴趣的。"

企业因为自己的意念不同,因此选择项目的方式也不同。有些大企业可以根据自己的资金来确定项目,然而有的中小企业却抱怨自己没有充足的资金来完善项目。实际上,创业者要根据自己目前的能力选择适合自己的项目,而不是照搬他人的方式,否则就很容易形成"东施效颦"的结果。

有人曾经说过,只有应对自己喜欢的行业,才能付出百分之百的真心。因为这样,你才会自觉地、全身心地投入到工作中去,并忘我地工作。对企业来说,如果能够找准自己喜欢的项目,那么就一定能百折不挠地勇往直前,千方百计地去克服困难,实现创业目标。

毕竟,谁也无法保证在创建和打造项目的过程中会出现怎样的挫折和失败,但是如果这个项目是企业喜欢的,那么企业定然就能主动调动自身潜能、时间和精力去接触,去完善,不管遇到什么困难险阻,都会一如既往地进行下去。

曾任IBM全球银行数据挖掘咨询组组长及全球服务部商业智能首席顾问,"数据挖掘"方面顶尖专家,现在为吉贝克信息技术(北京)有限公司总裁的刘世平,就是依据自己的兴趣,选定了合适的项目,才走到了今天的成功。

1988年,随着出国热潮的来临,刘世平到了美国。因为刘世平在国内是学土木的,便进入到全球最好的土木系——康乃尔大学土木系。学了1年多,硕士论文都快做完了,但是刘世平最后却发现土木并不是自己的兴趣所在,所以毅然将它放弃掉,转到了经济系,并拿到了经济学硕士和博士学位。他毕业后在研究所工作了几年。尽管刘世平在IBM混得不错,薪水加福利1年也有好几十万美金,但是这个时候,他却又发现这不是自己喜欢的,慢慢干起来也没了劲头。后来他干脆把工作辞了,按照自己的想法回国开始创业,干起了自己真正喜欢的工作。

刘世平在采访中说过:"创业一定要按兴趣去做,一定要干自己喜欢的。因为创业是很沉重和艰苦的，如果你做的事情不是你喜欢做的事，那你就惨了。所以创业时一定要坚持自己的理想。如果你只是想创业赚点小钱，那可能不是很难，但要成就一番事业，是要付出艰苦努力的。一旦决定做一件事，就要破釜沉舟，不要抱着侥幸心理。"

兴趣是最好的老师，而在兴趣的支撑下所展现的最有活力的精神状态也是创业者所必须具备的创业素质。因为有了兴趣，所以挫折就不再是挫折，痛苦也不再成为痛苦，这一切都成为了追求兴趣路上的美好体验，成为了一种享受。

微软的创立者比尔·盖茨，从小就对计算机与软件很感兴趣，并且在计算机与软件编程方面也表现得很出色，在15岁时，比尔·盖茨就为一家信息公司解决了一些技术难题。在微软创立之初，盖茨与创业合作伙伴保罗更是在一间噪音纷扰的小空间里，没日没夜地编写程序。即使是到了39岁结婚之后，他还是经常加班工作到晚上10点之后才回家。正是出于对自己本职工作的那份热爱，才使得盖茨这么有精力地工作。

每一个创业者在寻找项目之前，一定要明白自己的兴趣究竟在哪里。如果你能顺应自己的身心对美好事物的向往，那么你往后的奋斗就会是一件很惬意的事——因为成功，只不过是对你坚持这种行为的一个小小奖励。

4.正视失败，冷静下来寻找方法

在阿里巴巴正式进入轨道期间，曾经因为步伐青涩而遭遇过许多外来的打击。但是在每一次的打击与失败中，马云都能淡定如常，他说："要冷静，不要混乱，气愤会冲昏头脑。"或许正是因为马云能够正视失败，因此他才能够冷静下来寻找到解决问题的方法。

激情颠覆
—— 站在新起点的马云

马云从来都不喜欢看有关成功的书，他只看有关失败的。他善于从别人的失败中分析怎么去做，从别人的成功中去反思，他为什么会成功？再进一步反思学他的成功还是学他的精神。罗马哲学家席内卡说："你若是一个人，就应该崇拜那些尝试过伟大事业的人；即使他们失败了，也值得赞美。"任何人都会遭遇或大或小的失败，关键是看你有没有那颗使自己冷静下来的心。

马云曾经在创办阿里巴巴之前在家里召开第一次"股东"大会，"启动资金必须是Pocket Money(闲钱)，不许向家人朋友借钱，因为失败的可能性极大。"我们必须准备好接受'最倒霉的事情'"。这是这次会议的重要议题。"我们必须准备好接受'最倒霉的事情'"，这是马云给创业者的第一原则。

面对失败，马云也曾经讲过："别人骂你，就当娱乐新闻来看。今天互联网把你推起来，明天也会把你推下去。我每天在网上看到各种各样的人骂我。九年来，阿里巴巴公司一直被人说会死掉。2003年，有人说如果阿里巴巴会成功，就好像把万吨轮船抬到喜马拉雅山顶上。我说，那好，我们把它抬下来就是。别人的话，骂你也好，评论你也好，你就把它当娱乐新闻来看，这也是'冬天'的一种修炼。"

在竞争日趋激烈和残酷的现代商业社会中，创业者要想取得成功，就一定要有承受失败的勇气，从而正视失败，并从中寻找到成功的方法，否则，你便笑不到最后。反之，一个人一旦有了敢于接受"返回到原处"的心态，继而又有了善于积极进取的精神，他离成功就不会太远了。即使一时失败，也会有"东山再起"之日。

美国著名的证券交易大师迈克尔·马科斯当初刚入期货市场时，由于是新手，对市场不够了解，缺乏交易经验，他先后遭到多次全军覆没。他曾经说过自己的前8次交易全部都是以失败而告终。直到后来，他遇到了一位名叫艾德·西柯塔的良师，开始教他如何顺势而为，如何止损，如何赚足利润等方法。同时他认真总结了过去失败的经验，彻底改掉了逆势交易、过量交易的习惯，这样，才渐渐扭亏为盈。

成功的人往往在对待失败时会十分冷静，也正是这份冷静，使得他们能够更加客观地去分析自身失败的原因，从而不断地提炼自我，完善自我，从缺乏经验逐渐积累起丰富的经验，从开始的失败逐步走到成功的彼岸。

巨人集团前总裁史玉柱是中国最有名的富豪之一，但是他却在1993年犯下了一个战略性错误。史玉柱意气风发地决心要盖中国第一高楼，虽然当时他兜里揣着的钱仅仅能为这栋楼打桩。

70层的高楼、涉及资金12亿的巨人大厦，从1994年2月开始动工到1996年7月，史玉柱竟未申请银行贷款，全凭自有资金和卖楼的钱支持，而这个"自有资金"，就是巨人的生物工程和电脑软件产业。单以巨人在保健品和电脑软件方面的产业实力，根本不足以支撑住70层巨人大厦的建设，当史玉柱把生产和广告促销的资金全部投入到巨人大厦的建设时，巨人大厦便抽干了巨人产业的血。史玉柱变得一无所有，身上还背负了2亿多元的债务。

但是史玉柱并没有因此一蹶不振，在朋友的好心帮助下，他很快地就开始东山再起。这一次，史玉柱开始正视自己的失败，他吸取经验教训，从头再来，从零开始，另起炉灶。结果，在短短的3年里，他就创造了年销售10亿元的"脑白金"奇迹，远远超过了他昔日的辉煌。

美国科学院院长布鲁斯·艾尔伯兹在访华期间曾应邀为《科技日报》撰文，他在文中这样写道："有很多人都问我，为什么美国的科学能够取得如此辉煌的成就？造成这个的因素其实有很多，但是在中国，人们往往容易忽视这样一个影响因素——那就是在美国，人们尊重失败，尊重那些渴望成功、努力挑战困难的人，即使他们被碰得头破血流。对那些优秀而雄心勃勃的计划，即使偶尔失败了，也不以为耻。科学要探索，就会有失败。"

在商场上行走,谁也避免不了栽跟头。有的成功者是在摔了好几个跟头之后,才站上成功的顶峰的。因为在失败中,他们冷静分析个中曲折,并寻找积极应对的方法,因此他们成长的速度要比他人快一倍。

总之,每一个企业管理者在商场中行走,凡事都应学会淡定。因为说不定,在你冷静淡定的下一秒,机遇就又会光顾到你的门前。如果你总是在焦虑,总是在彷徨失措,那么你可能会丢失掉下一次开门的勇气。

5.成功后更要保持冷静

阿里巴巴能够有今天的成就,正是马云保持冷静的头脑,拒绝浮躁,同时坚定自己的想法得来的。即便如今的马云已经站在了一定的高度,取得了巨大成功,但是我们从他身上依然看不到半点浮躁与骄傲,他反而变得越加沉着。

成功人士的身上都有一个共同点:在朝着目标前进的途中,他们从来都不骄不躁。即便获得了眼前小小的成就,他们依然能够保持一种平稳的心态循序前进,从而收获下一个更大的成功。这种成功之后保持冷静的态度,正是每一个创业者都应该学习的。

马云曾经说过:"我一直认为,不管做任何事,脑子里不能有功利心。一个人脑子里想的是钱的时候,眼睛里全是人民币、港币、美元,人家一看就不愿意跟你合作。"

"我们经常看到一些小有成就的企业家,在他们的企业刚刚有所成绩时,这些企业家们就喜欢给企业套上不合时宜的愿景:'3年大发展,5年成为行业龙头,7年成为世界500强。'研究发现,世界500强都是经过多年的积累,缓慢平稳地增长,才最终站稳脚跟的。

"而事实上,中国大多数企业家习惯于模仿别人的东西。在过去的20多年里,他们从美国、欧盟和日本买来生产线,或以股权换技术,却没有创造出新的产品和服务。由于浮躁,哪家企业赚了钱,于是同类企业一哄而起,结果常常使销售竞争到了白热化的地步,以致有的企业刚开张就要关门。由于浮躁,中国企业家难以创新,特别是不能沉下心来下工夫创造具有核心竞争力的品牌。

"总之,创业者绝不能浮躁,不能急功近利。在开拓事业的过程中,一定要保持冷静的头脑,向优秀的企业家学习。"

一些中小企业之所以能不断壮大,是因为它们的经营者经营得法、时机运用得当的缘故。但是这些企业最大的缺点却是总拿自己经营得当取得的成就进行自我陶醉和宣扬,从而被胜利冲昏了头脑,最终导致失败。

企业成功后也要多回忆下自己的失败之处,并记录下在经营过程中自己犯的错误。尽管有些中小企业可能因为得天独厚的优势而发展起来很快,但小的错误总是难以避免的。企业老板可以通过记录经营中的失败之处的方法来提醒自己正确经营。

不要把自己所取得的成绩任意夸大,这样企业就会锋芒毕露,遭到竞争对手的妒恨。长久下去,企业终究会产生很大压力,包括有朝一日被戳穿,难以下台。对待成功,一定要冷静淡然,这样才能给自己做出最好的总结。

在2004年CCTV中国经济年度人物的颁奖台上,中集集团的总舵主麦伯良是当天的第三位获奖者。当有记者问及:"麦总,你的集装箱业务占到全球50%的市场份额,应该说是很牛气的。今天你又当选中国经济年度人物。在你相当春风得意的时候,我想问一个不太合适的问题,就是你有没有分析过那些曾经处在巅峰状态的企业,很快地就衰败下来,甚至在阴沟里面翻船的事情,你分析过他们为什么会出现这样的情况吗?"

麦伯良这样回答道:"有的,我觉得他们失败的最主要原因还是他们自己。在一个企业也好,一个人也好,成功的时候,最需要的是清醒和冷静,很多成功的企业到最后走向衰败，一方面是他们过度地扩张，盲目地多元化，超出了自身的一些能力的范畴，以为自己好像什么都行，其实我认为不是这样的。我比较主张的应该是，如果一个企业或者说一个人能够在一辈子做成一件很好的事，或者把这件事做到世界第一。我比较主张从专业领域比较执著专注地去发展，另外一个也是他自身的原因，就是因为走到巅峰了，下不来了。"

有句话说得好，创业艰难，守业更难。创业成功只能说明企业得到了市场和同行的认可，但是要想让这种成功继续维持下去，并且在同行中做得更好，那么就必须付出更多的艰辛与劳苦，也就是说要保持更多的冷静，以便思考前方未知的艰险。

当年，被誉为"东方麦当劳"的仙踪林公司，正当其蒸蒸日上之时，突然被诉侵权，香港八大媒体更是炒得沸沸扬扬。然而，公司领导却冷静沉着应对，一面调停诉方，尽可能使事态最小化；一面与各大媒体合作，积极发布有利新闻，并联络有交往的大公司团体及世界各地的加盟店，署名恭贺其全球连锁加盟店突破50家。情势立即扭转，公众印象中的仙踪林实力雄厚，与各方面关系良好。仙踪林不仅很快化解了危机，并且知名度大大提高。

世事往往难如人意，一时的成功也代表不了什么。经济市场每日都在发生变化，有一夜暴富者，自然也就有一夜暴亏者。因此，企业经营者在成功之时，一定要首先保持一个冷静的头脑，多思考和总结，切莫妄自尊大，反常理而为之。

6.不管别人怎么说，都坚定走自己的路

有人曾经问过马云："从你1999年做阿里到现在十多年了，你觉得你在

关键的地方没有犯错,你说的'关键地方'指的是什么?"马云回答:"'关键地方'是我们坚持了从第一天开始就清楚的使命,就是帮助小企业成长发展,还有,'关键地方'是我们这家公司从第一天到现在,我们没有抛弃自己的理想主义。"

有句话说得好:当你坚信自己是对的时候,你的世界都是对的。有很多人,往往相信别人说的话很容易,却在"相信自己"这个问题上优柔寡断,最终在偏离自己预定轨道的人生路上越走越远。

马云创立阿里巴巴的时候,提出了独特的B2B商业模式。从阿里巴巴成立的第一天起,很多人都说:"如果阿里巴巴能成功,无疑就是把一艘万吨轮船抬到喜马拉雅山顶峰上面。"

而马云就跟他的同事说:"我们的任务是把这艘轮船从山顶上抬到山脚下。别人怎么说,没办法的事,你自己要明白,我要去哪里,我能对社会创造什么样的价值。我们希望创造一个真正由中国人创办的、令全世界都感到骄傲的伟大公司,那是我的梦想,和我们这一代人的梦想。"

在eBay与易趣强强联合,占领了中国80%以上C2C市场份额的时候,马云曾宣布进军C2C领域,打造淘宝网。这种蚂蚁挑战大象的行为,再一次让人大跌眼镜。结果是在人们怀疑的目光中,eBay选择退出。马云说:"他们说第一天开始已听不懂我的话,但还是每年投钱进来。现在他们都说:'Jack,我不跟你吵,你去干吧!'我跟公司COO也是吵了6年了。每年我们打赌1万元看我说出的话能否做到,结果第7年他就不跟我吵了,也不再跟我赌了。"

马云用事实证明了自己的正确,他用实实在在的成绩使投资商和同事们心服口服。回顾以往的经历,马云认为一定要坚信自己是正确的。在这一点上,马云对年轻人的建议是这样的:人必须要有自己坚信不疑的事情,没有坚信不疑的事情,那你不会走下去的,你开始坚信了一点点,会越做越有意思。他鼓励大家:"不管别人怎么说,我们坚信一定不在乎别人怎么看待我们。我们在乎怎么看待这个世界,如何按照我们的既定梦想一步步往前走,这是做任何事一定要走的一条路。"

布沃尔说过:"恒心与忍耐力是征服者的灵魂,它是人类反抗命运、个人反抗世界、灵魂反抗物质的最有力支持。"做事应该有恒心,尤其要有自信心。你必须相信,自己正在做的事是有意义的,无论发生什么,都不能干扰你奋勇向前的脚步。这种自信与专注,会成为你的成功之帆。

2007年,苏宁电器董事长张近东就行业变化与苏宁走向问题接受了记者专访。在专访中,我们看到了"本着一条路"出发的张向东对苏宁的未来坚定的心理。

记者问:"从1990年南京宁海路的一家空调小门面到现在遍布全国的家电连锁巨头,这10多年的发展历程中,苏宁最艰苦的发展时期是什么时候?"

张近东答:"苏宁发展过程中最艰难的时期是在上世纪90年代末,那时传统商业不受重视,整个家电行业也不景气,还要不要做下去?怎么做?苏宁内部面临着决定生死的选择。那时我坚信一条,家电一定有需求、有市场,有市场,就一定有商业存在的价值。所以,我们在公司内部第二次提出,坚持专业化道路,率先提出了全国连锁,提出'3天开一家连锁店',创新建立了家电连锁的发展模式和标准。

"但在内部,我们的管理团队争议很大。放弃每年几十亿的代理批发业务,去做没有先例的连锁零售,能行吗?在外部,对开1500家店,外界一片哗然,有些合作伙伴表示担心,有媒体质疑说,'3天能开一家店吗?'面对这样的压力,我们不去争论,只管埋头去做。今天来看,家电连锁已成为行业标准。2005年我们就已经做到了'2天开一家店'。"

有位企业家被问到自己的成功秘诀时说:"归纳起来也只是四条:坚持;坚持;坚持;放弃。"众人大感不解:既然前三条都是坚持,还差最后一步吗?

这位企业家说:"当我们需要放弃的时候,就应该果断地放弃。因为如果你确实把自己百分之百的努力都用上了，却还没有成效，很可能就是此路不通。坦言说，它已经不值得你再去挖空心思拼命做了。这时候最明智的选择就是赶快放弃，及时掉头，寻找新的方向，千万不要在一棵树上吊死。"

俗话说："功到自然成。"不论别人怎么说，只要你自己心中有了主意，有了方向，那么就应当坚持下去。尤其是已经有了最初战略目标的企业，一定要懂得坚守自己的初衷，不要轻易被旁人影响。这样，在你的冲劲之下，企业就一定能够荣登顶峰。

第 |八| 章

持久激情，
做自己的造梦人

1.拥有持久的激情才可能赚钱

马云曾说："创业者的激情很重要，但是短暂的激情是没有用的，长久的激情才是有用的。"创业本来就是一件十分艰辛的工程。如果仅靠着最初那点斗志昂扬，定然铸不起高墙铁壁，只有持久的激情，才能持续不断地为我们提供充沛的动力。

面对创业，企业家首先要思考的就是如何将短暂的激情转化为持久的动力，因为激情是不能受到伤害的，只有持之以恒的激情才能换来财富。

在2013年4月的绿公司年会上，马云谈及了自己退休后的生活，称"先睡3个月的觉，之后不折腾互联网，折腾其他行业"。马云表示，未来的梦想是希望死的时候快乐一些。他将继续关注公益、环保、企业家教育3个领域。"我们这些人停不下来。"

马云说："我觉得我们粗粗想了一下，三个月先休息休息，三个月以后不要折腾互联网，是折腾其他行业。你讲得对，我们这些人停不下来，一个是教育、创业；一个是绿色、环保；第三个我自己觉得是投资。投资还是围绕前面，一个是在公益的绿色方面，一个是企业家培训方面。这两个想想办法，我自己也没有想明白。这三个方向都要花时间，如果想明白了，就没有意思了。我觉得要三个月好好休息以后，就可以了。"

有一位伟人曾讲过："事业成功的秘密，一是保持激情；二是保持激情；第三还是保持激情。"如今有很多创业者，他们在最初的时候可能表现得斗志昂扬，然而，在奋斗的过程中，一遇到挫折就偃旗息鼓，士气大减，甚至因为无法承受失败的打击而选择退缩、放弃。

激情需要我们持续不断地供给。如果不能保持这种充满热情的干劲，那么我们一遭遇到阻力，就会热情消减，最终无法到达目的地。

从大学教师到"中国互联网之父"，可以说马云就是一路充满激情地走来的。从"中国黄页"初创之时，几乎所有中国企业对在互联网上打广告、做宣传都抱着强烈的怀疑态度，他们甚至认为马云是骗子。但是，马云却一如既往地坚持向着自己的梦想进发。

即便是到了1999年，马云和他的合伙人以50万元人民币始创阿里巴巴网站时，依然是困难重重。即便是这样，马云依然是激情四射，为自己和合伙人制定了奋斗目标，规划出美好未来的蓝图。坚持梦想、保持激情的马云成功缔造了阿里巴巴的神话。

在源太郎还没有成为日本著名的擦鞋匠之前，他只是一名为了温饱而到处行走的打工仔。然而，偶然的一天，一个美国军官让他帮助自己擦皮鞋，最后他得到了丰厚的小费。从这以后，源太郎决定靠擦鞋赚钱。

源太郎先是花费三年的时间，向所有他听说过的手艺好的擦鞋匠请教。同时，他总结别人的经验和教训，总结出了一套自己独特的擦鞋方法。

在满腔热忱的促使下，源太郎不仅追求把鞋擦干净、擦亮，还仔细地研究皮鞋的质量，努力做到精通皮鞋的类型、质地。他对皮鞋表现出的疯狂的热情，使得他简直成了皮鞋专家。对皮鞋的了如指掌，使得他擦鞋的技术达到了炉火纯青的程度。他会根据不同品牌的皮鞋,选用不同成分的鞋油。遇到一些颜色罕见的皮鞋,他就自己用几种颜色的鞋油调制适合这种皮鞋的鞋油。他还仔细地研究了各种鞋油的性质,努力做到自己使用的鞋油既光亮,又充分滋润皮革,让光泽更持久。

生活不会辜负每一个热情投入的人。源太郎出名了。1975年,他成了希尔顿饭店的"定点擦鞋匠"。源太郎的手艺异常受欢迎,一些外地的顾客甚至将自己的皮鞋邮寄过来让他擦。连日本前首相以及日本的财界大亨等一些著名人物都成了他的常客,还有一些世界级明星,如迈克尔·杰克逊等人都曾把鞋送到他那儿擦过。

爱默生说过:"有史以来,没有任何一件伟大的事业不是因为热忱而成功的。"热忱的人拥有一颗激情的心,他们不畏困难,敢于挑战,所以他们会更加专注于自己所爱,并且自觉地去学习、去探索、去创造、去奋斗,甚至勇于去承担更大的使命,不断激活自己的智慧、潜能,最终成就自我的价值。

每一个在梦想之路上不断向前冲的人,不妨先给自己定一个近期的、容易实现的目标,以此来激发自己不服输的精神,让自己拥有不断前进的动力,只有这样,才能使你在这种源源不断的动力下最终走向成功。

2.激情让你战胜矛盾和犹豫

如果多年前马云只是安安分分地做着自己的外语教师,那么他也就没有创造互联网神话的机会。是什么成就了如今的马云呢?答案就是激情。充满激情的马云带着他独有的冲击力,战胜了创业路上的一切矛盾和犹豫,打造出了今日的互联网神话。

创业需要强烈的赚钱欲望,而欲望的程度又会决定当你在面对一次或多次转折时,能否将眼前的屏障冲破。激情往往就像是人们体内供应能量的因子，往往能让人有更多的勇气来面对不安的现状。

马云对互联网、对电子商务的渴望有多么的强烈，从他创业之初毅然辞去大学教师的职务就可看出。而马云开始创业时所进行的一系列宣传及推广工作，就能让人深深感受到他身上洋溢着的创业激情。

由于创业之初互联网不为人知，马云他们不得不承担起宣传和普及互联网的重任。没钱做广告，他们就一家一家地演示游说。为了宣传互联网，马云不放过任何机会，也不管时间和地点。马云像着魔一般宣讲互联网。他逢人就讲，无处不讲。同时一家家公司、一家家企业扫过去，向他们推销互联网，推销中国黄页。马云那时的角色，就是狂热的义务宣传员和疯狂的推销员，甚至被人斥为"疯子"。

精诚所至，金石为开。一连数日不知疲倦地奔波，马云他们终于拿到了第一单生意。这一单的支票是一家民营衬衫厂付的，虽然只有1.5万元，毕竟是中国黄页业务的第一次真正意义的突破。它第一次向公司三个创始人证明马云臆想出来的这个史无前例的商业模式"也许有戏"。

软银集团董事长兼总裁孙正义曾经在说到自己为什么给马云投资的时候说过："创业家要成功，必须有梦想与热情，甚至必须疯狂一点。"在马云身上，我们看到了不畏艰险的勇猛精神，而我们需要学习的，也正是他当年走出现状的勇气。如果没有当年的激情，也就没有现在的改变。

每个参与创业的人都知道，创业路上困难重重，步履维艰，如果你没有一点创业的激情，是很难克服那些困难，最终坚持下来的。若是拥有创业的激情，便能逢山开路，遇水架桥，直面困难，解决困难。

马云奉行激情人生，崇尚激情创业、激情创新、激情冒险。因此，他不仅是一个激情四射的创业者，还是一个伟大理想的布道者，更是一个辉煌梦想的鼓吹者。是马云点燃了阿里巴巴团队的激情，也造就了阿里巴巴持续成功的激情神话。

激 情 颠 覆
—— 站在新起点的马云

担任中国数字艺术设计专家委员会副秘书长、福建金豹动画设计有限公司总经理等多项职务的朱玉奇,其塑造的动漫品牌"JONJON囧囧"曾在国内与国际荣获过多项大奖。谈到自己如今的成就时,朱玉奇说:"激情永远是决定创业能否成功的首要条件。创业最需要的是一种持续的激情,让创业者坚持一种信念,不论顺境逆境,每天都要有这样的兴奋与热情。"

从大学一年级与同学参加创建福建第一批动漫网站,到毕业后选择创建动漫公司,经过将近7年的摸索与努力,朱玉奇创建的"囧囧与囧妮"这对可爱的动漫形象,才终于成为动漫界一个响当当的品牌。事实上,从学习美术设计开始,朱玉奇就对动漫行业充满了信心,并将其作为终生职业规划。那个时候,朱玉奇一毕业,便踏上了动漫公司的创办之路,尽管出师未捷,但这并没有让初出校门的朱玉奇气馁,反而激起了他学习与奋斗的决心,"一定要自己掌握事业的方向"。凭着这股激情,朱玉奇战胜了动漫路上的种种挫折,最终赢得了今日的成功。

"心有多大,舞台就有多大"。激情总是与梦想相伴。马云把激情写进了阿里巴巴的价值观。他说,年轻人都有激情,但年轻人的激情来得快,去得更快,持续不断的激情才是真正值钱的激情。你可以失去一个项目,丢掉一个客户,但你不能失去做人的追求,这就是激情。失败了再来,这就是激情。

有些高管一直在企业里有一份安稳的工作,直到他们职业生涯的后期,才发现自己非常想创业。有的高管是被裁员了,丢了工作,却能想出非常棒的点子,之前可绝没有时间想这些。如果是这种情况,对创业者来说,年龄就从来不是个问题。创业的首要条件是"要有激情",因为总有新的挑战。工作的激情能带来很多新鲜感,重振你在领域内外的创造力。

激情是点燃欲望的火苗,只要这把内心的大火能一直熊熊燃烧下去,就能无畏前方的一切阻碍。因此,用激情去战胜你的矛盾与犹豫吧!

3.像坚持初恋一样坚持理想

在创业时,马云说,创业一定要坚持自己的梦想。"初恋总是美好的,但是人们往往会遗忘初恋。"马云告诫创业者,创业后一定要多多回忆当初创业的初衷,要想想自己当初为什么要创业?创业后要做什么?只有时刻反思,才能做好创业。

事实上,创业和做人一样,一定要坚持自己最初的理想,不可轻易动摇自己的信念。哪怕很多人提出强烈的反对,但只要你认定了,就要坚持。马云在回顾阿里巴巴的创业历程时,总结出来的企业创新发展经验中,有一条就是:坚持自己的理想。

2013年1月,阿里巴巴与行业企业、资本及金融机构进行系列闭门会议,并计划联手银泰、复星、四通一达、顺丰等公司和机构投资千亿,联手建立智能物流骨干网络。这个计划在内部被称为"地网"。马云将牵头并担任董事长,银泰集团董事长沈国军出任CEO。

5月份,马云从阿里巴巴正式卸任,投奔到自己的"物流"大业中去。按照马云自己的说法,为了辞任CEO,他思考了九年、计划了六年、实施了三年。"至2012年,我没有在公司待多长时间,让团队自己跑一年,觉得不错,挺好"。

而打造"物流"网,便是马云要卸任之前很早便想办成的事情。只是那个时候阿里巴巴还不够成熟,需有人"照顾",因此才没着力去打造。如今,当阿里巴巴已逐渐成熟,马云也终于能够卸下身上的重担,去坚持自己"最初的理想"了。

马云在"阿里巴巴社区大会"上曾经说过这样一段话:"初恋是最美好的,每个人的第一次恋爱最容易记住。每个人初次创业的时候的理想是最好的,但是走着走着,就找不到这条'路'在哪里了。其实你的第一个梦想是最美好的东西……2001年网络泡沫破灭时,那三十几家公司,我记得现在全部关门了,只有我们一家还活着。我们是坚持初恋的人,我们是坚持梦想的人,所以能走到今天。"

马云的创业之路走得并不顺利。阿里巴巴从成立以来一直备受质疑,但马云从来没有质疑过自己,而是一直坚定不移地按着自己的理想迸发。即使在诱惑面前、在压力面前,马云也从来没有改变过。

成功需要坚持不懈,更需要禁得起各种诱惑。对每一个创业的人来说,都需要坚守自己的理想和初衷,盯住一个点去发挥全力。如果你能在这个过程中永远像第一次选择爱你的职业一样,一直拥有这种激情,那么就一定能够成功。

2011年,由凤凰网、21世纪经济报道、中央人民广播电台经济之声联合举办的2011华人经济领袖盛典之商学院巡讲活动于11月14日在中欧商学院举行。"58同城"创始人姚劲波在活动中发表了演讲,并提出了四条建议。

姚劲波说:"'58'做到现在,刚开始特别艰难,因为没有人投资,我当时的想法是尽快盈利。当时我在北京做了一本杂志,叫《生活圈》,做得还挺大,我们是把北京分成26个板块,在每个板块发行一本杂志。比如望京,我们叫'望京生活圈',把望京本地的商家登上广告,我们也做成了,但是至少让我们耽误一年时间,我们的团队被证明是不适合干传统媒体的。半年以后,当我们回顾的时候,发现我们钱烧的速度不但没有降低,反而在提高。突然有一天,我们彻底把这个团队关掉了,我们把所有的人转移回互联网。其实就算我们做传统媒体的时候,互联网也在增长,但至少耽误我们一年时间。我从来没有想过做传统媒体,现在看来,如果当时我们不做这件事情,至少我们能抢一年的时间。所以创业的时候,给大家一个建议,不管多么艰难,不要去走回头路,坚持自己的理想。四个建议:第一,创业的时候快点下手;第二,敢于投资自己;第三,组建最好的团队;第四,坚持自己的理想。"

创业之路充满艰辛，如果缺乏强烈的意愿，就很难坚持到最后。而能够维持这种意愿的东西，往往是创业者坚信自己能取得成功的信念。一位创业成功人士说过这样一句话："创业就像黑屋子里，一点亮都没有，但你要告诉自己，那就是有光的地方，告诉自己那是方向，然后跟团队说跟我走，那就是方向。"也就是说，相信自己的选择，坚信自己的判断力，并向着自己选择的方向坚定不移地向前走。

如今，参与创业的队伍越来越大，越来越强，而能够成功的人却越来越少。所以在准备创业的初期，我们一定要听从马云的忠告，问问自己，你是否有着强烈的创业意愿？你是否对达成梦想有着坚定不移的信念？你是否能面对种种挑战，克服种种困难？如果你无法做到这一点，或者还不清楚自己的创业意愿到底有多大，那么，你的创业之路就很难成功地走下去。

4.让团队保持永久的激情

马云曾经说过："创业者的激情很重要，但一个人的激情没有用，很多人的激情才有用。如果你自己很激情，但是你的团队没有激情，那一点用都没有。怎么让你的团队跟你一样充满激情面对未来、面对挑战，是极其关键的事情。"

商场如战场，作为一个"团队"，如果没有激情，人心也就散了。散了人心的"团队"，就不可称为"团队"了，更无竞争力可言。当今市场的竞争，很多时候表现为资本的拼杀，这使人容易忽视拼杀在各自战场上的"团队"。"团队"就像树的根，树枝上再茂盛的枝叶也源于根。

阿里巴巴成立之初，十分艰难。那个时候每人每月500元工资，其实还是大家一起凑的。但是在如此艰苦的情况下，却没有一个人说累，反而更加充满激情。因为在最为艰难的时刻，马云的话总是激动人心："就是往前冲，一直往前冲。我说团队精神非常非常重要。往前冲的时候,失败了还有这个团队,还有一拨人互相支撑着,你有什么可恐惧的?今天,要你一个人出去闯,你是有点慌。你这个年龄,现在在杭州找份工作,一个月三四千块钱你拿得到,但你就不会有今天这种干劲,这种闯劲,三五年后,你还会再找新工作。我觉得黑暗中大家一起摸索、一起喊叫着往前冲,就什么都不慌了。十几个人手里拿着大刀,啊!啊!啊!向前冲,有什么好慌的,对不对?"

正是马云的这番话,让阿里巴巴的创始者们的精神为之一振。接下来马云开始兜售真正的期货,兜售黄金的未来:"在未来三五年内,阿里巴巴一旦成为上市公司,我们每一个人所付出的所有代价都会得到回报,那时候我们得到的不仅是这套房子,而是30套这样的房子。"当时对这些只能掏出1~2万的人来说,30套房子的价值就是个天文数字,湖畔花园是个遥不可及的梦。然而,正是在马云的激励下,阿里巴巴的成员们才能一直保持着最初的激情,最终成就了今天的辉煌。

事实上,在每个人的内心深处都潜伏着激情,一旦有人把这种激情挖掘出来,就会变成一种连他自己都想象不到的巨大力量。而马云正是这样一个有魅力、有激情的带头人。

马云曾经说过:"判断一个人、一个公司是不是优秀,不要看他是不是Harvard(哈佛),是不是Stanford(斯坦福),不要看公司里面有多少名牌大学毕业生,而要看这帮人干活是不是发疯一样干,看他们每天下班是不是笑眯眯回家。"

如果让一个团队保持永久的激情,那么就能让众多小力汇聚成一股力,这样给企业带来的影响就将远远大于一个人的奋力。有一句古谚说得好:一头狮子率领的绵羊队伍可以打败一头绵羊率领的狮子队伍。如果企业的领头人总是斗志昂扬、激情澎湃,那么他带领的团队必然也会通过耳濡目染、潜移默化,而意气风发。

2012年,东风日产正式进入双品牌时代。业界公认,东风日产拥有一个战斗力超强的团队。作为团队领袖,任勇总能够让团队保持激情与活力。他经常说,"东风日产一直以一个小公司的态度来做大事业,就是要保持小公司的灵活、敏锐、踏踏实实创业的激情;事业上我们要不断地扩张,但是在公司的形态和组织上拒绝长大,让这个组织保持更高的效率。"

在人才的选拔上,任勇向来不拘一格。任勇从来认为,"'人'是企业中最重要的因素,看待一个团队的能力,往往要先看人的能力。东风日产欢迎没有日产背景,没有东风背景,没有汽车背景的'三无'人员,实际上,营销或者说职业理想的共性要远大于行业背景的差距。更主要的原因在于,公司内部有一种包容文化,能让他们迅速融入并比以前干得更出色"。

任勇和他的团队一直心怀梦想,一直有创业激情,一直保持创新心态,他们在"梦想与激情"的号召下,勇于挑战自我,在市场的风云变幻中,总是"化不可能为可能",成为业界一支令人敬畏的"铁军"。

如果你已经拥有了一个优秀的团队,你已经与股东形成伙伴关系,你们能够果断行动、团结一致,那么,能够帮助你建立起一个可持续的高效团队的最重要的信念便是信任与激情。

当人们喜欢他们所做的工作,并且乐于与那些一起工作的人共事,他们就会高效率地工作。如果他信任自己和周围的环境,那么他就能将紧张和放松适当地结合起来,并沉浸在解决问题的兴奋感中。而当你传达着"既竞争又平和"的信息时,实际上,你对团队传达的是,如果我们把所拥有的都拿出来分享并相互支持,那么公司就会持续运转下去。

当然,有一点值得企业领导注意的是,短暂的激情只能带来浮躁和不切实际的期望,它不能形成巨大的能量;而永恒持久的激情会形成互动、对撞,产生更强的激情氛围,从而造就一个团结向上、充满活力与希望的团队。

5.梦想的实现需要持久的激情

一个有激情的人,会自觉地去学习、去探索、去创造、去奋斗,甚至勇于去承担更大的使命,不断激活自己的智慧、潜能。这是实现目标的保障。正如马云所说:别人可以拷贝我的模式,不能拷贝我的苦难,不能拷贝我不断往前的激情,这个东西你一定要记住,这是你的核心竞争力。

但凡是人,都有喜新厌旧的心理。想保持一天的激情很简单,保持一个星期或者一个月的激情也不是很难,难就难在如何把激情保持一年乃至更长的时间。

比如,我们今天打算开个淘宝店,马上兴致勃勃地拍照、弄店标,在网上拉人来关照自己的生意。一周过去了,你的激情明显变淡,一个月过去了,你自己都懒得去店里了。激情是最容易被消磨的一种情绪,这就是很多人不能将目标进行下去的原因,"淘宝梦"当然也就黄了。

在一期"赢在中国"中,一位致力于做中国最专业的电动车维修和综合服务企业的年轻人在回答马云"为什么选择在苏州创业"的问题中,信誓旦旦地说:"短暂的激情是不值钱的,只有持久的激情才是赚钱的。"

马云身上最大的特点就是充满激情。在阿里巴巴人的眼里,马云就是激情的化身。与其说马云是个企业家,不如说他是一个"造梦人"、一个激情四射的创业者、一个伟大理想的布道者、一个辉煌梦想的鼓吹者。

创业之初,只有30岁的马云浑身都洋溢着激情,他说:"从现在起,我们要做一件伟大的事,我们的B2B将为互联网服务模式带来一次革命!"他用激情感染着自己的团队,他让阿里巴巴就像一锅沸水,更像一个疯狂的陀螺,向着目标一路狂奔。

也有更多的人被马云的激情所感染。当阿里巴巴还不被大多数人知道并接受的时候，曾在瑞典Wallenberg家族主要投资公司InvestorAB任副总裁的蔡崇信到阿里巴巴来探讨投资。几次接触下来，蔡崇信被马云的思维和激情给捕获了，他当即决定，要抛下75万美元年薪，加盟阿里巴巴，领取500元薪水。

后来，马云更是"激情四溢"地宣称，"我们要做一家102年的公司，要进入全球网站的前三名"。正是看中了他的这一点，当时软银集团董事长孙正义在选择投资对象时，只用了短短6分钟时间，便毅然决然地选择和阿里巴巴合作，融资2000万。孙正义见到马云，经常会说："马云，保持你独特的气质，这是我为你投资的最重要原因。"

美国成功学大师拿破仑·希尔认为在评价一个人的时候，除了考虑他的能力才干之外，还必须看重他的激情，因为如果一个人有了激情，就会有无限的精力。激情也往往能够调动我们全身心的巨大潜力去创造性地解决问题。因为人类在冲动的情绪下，注意力往往会高度集中，想象力也会变得丰富起来，且记忆力还会有所提高，理解能力也有所加深。用积极的工作态度和观念填充自己，创意往往会主动来敲门。

爱默生说过："有史以来，没有任何一件伟大的事业不是因为热忱而成功的。"热忱的人拥有一颗激情的心，他们不畏困难，敢于挑战，所以他们会不断迈上成功的台阶，成就自我的价值。

只是短暂的激情很容易产生——几乎任何一个目标都可以产生澎湃的激情，但持久的激情却极难维持。再好的东西，看久了也会产生审美疲劳，更何况一个遥不可及的目标。就像爱情也有审美疲劳的时候，再漂亮的美女，看久了，也就成了"一般人儿"。目标也有审美疲劳，长期处在同一领域，对相同的信息每天都要大量地接受，难免会产生感觉以及心理上的疲劳，就会让人失去最初的新鲜感，感到乏味、枯燥，提不起精神，引发倦怠心理。

能想办法为其注入新的活力，就能保鲜爱情和婚姻。同样，当你在打拼事业的过程中，也产生了懈怠心理，不要害怕，更不要轻易放弃。我们以工作为例，看看有哪些方法可以帮助你，给你补给激情。

第一，寻找工作中的"新鲜点"。

这一条类似于寻找伴侣身上新的闪光点，比如你忽然发现一向花钱大手大脚的爱人，其实财商还蛮高的，他对一些投资项目的敏感，不得不让你佩服。而在工作中，你不妨重新审视一下自己所处的环境、自己的日常工作内容，从中发现新的乐趣以及新的挑战。新的乐趣可以减缓你每天面对大批量重复信息的厌倦感，而新的挑战则可以赋予你新鲜的工作激情，激发你的斗志。

第二，做到劳逸结合。

如果两个人成年累月每天都是八点出门去上班，晚上七点多到家做晚饭，日子过得程式化，心情自然也会程式化。所以，不如抽个周末，两个人一起去郊游，或者去初恋的地方重温一下初恋的感觉，一定能加深彼此的感情。

工作也是一样，如果你长期坚持每天工作到晚上12点，那么早晚有一天，你会"崩溃"。如果你的工作非常模式化，那就更应该适当地改变一下，比如找个风景秀美的地方散散心，去做一件一直想做却因为工作忙而一直未做的事情。

第三，把大目标分解成小目标。

长远的目标容易让人产生懈怠心理。我们不妨给自己定一个近期的、容易实现的目标，激发自己不服输的精神，让自己拥有不断前进的动力。

马云说："有些人，创业初期很有激情，但激情来得快，去得也快。所以，我希望你们的激情能保持3年，保持一辈子。"有一位伟人也曾讲过："事业成功的秘密，一是保持激情；二是保持激情；第三还是保持激情。"

如果把人比作是一辆汽车，那么激情就是汽油，有了它，汽车才能开动。并且，只有持续不断地供应汽油，汽车才能跑起来，并跑得更远。

6.等"孩子"长大了,会赚大钱

马云曾经表示:"创办一个企业就像养一个孩子,不能指望他一生下来就能挣钱养家糊口。只有不断地给予其营养和知识,这样孩子才能够茁壮地成长,赚钱是早晚的事情。如果做家长的把赚钱看得太重,让孩子过早地出来做童工,那不仅赚不到钱,就连孩子本身也有夭折的可能。"马云把管理一个企业叫做"经营",他认为一个企业若是一开始就嚷着要赚钱,而并不为它灌输自己的文化、自己的价值观,那样无异于杀鸡取卵,而企业也不会存在多长时间。

2013 年 11 月 11 日,天猫的网购成交额达到 350.19 亿,同比增长 83%。中国网购的力量再次震惊了全世界。马云和阿里巴巴再次成为社会焦点。

其实马云曾经在创立阿里巴巴的初期便表示,现在的自己并不是不能赚钱,而是不急于赚钱。马云基于中国市场的现实状况以及购物人群的真实需求,自 2003 年淘宝成立开始,就采用免费政策,并承诺五年内不收费。经过淘宝网 5 年免费期的培育,中国网络购物人群的数量已经呈现了井喷式的增长,其市场规模也由最初的几亿人民币的年交易量,增长至现在的上万亿交易量。而在这样的情况下,也就是 2008 年,阿里巴巴决定再向淘宝注资 50 亿,继续让其沿用免费的政策。

虽然看上去是放下了一大部分利益,但是淘宝网却战胜了庞大的eBay,成为了中国第一购物网站。现在,光凭借广告收入,淘宝就达到了收支平衡。这也正是马云的一贯策略。先把企业养起来,不着急让其赚钱,等到它有自己的能力的时候,钱是不会少的。

任何一家企业都是以赚钱为目的的,这是无可厚非的。但是有很多刚创业的公司只想着赚钱,开始急功近利,甚至在刚刚做出一点成绩来,碰到有大公司来收购,就会把公司卖掉,丝毫不会把公司当成自己的"孩子",也不愿意一点一点地"养"。他们只负责把这个"孩子"创造出来,如果这个"孩子"不能给自己带来利益,就会着急,不去想着怎么改变公司自身的缺点,而是想着怎么尽快让利益最大化,这其实是不对的。

每一个大企业都是从小企业开始做起来的。在企业的发展中,都要经历一个循序渐进的过程。管理者的目光应该放得更长远一点,这样才能立足全局。要看到自己企业未来的发展优势。如果为了眼前的丁点蝇头小利,就不惜牺牲还处于萌芽阶段的公司利益,那么最终企业只会因为盲目追求速度而失败。每一家企业都有自己的发展模式,并且企业发展的方式有很多种,其中靠自我积累的方式发展起来的企业,才能有更稳固的根基。如果把所有的精力和时间都用去拣"小金子",那么也许会错过"大金矿",甚至连"小金子"都握不稳。

稻盛和夫曾经说过:"任何一项伟大的事业,只有靠实实在在的、微不足道的一步步的积累,才能获取成功。"中国古代也有一句话叫:"不积小流无以成江海,不积跬步无以至千里。"经营一家企业也是如此,没有一步登天的人,也没有一下子盈利过亿的企业。一个企业发展缓慢不要紧,一定要找出它发展缓慢的原因。

企业在要求扩张、发展的时候,千万要考虑规模经济问题。对管理者来说,一定要量力而行,切莫"拔苗助长"。

有句话叫:"将欲取之,必先予之。"一个企业只有先培养出了良好的发展根基,才能在往后的竞争中屹立不倒。如果企业的根基都没有打稳,只要有点风吹草动,自然就会遭遇巨大失败。

管理者应该学会将眼光放在远方的更大的利益上,能够忍受得住小利益的诱惑,全心投入到抚养企业中,耐心等企业长大,这样才能在不知不觉中收获最丰厚的回报。

马云在接触互联网之前曾经成立过一个"海博翻译社",他把一些退休的老教职员工都集合起来，帮那些赋闲在家的老师们赚点外快。马云当时的主业还是教书，只是在业余时间打理翻译社的事。这个翻译社的生意可谓惨淡。曾经一个月赚700，却要交2000元的房租。为了继续办下去，翻译社甚至卖过花，连货都是马云扛着麻袋去义乌批发的。

按理说，这么一个挨累不讨好的翻译社干脆就不干了，马云却非要坚持。通过马云几年的努力，翻译社的生意渐渐好了起来。而这时，马云的注意力也转移到了互联网上，他便把翻译社送给了一个入了股的学生。

这个翻译社今天还在营业，虽然门面依旧那么破旧，但是却能翻译几十种语种。翻译社内挂着马云当年题写的四个大字：永不放弃。

由此可见，马云独特的商业头脑在那个时候就已经显现出来。他懂得"先付出，后赚钱"的道理，或者说叫"放长线钓大鱼"。虽然"海博翻译社"只属于马云的"试水之作"，但是其商业特质已经在这里显露无疑了。

第|九|章

未雨绸缪，
永远在阳光灿烂时修屋顶

1.做经营决策一定要审慎

马云曾经在回顾自己创立中国黄页时表示，"如果蚂蚁走得好，大象也搞不死它。"观看马云一路走来的各种艰辛，无一不是步步为营，仔细之外更多加斟酌与考虑，他从来都不是一口吃一个胖子。

在商场行走，每个人都要有谨慎之心。哪怕你现在可能正风生水起，然而下一刻可能就被抛入冷窖。因为，策略中只要出现一个细微的差错，就会断送掉企业的未来之路。看来，企业在做经营决策时一定要慎之又慎。

2013年4月，马云参加了"2013中国绿公司年会"，并在会上发表了感言。其中，有一名提问者问及马云："我来自云南爱因森教育投资集团。刚才马云先生说是喜欢未来的，就目前的民办教育，在国内上市的没有。今天俞敏洪先生也来了，他是我崇拜的对象。上市公司都是在国外。我想问马云先生，办教育机构，有没有可能在国内上市？"

马云这样回答道："这个问题还真不好回答。我要问问证监会。我相信

第九章

未雨绸缪，永远在阳光灿烂时修屋顶

一个东西如果真想干，都做得起来。我做阿里巴巴的时候，我没想过我们会上市，但是还真是上市成功了，你这个东西能否上市，还得问问证监会。"

很多人都羡慕那些创业成功的人。在他们看来，那些创业成功的人，整天什么事情都不用做，动动嘴，别人就把一切都处理得井井有条。然而，他们只看到了创业成功的人们在享受创业成果时光鲜的一面，却忽略了他们在商海里打拼的时候，那种惊心动魄、常常九死一生的过程。

有人说："创业就是在刀光剑影里求生存。"这话一点不假，创业并不是一件容易的事情，这其中充满危险，一不小心就可能身心俱伤。就拿马云来讲，从最早创办海博翻译社开始，他就已经开始了自己漫长的人生规划，他往后的成功，都是从一步步的思考中过来的。

企业在做经营决策时，应该从实际出发，经过或审慎或不尽合理的思考，初步确定"为什么我们要进行这样的经营决策"、"是不是一定要推行这个策略"，只有对所定决策多加深思，将一切不稳定的因素考虑清楚，才能最终使这个策略能顺利得以实施。

2000年12月，世界最大半导体制造商英特尔(Intel)表示，将取消生产Timna微处理器的计划，因为这种原本计划用于600美元以下个人电脑的低价晶片面临设计进度落后以及需求下降的问题。

Timna是英特尔公司专为低端PC设计的整合型晶片。当初在上这个项目的时候，公司认为今后电脑减少成本将通过高度集成(整合型)的设计来实现。可后来，PC市场发生了很大变化，PC厂商发现，使用英特尔的低价赛扬(Celeron)微处理器，再配上810晶片组及其他零组件，同样能制造出预期的低价电脑。PC制造商通过其他系统成本降低方法，已经达到了目标。英特尔公司看清了这点后，果断决定让项目下马，从而避免更大的支出。

由于市场及技术发展瞬息万变，投资决策失误在所难免。因此，在投资失误已经出现的情况下，如何避免更大的错误，对企业来说，才是真正的考验。一些著名的企业的经验是,每投资一个项目,如果没有实现预期收益,那么马上就总结、调整;再没达到目标,就需要换负责人;如果换了负责人还未达到目标,就应该停止该项目,将之转让或放弃。

在企业经营决策中,投资决策是最重要的决策之一,也是影响企业成本投入和利润获取的最重要的因素。因此,投资决策一定要谨慎从事,进行多方面地科学论证,以避免决策失败。如果投资控制好了,或降低了投资数额,就等于降低了成本,增加了利润。

对经历了诸多挑战的马云来说,在互联网这个时常变幻莫测的行业中生存,最需要他做到的,就是多方考虑,仔细斟酌,从而使自己创办的企业在这个"你方唱罢我登场,各领风骚三五年"的环境中生存,虽然今天不再像从前那样,即使付出了再多的努力,依然胜算无几。但是,"创业就是在刀光剑影里求生存",更要求每一个人都要谨慎防备。

因此,企业在做出经营决策之前,一定要慎之又慎,这样才能在充满变数与波折的创业之路上走得更加顺利。

2.理性一定要放在感性之前

在充满变化的时代中,各种经济现象和社会现象容易出现鱼龙混杂的状况。有些企业在面对这些不合理的现象时,常常容易冒出这样一句话,"存在的即是合理的",用以解释那些不合情理的制度或者事件的存在,为自己的无奈退缩寻找借口。

然而,作为阿里巴巴董事局主席兼CEO的马云却是永远将理性思维放在感性之前的,他在看到未来美好前景的时候,总是会提前预测未来的灾难,并且不论什么情况下,他总能用客观公正的事实去给大众一个交代,所以他能把握好大局方向,勇往直前。

第九章
未雨绸缪，永远在阳光灿烂时修屋顶

在某期对马云的记者访谈中，当记者谈及卫哲的离去是因为他承担了CEO的责任，而马云面临这种不得不做的决定，有难过的时候时，记者问及马云："做这种决定多到不会痛了吗？"

马云回答道："痛，那习惯了嘛。没有一项决定是轻松的。因为事实上你考虑到的不是一个决定，你考虑到的是无数人的工作、生活，他们的家庭和未来。"

记者又问："你需要有这么大的责任感吗？"

马云答道："我是需要思考这个问题。但你要背着这个责任感就做不了这个决定了。像有时候，很多小年轻人，他做一个决定，就要影响几十万、上百万的卖家。你知道这个决定会影响多少人，但你不能带着这个责任去做这个决定，那你做不好的。你今天想，这个决定出去的话，那可能会发生什么变化，那这个变化会影响到很多人，但是，你不能说，我要为这帮人的生活去做这个决定，那你这个决定就做错了。"

在2006年举办的"第一财经商业大师论坛"上，老一代和新一代的企业家就"感性"和"理性"这一话题曾起了争议。有不少企业家们认为，"不是所有的问题都如同'Yes or No'一样可以寻找到标准答案的"。其中，苏商集团有限公司董事局主席的严介和更明确提出："一流企业家多感性大于理性。"

事实上，一个企业做出最终决策，实际上也就是它在对所处经济环境的一种判断。如果主观意识和外界的客观存在有较大偏差，很显然就会违背市场发展规律，制定出错误的战略目标，从而影响企业的未来发展。

更何况，如今企业之间的竞争越来越激烈，"优胜劣汰"已经是无情而残酷的商场中唯一的生存法则。而一个企业的优劣转换，关键就在于那些掌握了企业命运的管理群体是否摆脱了对个人"英明"决策的依赖，企业是否已经建立起了理性的决策机制和营运管理体系。当领导者有了对市场正确的客观意识，就会激励员工奋发图强、防微杜渐、想方设法防患于未然。

2010年12月，"第九届中国企业领袖年会"在北京召开，年会的主题是

"新商业·新共识·新动力",新浪财经图文直播本次会议。其中金蝶国际软件集团董事局主席兼首席执行官徐少春参加了论坛。

在会上,徐少春发表演讲:"我是63年生人的,我看了这个题目《创始人与经理人》,我觉得很有意思。其实这两个人的关系,就是做企业存在的两种特点,一个是感性,一个是理性。咱们做企业、做商业,一定要是理性的,只有理性才能做出正确的决定。但是同时作为人,又有感性的一面,特别是创始人和经理人,这二者之间都是感性的。如果说创始人和经理人能够发挥他们感性的一面,两个人的信任更增强的话,我觉得可能不会出现'争吵'情况。归根到底,我们作为企业家,作为经理人,作为一个团队,怎么去平衡感性和理性之间的关系。做企业,不能让感性影响到你的理性,但是我们作为人,又要让感性增强我们互相之间的信任,让团队的力量更强。"

我国大部分企业,尤其是民营企业,基本都是自己在摸索中成长。很多企业的经营决策往往靠的是企业管理人的直觉、经验和判断力。这种"拍脑袋"的决策方式或许在过去可以屡试不爽,但到了市场越来越成熟、投机机会越来越少的今天,就会多少带有点赌博的意味了。我们看到很多企业,就是因为老板的一个盲目决策而陷入危机。

企业的经营管理是一个持续的不间断的过程,需要不断的积累提升。要真正实现企业从感性经营到理性经营的转变,需要转变的是企业的经营意识和变革勇气。只有当企业真正实现了理性经营,才能够逐步实现向现代经营性企业的转变,完成转型升级,使企业长治久安。

3.先做考察,不打无准备之仗

古人云:"安而不忘危,治而不忘乱,存而不忘亡。"尽管这是治国安邦之策,可对企业的管理同样适用。对一些新进项目,企业一定要结合自身条件去考量其可实施性，这样才能打一场有准备之仗。

作为阿里巴巴的带头人，马云之所以能扛过互联网的冬天，在强大的竞争对手面前，一次次地脱颖而出，其实关键就在于他时刻都有一种危机意识。他有着防患于未然的敏锐洞察力，并能在每次危机来临之前，尽最大的可能去化解经营中的潜在风险。

2013年5月，马云将眼光投放到了物流上。正当众人对此举议论纷纷之时，马云站了出来，表明了这绝不是"一时心血来潮"之举。事实上，阿里巴巴在两年前就已开始部署各地仓储，并且提前对此进行了系列考察。

不同于京东商城的"自建"模式，马云的设想是用自身平台输出的信息流来指挥物流的分配，并借助第三方快递公司得以执行。这种模式减少了约6%的配送费用，并通过借助第三方快递的零星网点，在一定程度上减少自身的仓储投入。但实现这一设想也并非易事。马云表示，目前CSN计划在具体方案细节上还存在争议，这是一个没有任何先例的计划。"我们去考察了日本、欧洲和美国，他们都没有这样的先例"。

一个企业要想发展，必须居安思危、不断进取，要随着主客观形势的变化，不断调整自己的思路，要迅速实现市场意识的转变，要从满足市场向创造市场转变，要从狭隘的市场向广阔的市场转变。而在做出这些转变之前，一定要对现有的经济状况做出一定的考察。

有些创业者，总是有了一点点成绩就开始沾沾自喜，妄自尊大，一心沉浸在享乐中不能自拔。商场是个常常充满变数的地方，一不小心，优劣势之间便会发生转换。当然，在这样的领导者领导下的企业，终究都会在无情的竞争中被淘汰出局。

作为企业的领导人，一定要具备一定的风险意识，因为一个团队自诞生之日起，就不可避免地进入到一个不断与危机作斗争的过程中。只有一个能警觉、能预见、能克服、能战胜危机的团队，才能让企业在小心谨慎中发展壮大。

2007年年初,人们就开始盛传,整个商业市场的"冬天"可能马上就要来临。对这些,马云表示,他花费了大量的时间,一直在研究,未来将会有什么样的灾难?遇到灾难该怎么办?等等。在阿里巴巴刚上市的时候,马云就给阿里巴巴所有的同事写了一封邮件,他说:"因为现在整个世界经济出了点问题,在这样的情况下,所有的企业都要准备好迎接挑战。"当然,这封信不是说阿里巴巴有"冬天",也不是说互联网有"冬天",而是每个人要有"过冬"的意识,每个人要有忧患意识。

在这封邮件中,马云还判断,作为阿里巴巴的主要客户对象,中小企业群将面临严重的生存压力。因而,他要求员工帮助中小企业渡过"寒冬"。他说:"我们要牢牢记住:如果我们的客户都倒下了,我们同样见不到下一个春天的太阳!"最后,他表示,"冬天"并不可怕,但没有准备的"冬天"是非常可怕的。

实际上,早在阿里巴巴B2B在香港上市的时候,马云就说过:阿里巴巴B2B提前上市是为"过冬"做准备。上市之后,阿里巴巴集团的现金储备已超过20亿美元。在2007年2月阿里巴巴集团年会上,马云再次提到:2008年阿里巴巴要准备"过冬",并首次提出2008年阿里巴巴要"深挖洞、广积粮"。

古人说:"兵无常态,水无定形,守业必衰,创业有望。"作为团队的引领者,切不可贪图享受,试图一劳永逸。一位企业家曾说过:"我们始终生活和工作在忧患之中,任何发明和创造以及在竞争中的胜利,至多只能高兴5分钟!"

即使危机不可避免地发生了,由于准备充分,也当能挽狂澜于既倒,将损失降低到最低程度,从而转危为安,保持企业繁荣昌盛。反之,如果领导者的危机意识淡薄,其带领的团队自然就难以形成危机意识,企业就会停滞不前,甚至走下坡路,等危机真正地发生了,企业团队就会慌乱失神,束手无策,最终使企业陷入困境。

一个有责任、有危机意识的领导者,往往更能带领着自己的团队走得更高，更远。而那些没有危机意识的领导者所带领的团队，在危机来临的时候，往往会被打得落花流水，溃不成军。所以企业在制定必要的决策之前，要先做考察，绝不打无准备之仗。

4.永远不能低估你的对手

马云曾经说过："我们做企业的，每天都是如履薄冰，对每一个项目，对每一个过程都非常仔细。所以请大家注意，不管你拥有多少资源，永远要把对手想得更强大一点。哪怕对手非常弱小，你也要把他想得非常强大。"

高估竞争对手，疑神疑鬼，听上去像是件坏事情，但在商业竞争中，它是所有成功者必备的素质。常言说得好：骄兵必败。商场上也一样。本来已经有了赢的胜算，结果因为忽视了对手的存在，从而离成功的大门越来越远。

马云之所以能率领淘宝网击败行业老大eBay，一个很重要的原因，也就在于马云对对手的了解。就像马云所说的："我们与竞争对手最大的区别，就是我们知道他们要做什么，而他们不知道我们想做什么。"

早在这场"战争"开始以前，马云就长时间关注着eBay的一举一动。"eBay公司所有的高层资料我们都会详细分析，他们在世界各地的各种打法，他们擅长的各种管理手段和应招特点，我们都会仔细研究。"马云说，"因为eBay是上市公司，而阿里巴巴不是，惠特曼对淘宝的了解尚不及我对eBay的了解。"

在与eBay的竞争中，马云不仅做到了知彼，也做到了知己。他正视eBay的强大，也清醒地认识到淘宝的优势所在，对此他有一个形象的比喻，"eBay是大海里的鲨鱼，淘宝则是长江里的鳄鱼，鳄鱼在大海里与鲨鱼搏斗，结果可想而知，我们要把鲨鱼引到长江里来……和海里的鲨鱼打，进了大海我们一定会死，但是在长江里打，我们不一定会输。"

正是基于知己知彼，马云才能在淘宝与eBay的竞争中游刃有余地指挥操控，并自信满满地将其击败。

伟大的斗士都不会随便轻视他的对手。他们永远都尊重自己的对手，因为他们知道，轻视对手等于自掘坟墓。所以在与对手对决之前，要做到"知彼"。马云告诉创业者们，在商场上不可以妄自尊大、目中无人，轻视对手的结果一定是失败。

世界首富比尔·盖茨和另一位创业家安迪·格拉夫可以说是历史上最成功的两个创业家，然而他们两个也是最疑神疑鬼的人。不管他们的公司如何成功，市场占有率有多少，他们上了多少次杂志的封面，他们总是在考虑下一步的竞争。他们管理公司的方法好像明天就有人会挤垮他们似的，对同行业的任何对手，他们总是十分警觉。

商场如战场，企业管理者一丁点儿的疏忽，都可能导致企业经营的窘境和企业的破产。作为一个有头脑的经营者，不单单要具备商业的头脑，还要学会在经商活动中正确地评估自己与对方，要做到不轻视任何一个竞争对手，以谨慎的心态对待每一次出击，才能最后把胜券稳稳地操在手中。

从2003年9月起，茅台和五粮液已进行了3轮价格拉锯战。在这场其他行业难得一见的竞相涨价战中，率先走向市场化的五粮液一路充当着急先锋的角色，而后知后觉的茅台则由跟随最终转变成反超。

当有人问及五粮液董事长如何应对茅台这种反超的模式时，五粮液董事长回答道："千万不要低估你的竞争对手。茅台前年、去年的业绩都比五粮液好，今年的业绩，不用我说，大概你自己也心中有数了。今年茅台提价30%，业绩增长50%以上，几乎可以肯定。白酒行业调整，正是五粮液、茅台雄起之时。让业绩怎么超过茅台，已经成为五粮液管理层必须要实现的任务。我们的压力之大，相信投资者完全能够理解。但这就像'军令状'一样，必须完成，因为这关系到'市值第一'是否能够实现。"

成大事者，要在战略上蔑视敌人，战术上重视敌人。因为轻敌就等于为自己树敌，在商场上，任何一个疏忽，都会造成企业一败涂地。不论你的竞争对手现在对你来说是多么微不足道，并不影响到你的发展，但是也不要忽视对方聚沙成塔的力量。

每个人都有自己的优势，如果盲目自信，已昭示了你失败的必然性。俗话说："谦虚使人进步，骄傲使人落后。"这句话并不是老生常谈。如果一个人太过于骄傲，不把其他人放在眼里，就成了他最大的致命伤。骄傲容易使人过于自信，往往就会忽略很多细节。一旦一个人开始骄傲了，他也就开始松懈了，便会毫无招架能力。骄兵必败就是此理。

企业要想在商场上顺利通行，那么就绝不能忽视身边不时挡住你的"枝桠"，因为顺着"枝桠"看过去，你就会看到对手强劲的根基，这预示着终有一天它会成长为你前方的"拦路虎"。因此，企业只有在思想上把自己放在一个劣势的位置，才能免除"骄兵必败"的危险。只有对事态的发展有一个客观准确的认识，才能获得成功。

5.永远比竞争对手先行一步

有人说：如果说资金与资源是工业社会最重要的竞争要素，那么时间优势则是信息时代最强大的竞争战略武器。的确，在现今社会，参与创业的人在不断增加，如果你选好了一个项目，不赶紧行动，若是被对手先行一步，你的成功机会就会大打折扣。

马云对市场的嗅觉是同行业内几乎无人能比的，同样，其实施计划的速度也让同行业为之惊叹。就拿马云迅速集资投资物流来说，当同行业的B2B网站大多还沉浸在老旧的模式中时，马云已经为自己的商务网站开辟了一块可靠的后台。

2013年5月,京东刚推出号称"极速达"的"一日四送"服务,最快可实现3小时送达,马云就已经大张旗鼓地宣布"智能骨干网"启动,被业内视为是对京东的反扑。

京东与阿里所代表的很显然是两种不同的物流模式。京东以自有业务为主,核心品类在于3C、大家电,等等,需要对供应链有较强的控制能力,因此要选取自建物流。但阿里却不同,它主要以搭建平台为主,可借助成熟的物流体系进行低成本运营。而且,阿里的订单量与京东也不在同一量级,选择这种平台模式较为适合。

阿里巴巴资深副总裁童文红说:"并不是说'菜鸟'网络要去做一家物流公司,我们要做的是整个基础设施,在物流网络上采取一部分自建、一部分合作的方式,由其他第三方仓储、快递、配送公司和我们的平台来对接。"

对马云旗下"菜鸟"网络的启动,京东并没有给出相对的评价,仅指出"前不久在北京等中心城市把货物的配送时间大幅压缩在3小时之内,把物流差异化优势提升到了友商短期内无法企及的高度"。

抓住商机,对创业者来说很重要,那是决定创业者成败的关键所在。然而,什么是商机?并不是等到所有人都听到了发令枪响才是商机。用马云的话说:"如果时机成熟,就轮不到我来做了。"相反,恰恰是大部分人都还处在"看不到"、"看不清"、"看不懂"的时候,才是最好的商机。

马云在创立阿里巴巴的时候,很多人并不相信一个见不到人的平台能给人们带来某种机会和诚信,然而,就在这时,马云推出了"诚信通",这不仅解决了当时人们都在担心的问题,也让中国进入一个新的网络交易时代。

永远比对手抢先一步,这样才能先于对手抢占空缺的市场。随时对对手的存在产生危机感,这样才能随时进行自省,找出阻碍自己发展的缺陷所在。人们常说,弱者等待时机,强者创造时机。尤其是在这样一个信息时代,对创业者来说,时机就是商机,商机就意味着成功。

第九章

未雨绸缪,永远在阳光灿烂时修屋顶

尽管大家所熟悉的诺基亚如今已经被收购,然而它曾经能够多年保持手机行业龙头老大的地位,与其快速的技术创新能力是密不可分的。诺基亚认为,要在激烈的市场竞争中生存下去,唯一途径就是永远走在别人前面,永远比别人快一步。诺基亚不断加速新品的开发,宣布每年都将拿出总营业额的9%用于研发新产品。目前,其新机型的开发周期平均缩短到不足35天,而业界平均需要半年,甚至更长。

与之相反,在中国手机市场变化越来越快,各大手机厂商纷纷加快新机推出的速度的时候,东芝手机推出新品的速度明显太过缓慢,而这种缓慢使东芝手机错失许多市场机会——尽管东芝是在中国最先推出低温多晶硅手机屏幕、配备CCD摄像镜头、实现视频拍摄功能的手机,但高品质的产品根本挽救不了企业失去时间优势所造成的被动局面,最后东芝只得被淘汰出局。

在现代市场活动中,"快"是一大特点。市场机遇来得快,消失得也快。消费者的需求变化快,竞争对手的崛起也快,这就要求企业必须信息快、决策快、营销快,归根到底就是要求企业必须效率高,才能抓住市场机遇,掌握主动权。正如马云曾经说过的:"做互联网好像冲浪,机会稍纵即逝,不能够等浪高再冲,要随浪而高,随风而变。"

事实上,无论在哪个行业都是如此。如果没有一种先入为主的竞争激情,终究都会在竞争激烈的商战中被淘汰出局。现代企业以市场需求为核心,而市场又是瞬息万变的。抓住机遇,争取时间,就能因势利导,化险为夷,在竞争中取胜。

每一个企业都要善于从市场上捕捉商机,更要积极参与市场竞争,在市场上争客户、争质量、争效益。竞争的规律是市场经济发展的必然规律和客观要求。企业只有牢牢抓住这一机遇,快速行动,才能让自己立于不败之地。

6.第一天就要站在世界上

在建立阿里巴巴之初,马云就提出:"我们绝对是放眼世界的,真正做到打到全世界去。"时至今日,马云的目标终于实现了,他已经让全世界的人见识到了阿里巴巴的神奇。

马云这个人很奇怪,他在创业的时候就想到自己以后走向世界时候的样子,继而又想到自己的企业在那个时候是什么样子,这似乎可以说他喜欢做白日梦,因为谁都想让自己的企业走向世界。但是马云不是这样,他是在自己创立阿里巴巴的那一天,就已经把自己的企业定位为国际企业了,并且还认为自己的企业走向世界是很快的事。这并不是盲目自大。通过分析发现,这并不仅仅源自于马云对自己的远见卓识的自信,也不仅仅源自于他对自己的企业模式的自信,而他这样做似乎有一定的用意。

在2013年下半年,阿里巴巴传出要上市,不过因为上市计划引入合伙人制度的消息而引发各种猜测。最终,马云以内部邮件形式首次披露了阿里的合伙人制度。他表示,阿里已经产生了28位合伙人,并要坚持合伙人制度。马云开始了与港交所的相互博弈,不断有阿里巴巴去美国或伦敦上市的消息传出。最新的消息是,港交所松口可以有例外。

其实,我们从阿里巴巴的机构设置中,就可以感受到它自始至终的国际化战略。在刚刚建立阿里巴巴时,马云就把客户源定位在了国内和国外两个价值链上:一头是海外买家;一头是中国供应商。

马云决定利用一切可以找到的机会,必须首先"搞定"国外市场,再来培养中国市场。

马云说:"我取名字叫'阿里巴巴',不是为了中国,而是为了全球。我做淘宝,有一天也要打向全球。我们从一开始就不仅仅是为了赚钱,而是为了创建一家全球化的、可以做 102 年的优秀公司。"

虽然最初创立阿里巴巴的时候,创业资本很少,但马云却从创业资本中拿出 1 万美元买回了阿里巴巴的域名。他认准"阿里巴巴"这个名字可以跨越国界,流行全世界。

有了适合国际路线的名字之后,阿里巴巴就避开国内市场,直接进军国际了。除了实行免费的政策,马云还不断在欧洲和美国做演讲。当时来听他演讲的人并不多,最惨的一次,马云在德国组织演讲,一千五百个座位,结果只来了三个人,即使面对着三个人,马云也要滔滔不绝地讲他的理论。

现在是一个全球化的社会,做生意自然要"放眼全球",但是有很多企业仅仅把这四个字当成了在国内招商的噱头, 或者变成了一句空口号,没有实际行动,那么这四个字没有其存在的意义。马云有自己的独到的观点,他认为,把一个企业立足于世界,不光是给自己定下一个国际化的目标,还会让自己的企业和员工拥有一个国际化的视角,包括外国先进的董事会制度、做事风格,甚至于外国企业对客户体验的重视,马云觉得这都是阿里巴巴应该重视和学习的。

另外,马云认为,"真正做到打到全世界去"是一个积极向上的企业的一句良好的口号,可以不断提醒着自己公司的发展方向。从一个企业的管理者的角度来说,眼光放长远一点,是很有必要的。只有把眼光放长远点,指定一个长远的规划和明确的奋斗目标,才有奔头,才有希望,也才有实现梦想的积极性。而且当你放眼去纵观全局时,你的眼界才会更开阔,你事业的发展线才会更清晰。

鲁伯特·默多克是全球著名的报业大亨,他大学毕业后继承了父亲手下的一家地方报纸。

刚到报社不久的默多克就为报社制订了"跨国经营"的战略目标。这样的战略目标让很多人都笑了起来,包括他的员工,都觉得老板是异想天开。但是默多克用他的实际行动让那些人闭上了嘴巴。1963 年,默多克购买了香港亚洲杂志公司 28% 的股份；1964 年，购买了新西兰惠灵顿的一家重要报纸——《自治报》；1968 年，设法拥有了英国历史上最悠久也是最大众化的《世界新闻报》集团 49% 的股权；再到 1989 年接管了柯林斯出版公司等，顿时全球便掀起了一股"默多克旋风"。

默多克的新闻公司已经成了英国电视网的核心和世界上最大的卫星电视集团。与此同时，他的新闻公司集团也开始了迅速国际化的进程。那个时候，默多克扬言要带领公司进一步向更新的领域发展，要在 21 世纪取得更大的成就。如今的默多克，已经建立起了横跨五大洲的传媒大帝国，他本人也因此成为世人所瞩目的世界报业大亨。

古人云："不谋万世者，不足谋一时；不谋全局者，不足谋一域。""第一天就站在世界上"，也可以理解为用宏观的思想来为企业定下一个明确的目标和发展轨迹。用立足于世界的眼光来立足于世界，这会让企业拥有国际化的眼光。如果能正确利用这一点，可以让企业蓬勃发展。就如同一开始就打算立足世界的阿里巴巴。如果一个企业能认真研究这句话，并思索着怎么去实现的话，"第一天就站在世界上"就有可能成为这个企业的文化，并生生不息地存在下去。

第 十 章

欣赏对手，
有竞争才有成长

1.永远不说竞争对手的坏话

马云和他的团队之间有个不成文的规定："永远不说竞争对手的坏话。"即便此时对手采用的是不正当竞争手段，马云依然会宽容对手,这不仅是其拥有侠客宽容胸怀的君子之风的体现,更是一种良好的商业素质。

弱肉强食、适者生存是商界既定的规矩,然而有些商家为了丁点利益,往往与对手斗得是头破血流,更有甚者,有的还在对手背后进行恶意攻击。这种充满仇恨与愤怒的竞争状态,往往只会让企业名誉扫地。

阿里巴巴在发展初期声誉最好的时候,网站的出口企业用户收到过一些匿名传真,称美国"国际反伪联盟"已经把阿里巴巴定义为"世界各地假货供应商和批发商汇集的地方",这显然是一次"被某些竞争对手公司幕后操控的不正当竞争行为"。

对匿名传真的来路,阿里巴巴表示,目前已经掌握了一些证据,但是,阿里巴巴并没有公开指出这一幕后黑手是谁。阿里巴巴的发言人金建杭表示："我们认为任何企业在竞争中都应该遵守基本的商业准则，靠实力竞争，特别是作为国际企业，更应该尊重各个国家的政府及企业。阿里巴巴公司将用更好的为中国和全球企业的服务来证明自己的实力。"

阿里巴巴的这一声明，让业界再一次刮目相看。其实，早在营运初期，阿里巴巴就给自己制定了两个铁的规定：第一，永远不给客户回扣，谁给回扣，一经查出，立即开除，避免客户对阿里巴巴失去信任；第二，永远不说竞争对手的坏话，这涉及到一个公司的商业道德。马云坚持所有在阿里巴巴上网的商业信息，都必须经过信息编辑的人工筛选。

在激烈的商场竞争中，我们时常会见到一些企业为了销售自己的产品而不惜诋毁竞争对手。如果这只是企业中的销售人员的个别行为，企业不加以制止，那么，很可能企业会败在这样的人手里；而如果企业本身为了在竞争对手当中凸显优势，尽可能地去贬低别人而抬高自己，这样的企业即使能够得意一时，也不会长久发展。

万通投资控股股份有限公司董事长冯仑曾经评价阿里巴巴："企业的价值观就像立了牌坊，20年不够，40年也不够，争取自然而然不用守它也在那里，这就是未来阿里巴巴的一个出路。"阿里巴巴从18个人创业开始，一直能够坚持着良好的竞争价值观到现在，所以阿里巴巴能够成为互联网中的老大。

阿里巴巴在创业之初，刚刚推出第一个网络页面，就曾有一家杭州当地的网络公司授权模仿，但是对这种情况，马云只是一笑了之，并没有深究。马云的宽容为自己在江湖上获得了很好的口碑。当阿里巴巴的B2B模式获得巨大成功之后，作为阿里巴巴国内最大竞争对手的一家公司再次模仿，马云依旧宽容处之，并没有追究，同时还诚意邀请这家公司参加"西湖论剑"。

在市场经营中，企业应当通过提升自身产品质量、树立企业良好声誉等正当手段来提高企业的竞争力，而不能通过散布虚伪事实，损害竞争对手信誉或对手商品声誉，以达到排挤竞争对手的目的。这样的做法一旦被顾客和同行所知，定然对企业今后的发展会有巨大的影响。

尤其是作为一个企业的领导人，更要严格杜绝你的员工用"诋毁竞争对手而抬高自己"的方式来实现产品的销售。当然，为了提高自己的销售率，我们大可以用其他方法，比如：你是一家初创的公司，而你的竞争对手是一家大型、稳健的公司。从你的研究中你知道，竞争对手的客户服务功能不是很完善，往往以傲慢的态度对待客户。相反，你的公司非常易于相处。在和顾客介绍自己的时候，你要尽可能地指出你的优点，让客户自己做比较，而不是直接去贬低竞争对手。

自由竞争是市场经济的基本规则。竞争，本质上就是同行业经营者之间互相争夺交易机会的行为。在交易机会的争夺过程中，失去交易机会的一方必然会受到损害，并最终出现优胜劣汰的局面。但经营者在竞争过程中必须遵守公平、诚实信用的原则，因为恶意攻击竞争对手就是告诉潜在客户你充满仇恨、愤怒，甚至可能是卑鄙的。

任何时候，企业都要有一个开阔的胸怀，在与竞争对手过招的时候，即使被别人打败，也不要心存怨恨。如果你能将目标转向认真研究对手的长处和自己的短处，确定自己有了实力后再来比试，那么你同样会受到对手的尊重。

2.我从来不跟张三李四比

马云曾经说过："中国的很多公司，跑到一半的时候，跟左边的人打几下，再跑几步，又跟右边的人打几下，疲于奔命。我说，要把时间花在客户身上，花在服务上，而不要花在竞争对手身上。只要你今天比昨天好，明天比今天好，你就永远冲在最前面。"真正的发展一定要基于使命感，这样才能持久地进行。

对企业来讲，商场上的竞争对手并不是唯一的、固定的。发令枪一响，是没有时间去看对手是怎么跑的,只能闭着眼睛往前冲。正因为此,马云从来就不去跟周围的人相比,而是铆足劲跟心中的那个自己赛跑。

2004年,当雅虎和新浪联合成立"一拍网",且采取的是与淘宝网相同的免费策略时,马云仍然认为这些不会给自己带来压力,能给自己带来压力的仍然是自己。

对于马云来说,没有公司会对阿里巴巴构成威胁。中国市场上也许会有50个和阿里巴巴相似的公司,但是只会有一个阿里巴巴。可以说以后C2C的竞争会更加激烈,也会更精彩,还会有新的市场进入者。竞争者越多,对领先者越有利,淘宝会继续成为中国C2C市场的领导者。

马云说:"我永远在奔跑,从来不把自己同张三李四做比较。他们有他们的强项,我永远学不了王志东、张朝阳和王峻涛,但他们也学不了我。我把网络比作马拉松,上万人在跑,才跑了500米,旁边的人撞了你一下,你以为他是对手,跟他竞争,结果另外的人冲上去了;再跑10公里,太阳出来了,你也跑累了,那时还跟着你的人或者已经冲到你前面,这个人才是你真正的对手。"

商场上永远都充斥着竞争,在超越竞争对手的同时,企业也要明确一点,你是否超越了自己所定下的目标?尽管弄清楚竞争对手的情况,才能更好地方便自己在商场上行走。然而,如果丢失掉自己的初衷,并且一旦超越了对手就安于享乐,那么自然也不会有任何进取。

马云曾经说过:"竞争是一种策略,要有智慧地去竞争。我经常跟广东、浙江的企业探讨一些问题,竞争市场是不需要用钱去打理的,用钱去竞争,一点技术含量都没有。如果用钱就能竞争,那就不需要企业家了。竞争应该运用智慧。如果自己不想花钱,对方又有钱,怎么办呢?还不如由他花钱,思考怎么样让他把钱多花一点。"

一个人最大的对手是自己,正因为此,马云才能够带领阿里巴巴在无人开发的蓝海中走了出来。而永远拿未来的自己和现在的自己进行对比,马云才能够在未知领域开拓出更多更新的东西,这从后来拓展出来的淘宝、支付宝以及阿里妈妈都可以看得出来。

2010年,搜房家居网对恒福利家具董事长梅春波进行了采访。

记者:"有人说现在企业和企业之间的竞争已经不是单个的企业之间的竞争了,而是我们讲到的生态链当中的竞争,就是你在这个生态链当中你走到哪一步?"

梅春波:"其实我个人认为,过去不是企业和企业之间的竞争。实际上,竞争是跟自己竞争。"

记者:"都不是,只是我们以前。"

梅春波:"以前也是,自己是自己的竞争对手。我是我的竞争对手,别人不是,自己是竞争对手,总得超越自己,不能被自己所捆绑,我们最大的竞争对手就是我们自己。实际上,一个成熟的企业,还是围绕着自己的强项去做,这是很重要的。围绕自己的强项去做,把它做强做大,可能做一个产品,可能做到全世界;可能就做茶几,可能做几百个亿。这个我觉得跟你未来的一个发展战略、思想有直接的关系,贪大不行。"

马云说:"互联网这两年发生的变化很剧烈,大家看到互联网三大门户站点起来,要高度关注,也要高度关注我们的竞争。我以前从来不谈竞争,到现在我还是一句话,最大的竞争者还是自己。如果阿里人不完善管理,不提高效率,不加强创业的精神,不把客户的利益放在第一位,那么,我觉得我们首先会输给自己。"在马云看来,竞争最大的价值,不是战胜对手,而是发展自己。

企业之间必然会有竞争,然而,死盯着竞争对手并不是企业生存的主要目的。企业一定要学会寻找自己的核心竞争力,并且拓展自己的能力,如果只是一味地将目光放在对手身上而忽略自身的发展,那么必然也会得不偿失。

3.只有双赢才能走得长远

很多企业的创业者,从创业开始,他们的脑海中就一直只存在一个念头:如何才能打败行业里的对手。在他们心中,一个企业能否发展到一个相对高的位置,就是看是否打败了和自己相当甚至是跑在自己前面的对手。

对此,马云却有自己一套独特的看法。他认为,竞争一定存在。有人经常说,某某公司又要挑战淘宝了,某某公司要打败阿里巴巴,打败我们的不是他们,而是我们自己顽固的思想。

马云强调说,帮助网商的成长是阿里巴巴的职责,"我们必须让各类的网商知道,竞争是让你完善和成长的东西,学会和竞争对手相处才是最厉害的。商场就犹如一个生态系统,这个系统的核心思想只有共赢。"

2013年,物流业界都有着这样一句传言:马云一出手,必是大机会。物流这个"古老"的行业有望被"翻新"。

自从辞去阿里巴巴的CEO职位后,马云的"物流"计划便被正式提上了日程。对马云这个"江湖高手"来说,不少物流业担心的是马云的前瞻性眼光会影响到整个物流行业的发展,那么那个时候,国内的物流公司将死掉一大片。然而马云却十分大方地向物流业的各界人士表示,自己的"菜鸟"公司主要从事的是物联网软件技术开发及相关咨询服务,并且致力于为国内物流公司打造一个更高效的平台,因此有望与物流业的其他伙伴一起实现双赢。

当然,马云也是说到做到,从确定"菜鸟"物流平台的第一天开始,他就已经陆陆续续地与物流业的几大资深物流老总逐一打过交道,并且已经确定了各自的合资股份,并表示要开发出一个更加便捷的物流平台。

第十章
欣赏对手，有竞争才有成长

共赢意识是现代企业管理者最需要重视的经营合作方式之一。管理者们只要细心观察就会发现，那些国际性的大企业，基本上都是通过合作的方式来实现利益增长的。而对那些正处在创业初期的企业来说，更需要依靠合作的方式，与合伙人在双赢的基础上，实现利润均涨，为企业的未来之路开创更广阔的发展空间。

合作永远能为企业管理者们带来"众人拾柴火焰高"的局面。尤其是希望在商业竞争中取得更多利润的企业管理者，以合作双赢的方式来实现利润均涨的目的，无疑都是最佳的选择，雅虎和eBay美国的合作就是最佳的例子，正是因为看到了未来全球互联网的竞争格局和使用户和企业的利益最大化的重要性，马云才积极地倡导和参与推进了这次的合作。

马云认为，商场上没有永远的敌人，也没有永远的朋友。大家都是为了自己的明天不停地前进，而谁能超过谁，不是最终的目的。当市场要求企业不断加快创新速度，当全球化的压力越来越大，短兵相接的竞争对手也可以在不损害各自的竞争优势的前提下，结成战略联盟。

谈及奔驰与宝马这两大著名品牌，我们不难发现，几乎奔驰的每一个车系，都能在宝马的阵营里找到影子，但它们绝不会仿造雷同，它们在相互学习的过程中依然保持着自己惯有的风格。虽然在商业竞争中，有人试图打破这种可怕的平衡，但是他们依然十分默契地共同守卫着豪华车的领地，抵御第三者的入侵。

宝马和奔驰也曾在不同场合对公众表明了自己的立场：在豪华车阵营里，我们是最大的竞争对手，但一旦外敌入侵，我们就会自动结成攻守同盟。这就意味着"两夫当关，万夫莫开"，谁要是意图撬开豪华车的门缝，都会遭遇到强烈反击。

而在宝马和奔驰的竞争史中，我们也看不到价格战的硝烟，因为它们都知道，坚守各自的竞争优势来寻求差异化的品牌策略，才会进入良性竞争环境——大家好，才是真的好。所以我们看到，尽管这二者的定位和目标客户群高度重叠，它们却没有生产过任何一款同质化产品。"开宝马，坐奔驰"，这样一个强调驾驭乐趣和乘坐舒适度的经典描述已然成为消费者心目中定型的品牌印象。

企业的发展，不是靠打击对手成功的，而是靠踏踏实实做好自己企业的产品、行销、企业管理，等等。当企业自身心有余而力不足时，可以尝试一下与对手双赢。这样一来，不仅能够缓解企业自身压力，而且还能让双方达到互利的局面，又何尝不好呢？

打败对手是很有成就感的事，而通过合作的方式来与对手一起共赢，才是真正的成功。管理者要清楚，无论你竞争的伙伴是谁，也无论你合作的方式是怎么样的，这种建立在资源共享的前提下的合作，始终是现代商业竞争中最有发展潜力的合作方式。

4.竞争是一种乐趣，会给你带来快乐

互联网之间的竞争是非常残酷的，然而，马云并不怕竞争，他甚至喜欢竞争，并且善于竞争。他常常说："你最怕蛮打的，一个拳师碰上一个蛮师，你也就不知道该怎么办了，对吧？一个拳师碰到另外一个顶尖高手的时候，大家才能互相成长。"

不过，马云也指出，在同对手竞争的过程中，最重要的是让对手的心情变糟糕。正如"两个高手之间下棋的时候，对方方寸一乱，你才有可能赢"，在马云眼中，竞争就是一种乐趣，彼此之间的角逐，才是一场最有趣的"赛事"。

2013年5月，马云终于忍耐不住向着物流行业出手了。"菜鸟"3000亿元的投资，让物流行业其他企业既艳羡，又恐慌。他们羡慕如此重金投资，那又恐慌什么？马云要在十年内打造一张能保障全国24小时配送，日配送2亿包裹(300亿元销售额)的庞大的物流网。在物流业业界人士看来，似乎马云

并不是要争蛋糕,他是要端起整个炉灶。

马云并不怕竞争,他曾经说过:"我既要扔鞭炮,又要扔炸弹。扔鞭炮是为了吸引别人的注意,迷惑敌人,扔炸弹才是我真正的目的。不过,我可不会告诉你什么时候扔的是鞭炮,什么时候扔的是炸弹。游戏就是要虚虚实实,这样才开心。如果你在游戏中感到很痛苦,那说明你的玩法选错了。"马云认为,在竞争过程中,选择好的竞争对手,然后最重要的是向竞争对手学习。进军物流,也很显然是马云另一番竞争乐趣的开启。

二战时期的英国首相丘吉尔曾经说过:"世界上没有永恒的敌人,也没有永恒的朋友,只有永恒的利益。"商场,在这个受利益驱动的庞大体系中则更是如此。任何聪明的企业管理者,他在行走商圈时都不会到处树敌,因为那是很愚蠢的行为。毕竟在利益面前,商人没有敌人。

只要彼此的利益有相互交集的地方,即使曾经是敌人,也有足够的理由让彼此变成合作的好伙伴。

马云时常对周边的人说:"我认为选择优秀的对手非常重要,但是不要选择流氓当对手……如果你选择一个优秀的对手,打着打着,打成流氓的时候你就赢了。所以当有人向你叫板的时候,你要首先判断他是不是一个流氓,如果是,就放弃。"

尽管竞争是企业获利必经的手段之一,但是如果企业觉得竞争是一种痛苦的折磨时,那么企业的最初想法可能就弄错了。每个企业在竞争的过程中都不应该感到痛苦,因为竞争是一种给予。因此,在商圈中,有这样一条规则:谁先生气,谁先输。

百度创始人李彦宏在荣获"2011中经年度关注人物奖"时表示,互联网天生就是一个很受关注的产业,每一年都有非常多的有意思的事情发生,让他至今都不舍得离开,并且乐享其中的竞争和挑战。

与传统行业相比,互联网行业是公认的高速度发展、高强度竞争的领域。谈及美国上市公司的很多创始人都已退休,李彦宏笑称自己不会退休,不是不想让机会给年轻人，而是"因为互联网戏剧性，使得你老觉得在这里面很有意思"。时至今日，他仍然坚持每天到公司坐班，"每天看用户的习惯在不停地变化"。在别人看来也许会觉得枯燥的东西，却始终令他乐在其中。

李彦宏说，"我们做了很多很优秀的事情，但是没有一件事情已经是完美到了不可再碰撞的程度。被挑战的人往往会因此而完成一件非常有意义的事情。"

中欧国际工商学院名誉院长刘吉对"企业快乐竞争力"有过这样一段评价："快乐源自于自信，自信心是成功的竞争力；其次，快乐会产生效率，快乐产生创造力，也是一个竞争力；最后是快乐是一个企业文化，不是一下子想快乐就快乐，要有正确的企业文化建设。"

竞争是一种快乐，竞争是一种游戏，竞争不是一个目的，创造财富才是你的目的，改变社会才是你的目的。面对竞争对手，各位企业管理者更应该清楚地明白自己的立场，更要以敞开的胸怀和眼光来看待强有力的对手，竞争自始至终都是你创业的魅力所在。没有竞争的商业圈不仅没有活力，而且还没有意义。

马云曾经说过："我希望到时候能看到一个百花齐放的景象。阿里巴巴为其他公司提供了经验、教训和资源，其他公司发展起来了，也会给阿里巴巴带来更多好处。"由此看来，企业要想真正让自己得到提升，那么首先就要将自己融入到良好的竞争环境中去。运用智慧去筹划，你才能发现竞争中所蕴藏的"生机"所在。

5.善于选择好的竞争对手并向他学习

马云曾经说过："竞争者是你的磨刀石，会把你越磨越快，越磨越亮。"在马云看来，竞争最大的价值，不是战败对手，而是向竞争对手学习，发展自己。

在企业竞争中,选择好的竞争对手,然后向竞争对手学习,会让企业得到更好地成长。因为在这种追逐和竞技中,企业会发现自身实力的真正欠缺所在,从而进行弥补。优秀的竞争对手还能加强企业的危机意识,从而促使企业更加努力。

下面是马云在新加坡举行的APEC中小企业峰会上谈及对竞争对手的看法:

"在中国,人们总说,马云你太疯狂了。四年前,我用望远镜来寻找竞争对手,但始终看不到对手。人们还会说,你怎么能如此狂妄?我就告诉他们,我是在寻找榜样。那么为什么我要这样不断地寻找竞争对手呢?因为竞争对手无所不在。

"要让你的竞争对手恼火,要让他们暴跳如雷,这就是你们应该掌握的技巧。而不是让自己暴跳如雷,经商原本就是很有趣的。"马云说,"如果我在与别人竞争时,被气得发疯,那就意味着,我犯错了,我采用了错误的策略来应对竞争对手。

"在竞争中,不要刻意去惹怒竞争者,但如果他们生气了,而且坐立不安,如果他们开始用钱来应付问题,那么这些就是信号,表示你要赢了。当竞争对手开始用钱来与你竞争时,也就表示他们要输了。"

在当今商战的墓地里,躺满了这样一些失败者,他们或是逃避竞争、或是轻视竞争对手,他们被打败以致消亡的一个重要原因,就是他们单方面地仇视对手,漠视竞争对手的长处,不愿也不虚心向竞争对手学习。

人们常说"对手是你学习的榜样"。但是,由于受"同行是冤家"、"对手即敌人"等观念的影响,依旧有很多企业被仇恨心理所蒙蔽,陷入到自己制作的恶性竞争循环中去,最终在与他人的算计争斗中无法自拔。

其实,就像武侠小说里所描写的,一个有资质的人,总会在一次又一次的比武中得到一些非同寻常的顿悟,进而功力大增。而这个有资质的人,他的身上必然有这样一种特质：善于选择好的竞争对手并向他学习。这句话同样也可以用到商场上的企业中去。竞争者往往能成为最好的老师，而选择优秀的竞争者也就显得尤为重要。

曾经，移动电话还处在模拟机的年代，著名的摩托罗拉公司的模拟机的销售占据了世界移动电话市场的70%以上。一位摩托罗拉公司的华人经过多年的研究，终于成功地研制出了移动电话中文字幕的技术。

当时，一家名为诺基亚的移动电话公司看到摩托罗拉公司的这个新发明，尤为感兴趣，并且提出要购买这种中文字幕技术。由于当时诺基亚是一个小公司，摩托罗拉根本没把这家市场占有率不高的公司放在心上，轻而易举地便将这一珍贵的技术出售给了诺基亚。

信息时代飞速发展，几年工夫，模拟机已经失去了市场，越来越多的数字机占有了移动电话的客户。虽然摩托罗拉及时转换机型，迅速研制出适合最新市场要求的机型，然而由一家公司雄霸市场的日子已成为过去。新的公司成长起来，造成了移动电话三大公司三分天下的局面。而这三家移动电话公司中，除了老牌摩托罗拉外，还有一个后起之秀，也就是最终打败摩托罗拉的诺基亚。

有些人，常常羡慕那些成功者，羡慕那些行业里成熟的企业。其实，我们常常没有注意到这一点，那些成功人士之所以能成功，他们凭借的是什么？他们的成熟是怎么来的？

无论是一个企业，还是企业中的个人，都需要有竞争意识，这是一种非常积极的态度。然而我们学习的竞争对手，也是最直接，也是最能看到我们自身不足的学习榜样。从竞争对手那里学会竞争，在与竞争对手的比较中不断完善和发展自己，就会发现"尺有所短，寸有所长"这个道理。

正如马云曾经说过的："我希望到时候能看到一个百花齐放的景象。阿里巴巴为其他公司提供了经验教训和资源，其他公司发展起来，也会给阿里巴巴带来很多好处。在一个行业里，一枝独秀是不行的，也是危险的。中国的事情，凡是三足鼎立才能使一个行业发展起来，至少做大三家才有钱赚。一个很好的例子是TOM进来了，三大门户网站之间不打架了，为什么？因为大家都成熟了，这个行业也渐渐成熟了。"

不要羡慕别人的成功，更不要鄙夷别人的失败，每个企业都应该学会自己分析和总结现象背后的本质，找出别人失败或者成功的原因，取其长，补己短，这样才能不断丰富自己，超越自我，获得更大的成功。

6.给对手机会，就是给自己机会

2013年1月10日，阿里巴巴宣布将对集团现有业务架构和组织进行调整，分拆成立25个事业部，具体事业部的业务发展将由各事业部总裁(总经理)负责。对这一系列大动作，马云说："把大公司拆成小公司运营，我们给市场、给竞争者更多挑战我们的机会，同样是给我们自己机会。"

淘宝总裁孙彤宇曾经说过这样一段话："小时候我考体育，跑百米时有一个非常深刻的体会。一开始不懂，两个人两个人地考，我就找一个比我差的人，我觉得我比他跑得快，感觉很爽。后来我发现不对，我要找一个比我跑得快的人，这样两个人一块跑，我才会跑出比原来好的成绩。因为他跑在我前面，我想要超过他，这是'陪跑员'的责任。我觉得对企业来说，这可能比较自私。但如果身边有一个跑得慢的人，你真的很爽，尤其是离得很远了，你不断地回头去看，甚至还停下来朝他望望，有可能还点根烟抽抽。所以，我们要的是比我们跑得快的人。"

在马云看来，竞争就像是一块磨刀石，能把自己越磨越快，越磨越亮。在竞争的过程中，选择好的竞争对手，是有非常大的价值的。马云说："对手死了，你一定活不好，一定需要有一个对手，才会发展得越来越好。"

2003年，eBay在全球C2C市场的实力以及对中国市场的窥视，使马云选择了eBay作为竞争对手。在马云的眼里,eBay显然是一个非常好的竞争对手。当时,许多人都不太看好淘宝。但是在三年多之后,在马云的率领下,淘宝却一举打败了资本雄厚的ebay。

在这之后,淘宝网在中国的电子商务市场上占据了绝大多数的份额。这时候业界开始有人传言,他们觉得马云要把所有的竞争对手赶出游戏圈外,马云要开始垄断中国的电子商务市场了。但是马云却说:"这世界上永远不要想垄断,永远不要做垄断,也做不成垄断。信息时代,谁想做垄断,谁就会倒霉。在一个行业里,一枝独秀是不行的,也是危险的。"马云认为,竞争并不一定是你死我活的事儿。电子商务行业的成熟是多个互联网公司共同发展的结果,只有竞争才会有更快速的发展。

竞争是生存的前提。在大自然中,没有天敌的动物往往最先被灭绝,有天敌的动物则会逐步繁衍壮大。因为有了天敌的威胁,就必须时时警惕,并锻炼出对付天敌的本领;而如果没有天敌的威胁,则无意中放松了自己,久而久之,你生存的能力就会慢慢退化,一旦天敌降临,就无以自卫,难逃灭亡的命运。

在非洲有两个隔水而居的羚羊群,东岸羚羊的繁殖能力却比西岸的强,其奔跑速度也比西岸的快。有一位科学家对这些羚羊的生存环境进行了研究,结果没有任何发现。于是他做了一个实验:他在东西两岸各选了10只羚羊,分别把它们送往对岸,一年后,运到西岸的10只繁殖到14只,送到东岸的10只剩下3只,另外7只全被狼吃了。于是,答案找到了:东岸羚羊之所以强健,是因为在它们附近生活着一群狼,而西岸羚羊之所以弱小,是因为它们缺少一群天敌。

在商业竞争中,尤其是在一个还不成熟的行业中竞争,不要总是想着"天下无敌",总想打败所有的竞争对手。如果只是一味与竞争对手争输赢,而不顾市场平衡与发展,那么,必将遭到市场的惩罚。

第十章
欣赏对手,有竞争才有成长

Beta是台湾录像机市场的两大系统之一,另一个系统是JVC公司的VHS系统。前者是台湾新力公司的发明,一直在电子技术领域占据重要位置。然而新力公司在发明Beta系统之后,一直想垄断录像机市场,不给对手机会,所以它坚持不肯将技术同对手共同分享。

新力公司垄断技术的局面,在短时间里确实造成了行业垄断,给新力公司带来巨大利润。JVC公司的VHS系统无法和新力公司相抗衡,在生产的品质上和技术上都明显落后于对手新力公司。这种情况迫使JVC公司下决心开发出新的系统,以打破新力公司的垄断地位。

由于JVC以公开技术的方式和其他的大公司合作,所以在它周围立刻积聚起一支庞大的技术队伍。世界其他电子公司的技术,JVC公司也可以分享,因此世界上采取VHS规格系统的公司越来越多,而与之相反,新力公司则固守在Beta的阵地上沾沾自喜。

结果没过多久,JVC公司的VHS系统就超过了Beta。这时候,新力公司才幡然醒悟,但是已经太迟了。JVC公司因为与其他公司合作,在技术资源上已经不在新力公司之下。一步慢,步步慢,新力公司无奈之下,只好将巨额资金投入到广告之中,但却无法改变格局。新力公司的行为不但无法挽回它的败局,反而越陷越深。1988年春天,新力公司承认了自己的失败,宣布Beta系统不如VHS系统,决定放弃自己固守的阵营,加入到对方的行列。

个行业要想兴盛,那么就必须"百家争鸣",才能够"百花齐放"。哈佛商学院迈克尔·波特教授说:"'竞争对手'的存在能够增加整个产业的需求,且在此过程中企业的销售额也会得到增加。"这也就是"竞争对手共同把蛋糕做大"的市场效应。而市场的扩大,使企业获得的份额也相应地增大。

第 十一 章

善待员工，
团结就是力量

1.好团队是培养出来的，不是找到的

美国生物技术公司基因泰克IT部门的高管曾经注意到，有许多企业往往不惜重金评估人才，却舍不得花钱培养人才。这不仅仅是许多公司管理人员的一个"通病"，更是大多公司在未来发展中所需要弥补的一个漏洞所在。

企业要发展，定然离不开人才。然而，企业只有抓好员工的教育培训，拓宽选才视野，舍得花钱培养人才，这样才能形成凝聚人才的"磁场"。正所谓"舍不得孩子套不住狼"，如果企业总是"重财而不重才"，那么企业定然不能发展长久。

在某次对话现场，有人问马云："我有梦想，我是做珠宝的。我们是夫妻两个做生意，没有很好的团队，我想把生意做大一点。今天来问问马老师，我们的珠宝在你的网络上跟你一起合作，我们也可以做很大，谢谢！可能我没有文化，没有问得很透彻。是否好的团队都是培养出来的？"

马云回答道："我觉得这个问题问得很好。问问题跟文化没有关系，这是很朴实的问题。中军说要有好的团队，就再娶几个老婆。好团队是培养出来的，不是找到的。我觉得在阿里巴巴，我的功劳不大，但是这个团队做出来的。阿里巴巴上市的时候，我说大家一起来。你们今天都是百万富翁、千万富翁了，是因为你们勤奋吗？比你们勤奋的多了。是你们太能干吗？比你们能干的人太多了，反正我马云是不能干。那些待在公司里面的人，没有猎头公司要挖的人，他们虽然平凡，但是他们却在坚持，他们像柳总一样，团团结结。所以以后你有机会了，要帮助年轻人。他把宝贵的时间给了你，你要把他的时间用好了。你成功了，他也就成功了。我们讲团队，你是夫妻店的时候，你成功了，大家就成功了，但是你有了团队以后，你的成功，才能带领大家的成功。"

培养一名有用的人才需要很长的一段时间，而多数中小型的企业总认为花钱培养人才是时间长、见效慢的事，因此总是急功近利。事实上，企业只有懂得留住人才，舍得培养人才，才能更好地利用人才，拉大和竞争对手的差距。

当然，有了一个布满人才的团队，还要有一个善于培养团队的领导人才行。在有些企业里，一些团队负责人只喜欢制定规划但却不擅长教导员工如何去把这个规划付诸实施。纸面上的规划蓝图很漂亮，但是如果站在企业家的立场就会明白——想到不代表员工能做到，做到也不代表做好，做好不代表能够盈利。

马云认为，任何人才都是可以"培养"出来的。什么是"培"？"培"就是要多关注他。但也不能天天去关注，因为一棵树，水多了死，水少了也死。如何关注也是艺术。什么是"养"？就是给他失败的机会，给他成功的机会，你要看着，不能让他伤筋动骨，不能让他一辈子喘不过气来。

2012年，珠海市威丝曼服饰股份有限公司举行了一次声势浩大的优秀员工表彰大会，对11名管理精英和高技术人才每人奖励沃尔沃XC60、宝马X1、奔驰C180等豪车。在此次获奖的员工中，年龄最小的刚30岁出头，最大的刚过50岁，其中大部分为高级技术人才。

原来,2006年, 威丝曼公司的董事长便在公司推出了"威丝曼激励模式"战略,这是广东首创的一套管理模式和激励机制。重要的是,该激励模式对有突出贡献的技术精英以及管理精英, 不仅给予重金和奢侈品激励,还出台了诸多人性化用才留才的创新举措。

珠海市服装服饰行业协会的负责人对威丝曼的做法表示了很大的赞同:"一家服装公司的竞争力不仅是体现在管理机制上,更体现在服装创意设计上,老板重奖高技术人才,不仅说明了工艺和创意在服装业的重要性,也说明了技术人才的重要性。无论这个行业如何演进,高技术人才始终是'香饽饽'。"

事实上,成为一个富于理想,善于构思美好愿景的团队领导不是一件难事。难的是如何能够聚拢人心,将自己的能力和经验悉数教导给部下员工,让他们与自己一起在现实中成长起来。

马云曾经说过:"不能盲目作战,要知道如何去进攻,从哪里去突破,如何去训练组织自己的队伍。"2002年,马云为了扩大自己的团队,在"西子湖畔屯兵",在那里训练人马,训练团队,了解客户,了解市场。这一年,阿里巴巴的员工达到了1300名。

企业要想带领一支优秀的"常胜军",那么就一定不能吝啬自己的时间与钱财。多看看长远利益,多用些心思在培训与管理员工上,你会发现,企业将来的收益,将要比花在员工身上的投资大得多。

2.不找懂行业的人,只找爱行业的人

马云成功之后,有很多人在网上表扬他,然而马云却坦诚道,我真的不厉害,我真的不懂互联网。对不懂任何网络技术的马云来说,能够将阿里巴巴拓展到如今这么大,凭的正是他那份爱钻研的心。

第十一章
善待员工，团结就是力量

一个团队是否能够有活力，关键在于团队中的每个人是否真正喜欢手头上的工作。如果员工只是盲目应付，那么必然不会付出全力，这样一来团队定然就会丧失掉活力。由此看来，"爱行业"比"懂行业"所积蓄的力量大得多。

在某期现场活动中，有一名提问者对话马云："就一个问题，刚才我们的美女代表说，冯总用泡菜解决了很多问题，我想问马总，是用什么办法，把哪些人都搞成一个味，都变成阿里巴巴的。接下来，你要使用阿里巴巴的工具，让我们穿越了时空，穿越了古代和现代，你如何看待我阿里巴巴和《道德经》、《弟子规》等传统文化的？"

马云："我觉得阿里巴巴要统一思想，毛泽东都没有做到。你要想把所有人的思想统一很累。但是找员工之前，第一步要做好，我不找最懂这个行业的人，我只找最爱这个行业的人。最爱的人找在一起，他们才会产生化学反应。如果都懂这个行业，那么大家就很容易统一思想。统一思想、统一行动，很重要。我前几天跟同事讲，我当CEO的时候，听我的话就行了。今天我当董事长，要统一步骤。"

一个人热爱自己的工作，才会专心于工作，才会成为本单位和本岗位的行家里手。如果一个团队能够吸收这样的人才，那么必然就会为企业添加一股正气与助力，能够为企业带来更多激情。

然而，观看如今不少企业，大凡招收的员工都是对本行业十分精通之人。员工精通行业，的确能够让企业降低成本，但是是否能够真正创造出价值，还是得另当别论。毕竟，"精通"与"创造价值"是无法对等的，如果员工不将自己的这份"精通之力"用在工作中，那么企业也是无法收获任何实用价值的。

团队需要激情，而能够带动起团队激情的这些人，必然是对本行业有着有别于常人的专心与热爱之心的人。这样的人，哪怕可能比精通本行业的人少一些经验，然而他们的热情会化作奋发努力，最终做出来的结果往往会大于那些"精通人士"。

苹果公司在短短几年内就发展成为一个能与IBM具有同等竞争力的电脑公司。在苹果公司刚成立的时候,他们的团队虽小,但是每个年轻人都有独当一面的能力,也正是因为有了这样一支富于创新精神的年轻人的精英团队,才有了第一台个人电脑的问世,并且给整个电子行业都带来了革命性的巨变。在乔布斯的带领下,一个年轻的苹果团队充满了活力和创新思维。

乔布斯之所以选择这些有想法、有技术的年轻人作为自己的团队成员,是因为他相信这些年轻人可以成为他各种构想的实践者。他们都希望有机会创造出了不起的电脑产品,并希望在从事的工作中做出伟大的成绩,他们坚信乔布斯的眼光,因此他们与乔布斯精诚合作,共同创造高水准的产品。

如果一个人每天都是抱着混饭吃的态度对待自己的工作,那么,工作对他来说,便是一种负担、是一种痛苦。要么他迟早放弃工作,要么工作迟早会抛弃他。即便他是这行业的精英,他的未来之路也最终会被自己的无所事事所消磨掉。

一个企业要想拥有一个完美的团队,那么就一定要摒弃掉一些偏执。只有这样,才能找到真正适合自己团队的人。俗话说得好,爱一行,干一行,成功一行。如果一个人本身对自己的行业就抱着心爱的态度,定然会无比"呵护"自己的工作。

事实上,只有员工将心思全部用在工作上,才能促进团队合作,为企业带来效益。如果员工总是机械盲目地在自己精通的那一点领域里面操劳,这对企业来说,也是没有任何益处的。好的员工,真心爱自己工作的员工,他们会想方设法地去创造最大的利益,这种热情会让他们在自己的岗位上做出更多的创新与突破,为企业带来更多的效益。因此,一个团队的最大效益并不是源自于那些"精通"之人,而是"专心"之士。企业要想寻得"千里马",就要真正将眼界打开。

3.员工创造价值，他们才是最大的财富

创业不是一个人的事情，就算再叱咤风云的人物，在一些事情面前也会有手足无措的时候，团队的力量在这时就显得特别重要。比尔·盖茨说："团队合作是企业成功的保证，不重视团队合作的企业是无法取得成功的。"

阿里巴巴不是马云一个人创办起来的，而是马云和他的团队一同经历了苦难，走过了一段艰辛的路程，才迎来了今天的曙光。每当提起创业初期的事，马云依然很感动："阿里巴巴可以没有我，但不能没有这个团队。多年来，各种各样的压力很多很多，但是每次团队都给了我很大的勇气、很多鼓励。"

马云在很多场合下都对人讲过"十八罗汉"随他回杭州创办阿里巴巴的经过。

那时，每个人没有高额的工资，有的只是大额的工作量。做客服的女孩子们经常要讨论、交流工作，而工程师则需要安静的环境。为了能够静下心来思考，这些工程师们把自己关在一间小屋里，与世隔绝，并尽量和客服部的女孩子们错开工作时间，选择每天晚上十点到凌晨四点工作。加班加得晚了，这群人索性在会议室里打地铺，第二天起来继续干。其他同事早上到公司时，常会看到一大堆男人们倒在地板上鼾声如雷的景象。

"虽然你是创办人、是股东，但公司也可以不聘请你。如果你业绩不佳，也不一定能在管理岗位上做下去。当然你可以享受投资回报。"虽然在阿里巴巴成立之初，马云对团队成员说过这样的话，但是没有一个人是因为想要被聘用才努力工作的。这些人奋斗的目标只有一个，就是和马云一样，要在一家中国人创办的全世界最好的公司里做事。

激情颠覆
——站在新起点的马云

马云感叹："阿里巴巴创业的时候，18个人，在杭州湖畔花园，尽量地吵，尽量地闹。有时候吵架也是一种缘分，闹更是一种缘分。我们是一个团队，大家互相交流、沟通，这是很大的缘分。"

马云曾经深感团队的重要性，他认为没有阿里巴巴的团队，就没有阿里巴巴的成功。不管在什么时候，马云都坚持这样的观点："我是个非常幸运的人，没有他们就没有阿里巴巴；而没有我的话，还会有另一个阿里巴巴。我们一定能成功。就算阿里巴巴失败了，只要这帮人还在，想做什么就一定能成功！我们可以输掉一种产品、一个项目，但不会输掉一支团队。"

若想成功，没有一个好团队是不行的。但组建一个好团队，却又是困难的。马云给出的建议是，在创业初期，不要把一些成功者聚集在一起，尤其是那种35~40岁就已经功成名就的人，和那样的人合作会非常困难。

实际上，企业的价值往往正是由员工去体现的。员工如果能把自己工作的地方看做是丰富自己人生、提升能力、成就自我、实现个人价值的地方，那么就一定会做出相当大的努力来达成目标，员工一旦实现了自我价值，那么企业的价值必然会上升，可以说，员工就是企业最大的财富。

2011年国庆刚过，11位广州橱柜业的老板在欧派会所聚会，话题围绕的焦点是：劳动力成本持续上涨，人工成本太高，企业经营压力巨大，欧派是怎样解决这个问题的？

为了迎接这个高成本时代，欧派董事长姚良松表示："欧派做了两方面的工作：一是通过设计提升产品的附加值和销售价格；二是运用激励机制和培训体系，提高员工的生产力和集团的整体效益。"酷爱踢足球的姚良松，把欧派比作一支足球队，他说，"如果销售是前锋，制造是后卫，那么欧派就像素质均衡、配合默契的切尔西队。欧派的成功，不是依赖我，而是依赖于广大的员工。员工是欧派的合作者，无论是资产所有者，还是一般劳动者，无论是脑力劳动者，还是体力劳动者，都可以在欧派的事业平台上共同合作、创造和分享。"

2011年,姚良松把选人、用人作为自己的核心工作,他把大约一半的时间放在选拔人才和激励团队上。姚良松直接对部门经理级干部进行绩效考核,由他直接考评的干部多达60多人。在他的筛选下,欧派的高管团队"个个都深怀绝技,都能独当一面"。对欧派来说,员工才是企业最大的财富。

阿里巴巴是一支"梦之队",团队里的每一个人都明白要往哪里走,应该如何做。马云认为,在创业前,创业者要让每一个队员都明白自己的理想,并让他们赞同这个理想,而不是单纯为了给他们发工资。他告诉创业者:"一个人打天下永远不行,因为你没这个能力,打天下要靠整个团队。找这些团队成员,不要他们为你工作,你要告诉他们你的理想是什么。'这是我的梦,你愿不愿意跟我一起实现。我现在是一个疯子,你愿意就跟我走,不愿意就不要跟我走'。"

商场中总有一些小企业老板,以为只要自己有能力、有资金、有技术,一个人单枪匹马就可以闯出一番天地。马云劝告这些人:"不要妄想一手遮天,在现在的社会中,抱团才能打天下。"阿里巴巴的成功离不开团队的努力。对每一位创业者而言,拥有一支好团队,才能战无不胜、攻无不克。

4.文化治心就是最大的管理

如果将企业看作是一个有机体,其实它也会"患病"。因为它每天的工作都是在处理一个个大问题、一个个小冲突和一点点精神创伤。那么如何才能对其进行有效治疗呢?按照马云的说法,文化治心就是最好的一剂良药。

马云在管理阿里巴巴时,最大的一个特色便是富有人情味。在阿里,马云所定的制度是不容争辩的需要遵照执行的事实,但是"法律不外乎人情"也是马云时常在公司所强调的。管理员工,让团队更加有活力,就必须得多添加几分"人情味"。

文化治心,坚信文化是企业的灵魂。也讲企业盈利和股东利益,但讲得最多的还是使命感和价值观。马云在阿里的时候是十分信奉"管人先管心"的,他坚持用文化统一人心,统一思想:"中国的企业里面,如果没有共同的目标、共同的使命感、共同的价值观不行。大家统一目标,力量才会朝着一个地方用。"

在马云眼里,文化治心就是最大的管理。同时还要制度治人,因为文化的贯彻要用制度做保证。再有理想和激情的团队,也得有规章制度约束。尽管阿里巴巴的绩效考核制度有严格的指标,阿里巴巴的末位淘汰制度执行起来也很残酷,但是在推行如此严格科学的管理制度的同时,马云也没忘了人性化管理,毕竟是为了更好地使员工认同阿里巴巴的价值观。人性化培训是阿里巴巴灌输给员工文化价值的重要渠道,也是实现现代管理制度的有力武器。正是依靠这种人性化管理,阿里巴巴才化解了企业扩张时的管理危机。

企业中正在发生的很多问题,都与人的心理疾患有某些共同之处:例如企业内部各部门之间不能协调合作,对应身心功能紊乱;企业发展到一定规模后对未来的不确定,对应人对未来的焦虑;企业由于被过多与企业发展无关的事物分散注意力而发展停滞,对应人的抑郁症特征,等等。

这些企业内部出现的人与人之间的问题,正说明了公司管理上的某些欠缺。公司要发展,就一定要先稳定人心,这样才能促使员工更加团结与合作。毕竟,团队合作的制约因素是公司的管理制度,如若团队出现问题,那么企业一定要重审自己的制度是否合理了。

用文化来调节公司团队的内部矛盾,很显然是一场"无烟之战",这种方法不仅能够避免公司与员工起正面冲突,而且合理的人性化管理也会让员工感觉到舒心,这样员工工作起来也就会更加卖力,而团队之间的合作效率也会提升。

从某种意义上讲,企业如人,把企业塑造成具有人格魅力的形象,是社会公众给予企业理解与信任的开始,也是企业文化战略的出发点和内核。山西漳山发电公司一直以来都秉承文化治企。在高效的一期工程建设历程中,漳山发电公司实行人事考核绩效管理和末位淘汰制,建立有效的激励和约束机制,逐步实现员工的自我约束和自我管理,形成了一支精干高效、充满朝气的员工队伍。

在工作实践中,漳山发电公司对员工的奖励和报酬也充满了文化内涵,使员工受到了尊重,并且满足了员工自我实现的需要,肯定了员工自我存在的意义和能力,同时,有效的制度还提高了生产效率,克服了组织的惰性。同样的装机容量,在其他企业需2000人左右才能运转起来,而漳山发电公司仅仅136人就实现了工程建设的高效、有序推进,实现了公司的高效运转,从而实现了企业真正意义上的"人员少、效率高"。

企业管理从人性出发,从员工的"心"开始治疗,那么就一定能够让员工懂得感恩。毕竟没有一个员工喜欢待在一个没有任何人情味的公司里。在严肃的管理制度下,要想让员工更加活跃,企业就一定要学会理解员工的心理发展。

企业要持续强大,需靠三"治":人治靠能人,法治靠制度,心治靠文化。一个企业如果单靠人治,也许规模小的时候还没有问题,但是如果当这个企业越做越大的时候,就必须打造出一种具有强大凝聚力的企业文化,并通过有效的制度,把它贯彻到底,即"精于术而以道为本,守于道而以术御事"。

开拓文化治心,会让企业收获一个高效团队,而且还能帮助员工树立起更加正确的企业理念,这对笼络人心,提高员工的工作积极性都会起到一定的推动性。

5.制度治人,淘汰"野狗"

在阿里,有一种人把自己的业务做得很好,但是没有组织纪律和团队精神,这种人被定义为"野狗";还有一种人,他们的业务能力可能并不强,但是却有组织,有纪律,恪守公司原则,这类人被定义为"小白兔"。

一般来讲,大多数企业在选拔人才的时候,都会把业绩放在第一位,尤其是对那些能够为企业直接创造价值的员工,即使他们是"野狗",往往也会对他们厚爱有加,这类企业是唯业绩是从。而在马云的思维里,对"野狗",无论其业绩多好,都要坚决清除;"小白兔"会被逐渐淘汰掉;只有"猎犬",才是阿里巴巴需要的人才。

曾经有人向马云提问道:"马云先生在演讲中提到了企业在发展中一定要学会以人为本,那么,请问,您在您自己的公司中又是如何贯彻这个'以人为本'的?"

马云如此回答:"我们的要求就是,第一,要使公司成为市场上消费者最满意的公司;第二,要使公司成为企业内员工最满意的、愿意加入的公司。阿里巴巴有这样的一个用人准则:'271法则'。"

"所谓'271法则',就是:20%的员工成为企业明星,70%的员工是中坚力量,10%的员工坚决裁撤。那么确定这个划分的准则是什么呢?第一是员工对企业的价值观;第二是员工与身边同事之间的交流沟通力。有一种人是在价值观上特别满意的,但是在第二个方面却存在差距,我们把这种人才称为'野狗',他们只有战略性的高度却没有踏踏实实的作风;第二类人是在第二个方面做得很好,能和同事搞成'一家亲'的,但是在高度上、执行上却一塌糊涂,这种人我们称为'小白兔',这两种人都要划在要裁撤的10%里边。"

在阿里巴巴,曾经有个员工的销售能力很强,但就是因为他改变了销售数字,也被公司辞掉了。用马云的话说,虽然"'杀'他时是很痛的,但是你还得杀掉他,因为这些人没有用,他对团队造成的伤害是非常大的",所以,对触犯了"六脉神剑(客户第一、团队合作、拥抱变化、激情、诚信、敬业)"的员工,无论其业绩多好,都要坚决清除。

俗话说得好,一颗老鼠屎坏掉一锅粥。在一个企业中,即便有的员工的成绩很突出,但是如果他总是忽视企业纪律,无视企业规矩,定然也会给他人带来一些影响。如果企业纵容这类人的存在,时间一久,整个团队就会变得毫无组织纪律。

企业制定制度的目的就在于方便管理,如果设置的制度形同虚设,那么员工工作起来就会显得毫无干劲,甚至有时候因为没有约束,因此在企业里可能就会"肆无忌惮"。试想,一个毫无规章制度的企业,怎么能够带领大家向前冲呢?一个在下属面前都"有理说不清"的领导,又怎么能给员工树立起一个"标兵"的形象呢?

当然,企业要想规划好团队建设,那么首先就要将潜伏在团队中的这一颗"老鼠屎"给清理掉。然而清理掉"老鼠屎"之后,还要为团队注入更加优秀的人员。那么对马云来说,能成为优秀的猎犬型人才的条件到底是什么呢?

首先,在一个企业中,员工如果自始至终都能保持诚信与热情的态度,那么这个员工就有可取之处。马云认为这种品质之所以重要,是因为它对一个人来说"有就是有,没有就是没有",而"没有"是很难培养的。

其次,乐观上进,健康积极,并且在工作中富有朝气,在各种竞争中都能充满激情,且渴望成功。这样的员工具备较好的专业素养,并且能够适应环境变化,善于沟通协作。

最后,员工要富有学习的能力和好学的精神。

当然,马云认为,阿里巴巴除了需要"准猎犬"型人才,也绝不拒绝有潜力成为"猎犬"型人才的人。在他看来,这类人才经过一段时间的培训是可以达到阿里巴巴的要求的。所以,马云一直以来都非常注重员工培训,他在人才培训上面舍得花大力气,也舍得花钱。

在用人上,马云有自己的判断、自己的标准,但前提都是出于对企业负责,为公司未来发展考虑。所以如果你不是他需要的人才,他就一定不会选择你,而一旦选择了你,就会不遗余力地培养你。

总之,每一个管理者都应该依事论才,按需任才,对企业中那些不良的"杂草",要及时拔除,这样才能有助于其他"麦苗"更好地成长。

6.并购整合,相互尊重和理解

在马云看来,做企业和做人是一样的,道理相同。做人要做好人,做企业是做好事业,大家都是奔着一个共同目标而去,这中途出了什么差错,互相之间都要尊重和理解。当初马云对辞退卫哲颇感无奈,但是这却是与卫哲相互理解后所共同达成的结果。

构成企业这个大家庭的是员工,如果员工当中出现了对企业的不理解,那么定然就会给企业带来损失。公司是各种利益体和利益方面的表现方式最明显的地方,如果想要去平衡企业与员工各方面的利益关系,那么最基本的原则就是与员工相互信任和相互尊重。

马云曾经在一次演讲中发自肺腑地表达了自己与阿里人奋斗多年一直保持的那种初衷所在,更表达了自己对阿里人的赞同:"10年来,阿里巴巴很幸运,一直走到现在。为什么我们可以,很多企业却做不到?不是因为我们聪明,而是我们的员工在不断学习、不断挑战自己,他们永远在阳光灿烂的时候修理屋顶。现在经济有所复苏,如果这个时候你不进行调整,最后只会摔下来。"

"阿里巴巴的发展吻合了新商业文明的特征——开放、分享、责任、全球化。'开放'是所有企业家都要有的一种胸怀,包括并购。我们并购了雅虎中国,最初极其痛苦,面临文化问题、人才问题等一大堆问题。尽管有人觉得雅虎中国好像没怎么恢复,但我从不后悔。我悟出一个道理:以前的收购是'为我所用',今天是'为他所用'。企业没有大与小、国有与非国有的区别,只有是否诚信的区别。同样,企业没有收购与被收购的区别,只有在梦想上的区别。假如你的梦想比我的梦想好,我支持你;假如我的梦想比你的梦想好,那么我们是不是一起来实现这个梦想? 所以,'开放'表现在收购上,应该是互相尊重和理解。5年后,我将和大家分享雅虎整合的细节。"

如果每一个企业都十分相信员工会积极地去努力工作,做好自己应该做的本职工作, 员工也相信企业会给员工提供良好的施展才华的平台,会合理公平地支付薪资报酬,那么企业与员工之间的关系就会更加牢靠。

因为尊重与理解往往就是构成企业与员工之间和谐关系的纽带,正是因为企业尊重和理解员工,能够给予员工相应的报酬,员工才会用同样的劳动力去回报企业,尊重企业。当然,有时候一些企业可能因为一些主客观原因而要进行内部调整,如果企业能够用站在员工角度的心理去考虑员工的感受,让内部整理和并购所带给员工的损失减到最小,那么员工也不会对企业产生误解和干扰。

公司的长期发展与员工的职业生涯发展, 相互信任和理解非常重要,如果公司与员工相互之间连最起码的信任度都不存在,那么公司的工作肯定就无法开展。相互信任的基础是互相尊重,如果公司与员工彼此能相互信任,那么公司就能够健康长效发展。

全球酒店大亨、希尔顿集团的创始人康拉德·希尔顿对下属员工一直都讲求尊重与理解,也因此,老希尔顿对每位下属都很信任,他放手让下属们在职务范围中发挥聪明才智,大胆负责地工作。而一旦这些下属们犯了错误,他的做法就是把他们单独叫到自己的办公室里,先安慰他们一番。他说的最多的一句话就是:"当年我在工作中犯过更大的错误,你这点小错误算不了什么,凡是干工作的人都难免会出错。"在下属情绪稳定之后,他再客观地帮助他们分析错误的原因,并一同研究解决的办法。

老希尔顿之所以能够对下属犯下的错误采取如此宽容的态度,是因为他知道,只要一个组织内部的高层领导,比如公司里的总经理或者董事长的决策在方向上是正确的,那么那些基层员工犯些小错误就不会影响到整个组织的发展。反而如果领导者一味指责员工的错误,更可能会打击到犯错误员工的积极性,从根本上动摇企业的根基。我们可以猜测一下,也许正是希尔顿这样豁达的处世原则,才使得希尔顿集团的全部管理人员都愿意为他奔波效命,他们才会对工作兢兢业业,认真负责,希尔顿集团也才有了如此辉煌的成就。

哲学家威廉·詹姆士曾经说过:"潜藏在人们内心深处的最深层次的动力,是想被人承认、想受人尊重的欲望。"企业尊敬员工,也就等同于满足员工此方面的欲望。人人都需要尊重,人人都能从尊重中得到激励。企业尊敬员工,员工便会尊敬企业以及他在工作中的职责。

当然,在企业管理中,基层员工更是企业的"第二心脏",他们身处工作岗位的第一线,他们的工作心态尤其需要来自高层的认同和尊重。毕竟,基层不牢,地动山摇,基层员工作为企业持续发展的动力和基础,他们必须得到应有的尊重和理解。

公司管理者和员工之间的相处应当是和睦的,人和心为静,在这种氛围之下,企业才能与员工心连心,共同分析问题的症结,集思广议,拿出合理的方案去克服共同困难,解决所遇到的一切事情。如果企业总是按着自己的思维一意孤行,不考虑员工的心态和特征,那么企业的工作环境就会变得非常恶劣,很多工作就无法顺利地开展,从而达不到企业所制定的各项工作任务目标。这样,企业的发展、价值体现、收入增长就都会受到影响。

7.凝聚优势企业,打造优秀团队

俗话说,一根筷子易折断,十双筷子抱成团。在今天,激烈而且残酷的竞争充斥着每个商业角落。因此,一个人要想靠自己单枪匹马做点什么,实在不是一件容易的事。即使你深谙经营之道,但是总会顾此失彼。因此,要想在商业界做出点成绩,找一个合作伙伴还是非常有必要的。

然而,到底怎么找,或者找一个什么样的合作伙伴?马云认为:"创业要找最合适的人而不是最优秀的人。"找到合适的人,才能凝聚优秀人才,打造出一支战无不胜、攻无不克的优秀团队。

在某期"赢在中国"中,有一场比赛是让各小队完成面面通集团交给的任务,为其新产品爱CLICK做一个推广活动,并为活动创意一个口号,让更多的人了解爱CLICK,学会使用爱CLICK,每队有三千元的费用。这次活动重点考察两组成员对产品理念的理解和表达。

当两组选手分别完成任务之后,马云这样点评道:"我觉得这场比赛确实比较难,因为五个人都是创业者,要把五个创业者——五个都具有将来CEO特征的人拼在一起做一个团队是不容易的,因为每个人都以自我为中心。所以我经常讲,把五个MBA捆在一起做事业是很难成功的,因为每一个人都想当CEO,每个人都有自己独特的观点,很少愿意帮助别人。什么是团队呢?团队就是不要让另外一个人失败,不要让团队中的任何一个人失败。但在这个过程中,我们没有听见大家说,我希望队长赢,我希望5号(夏霓)赢,我希望1号(韩小兵)赢。在整个比赛过程中,我观察很多细节,我注意到大家说,要是我万一上PK,这个人拖着,可能我赢的可能性就不大。这本身从一开始就错了。"

众所周知,马云创造了互联网的许多奇迹,建立了一个世界上最大的电子商务网站。但是这并不是马云最得意的地方,马云最得意的是他的团队,是他的用人之道。马云把用人看得比融资找钱还要重要。

事实上,要想提升团队凝聚力,打造一个高绩效的团队,最终还是要把企业目标和个人目标结合起来。所以一个企业,尤其是民营企业小老板,如果不能将企业目标大到与社会,小到同团队成员目标有效结合起来,企业就很难找到强有力的理论基础和团队发展动力。

马云本人比较认同"等到事业达到一定程度的时候,再请一些成功人才充实团队"。马云这样考虑的原因是:这些没有成功却渴望成功的人,不仅学习能力很强,工作激情也很大,也容易接受别人给他的意见,所以是创业合作最合适的人。

马云组建"菜鸟"物流网络时,并不是单枪匹马,而是让阿里联合了银泰集团、复星集团、富春集团、顺丰、申通、圆通、中通和韵达一起组建的。

在记者会的发布当天,银泰集团董事长兼总裁沈国军、复星集团董事长郭广昌、富春集团董事长张国标、申通董事长陈德军、中通董事长赖梅松、韵达董事长聂腾云等人均亲自出席,这些物流界的大佬们亲自到场给予支持,更加凸显出"菜鸟"的与众不同。

在"菜鸟"物流网络里,银泰集团董事长沈国军将出任"菜鸟"网络CEO。沈国军称,"我们以及我们的客户还都是新手,取名'菜鸟',意在激励我们选择共同成长。"马云则称,"中国无数小的卖家,所有在网上做电子商务的都是'菜鸟'。笨鸟先飞,飞了半天还是笨鸟,而'菜鸟'还有机会变成好鸟。"

企业的领导者总希望自己招收到的人才是最好的。其实有时候,最好的人才并不是最适合自己的,身为老板的人有必要反省一下自己在对待人才中存在的问题。

例如,有的创业者带领公司越做越大,有的创业者却使公司奄奄一息,其中一个原因就在于他们是否使用了最合适的团队。一些公司所认定的员工可能并不一定适合自己的公司。而人才一旦不能够适应自己的公司,是不能够发挥出应有作用的。

企业中的团队对企业来说就像鞋子,太小了夹脚,太大了会掉,只有尺寸合适,才会让穿的人感到合适。最合适的人才就是最好的。而马云正是坚持"创业要找最合适的人"的原则,所以才打造出了一支执行力非常强的团队。阿里巴巴团队中高手云集、人才济济,他们目标一样、梦想一样、激情一样,也就成为马云无往而不胜的中坚力量。

品牌建设，
营销推广扩大知名度

1.创建品牌独特门面——"logo营销"

　　每个产品在被正式推出陈列市场之前，都会相应的有一个颇具代表意义的logo标志。这不仅是产品品牌的一种象征，更是企业创建品牌的独特门面。而logo的图案做得越精致，便越能在消费者心中留下深刻烙印。

　　马云淘宝下的天猫平台就有一个十分亮眼的logo图标，不仅与其网络域名相呼应，而且因为其图案的新颖别致，还引来了一大批网友的争相讨论。使得logo还未正式搬上天猫，天猫的名号便一夜之间被众人知晓。

　　2012年1月11日，淘宝商城正式宣布更名为"天猫"，而面向全球征集天猫logo，经过两个多月的筛选，天猫的全新logo形象终于出炉了，不过令网友大跌眼镜的是，这个logo既不时尚也不性感。网友"郝惠惠"认为它就像五金店里的扳手。不少网友认为它是马云的化身，"眼睛大，头大，身子小"。

　　在天猫新logo发布会上，阿里巴巴集团副总裁王帅也笑称新logo长得像马云，并表示："这就是互联网，你想它是什么，它就是什么，只要你喜欢!"随后,天猫公关部相关负责人称,天猫logo是黑白相间的,寓意:引用网友的一句话说就是"不管白猫、黑猫,能服务好消费者的,都是好猫"。该负责人还透露,天猫logo的设计灵感其实来源于人民币上的跪拜猫。"跪拜猫在网上很火,很多网友都很喜欢,于是,我们就推选了以跪拜猫形象创作的logo"。马云利用"天猫",再次赚足了人们的眼球,同时也印证了企业logo营销的重要。

每个品牌都有一个具有代表性的符号,象征着企业的身份。消费者对一个品牌的迷恋,不仅仅是因为它的风格与工艺,更是因为它的每一个细节,或许单单是标志性的logo,就可以让消费者为之青睐。以logo为设计理念的单品,将logo的原型完美复制,让人一眼就可以辨别出它的名字,将每一种品牌的生命性标识作为美丽的宣泄,张扬地诉说着它的身份。

如今,一个简单的logo更是承载着企业的无形资产,是企业综合信息传递的媒介。在企业形象的传递过程中,logo也是应用最广泛,出现频率最高,同时也是最关键的元素。企业强大的整体实力、完善的管理机制、优质的产品和服务,都被涵盖于logo中,通过不断地刺激和反复刻画,深深地留在受众心中。

如今的苹果logo不仅在世界上成为独一无二的"上帝之作",更让乔布斯红透了全球。然而,尽管几乎每一本关于标识、品牌的书都会写到苹果电脑的logo,但是苹果公司最早的logo,恐怕今天已经没有几个人知道了。

事实上,当年苹果的第一个logo是牛顿坐在苹果树下读书的一个图案,上下有飘带缠绕,外框上还用了英国诗人William Wordsworth的短诗。这个logo,永远充满人文和人性。

不过,这个徽标只用了很短的时间,乔布斯嫌它太复杂,不容易复制传播,于是,他重请设计师设计了一个更好的徽标:一个被咬过一口的苹果。

正是这个充满乐趣的被咬了一口的苹果,迅速成为市场上那些崇尚个性的消费者的首选,这个俏皮的logo与英特尔组合下的一本正经的PC机阵营形成了鲜明的对比，使用者们甚至通过这个logo寻找与自己抱有同样价值观的人。2003年，苹果又进行了标识更换，将原有的彩色苹果换成了一个半透明的、泛着金属光泽的银灰色logo。新的标识显得更为立体、时尚和酷，更符合苹果旗下的两个具有重要影响力的产品itunes和iPad，因为这两个产品针对的主要是年轻一代消费者，更符合他们的审美和创新的感觉。

随着企业对品牌建设的愈发重视，已经有很多企业通过改变企业logo来塑造和强化自己在中国乃至国际上的品牌形象，传递自己的核心价值。比如早前华为集团在改变logo后表示，这个举动，并不意味着市场策略的转变，是"重新思考了公司的品牌核心价值"所做出的决定，"新标要表达的是华为持续为客户创造长期价值的核心理念"。

事实上，品牌logo最本质的一个作用就是形象识别，让受众在认识logo时认识这个品牌，所以这个形象必须与品牌的核心价值相一致，这也是logo在设计中的最重要的一个原则。曾经有品牌专家表示，logo就像人的发型，"有些人剪的发型很酷，但如果他本人不是一个很酷的人，那只会弄巧成拙"。

当然，尽管如今logo在企业中所起到的作用是越来越大，对市场的影响也越来越强，但是要树立起品牌在消费者心目中的新形象，仅有logo是远远不够的。一个logo并不能决定一个品牌。企业在正确利用"logo营销"的同时，还要加强内部设施的完善，这样定然能够博得更多的忠实"粉丝"。

2.响亮的名字是你的立威标志

一个响亮精准的企业名称，不仅便于辨识和记忆，还会使得它所代表的企业形象更完美。现代市场竞争，已使企业或产品的名字与企业资本、商品质量和价格同等重要，企业、产品拥有一个好名，是现代企业生存和发展的重要举措。

第十二章
品牌建设，营销推广扩大知名度

马云在创立阿里巴巴之前，就曾说过："一定要给公司起个让全世界都能记得住的好名字。"好的名字，不仅会给人留下好的印象，而且还可以让消费者识别与这家企业竞争的对手的产品或服务的区别，可以说企业商标的名称非常重要。

当初马云选作物流时，一直为取什么名字而费尽心思。最终马云一口敲定，就用"菜鸟"这个名字。当大家问马云为什么要用这个名字时，马云笑说："我刚做互联网的时候，很多人说我是一只'菜鸟'，但是正因为我们这批'菜鸟'，马化腾、李彦宏，所有这些'菜鸟'今天都变成了不一样的鸟。今天700万淘宝卖家，中国无数小的卖家，所有在网上做电子商务的都是'菜鸟'，只有'菜鸟'才能飞向千家万户。笨鸟先飞，飞了半天还是笨鸟，而'菜鸟'还有机会变成好鸟。我们取这个名字，就是要不断提醒自己，我们要对社会有敬畏之心，对未来有敬畏之心，我们希望自己成为一只勤奋、努力、不断学习、对未来有敬畏、对昨天有感恩的鸟。"

据了解，"菜鸟"网络计划首期投资人民币1000亿元，第二期继续投入2000亿元，希望用5~8年的时间，努力打造遍布全国的开放式、社会化物流基础设施，建立一张能支撑日均300亿元网络零售额的智能骨干网络(CSN)。规划中的CSN项目将由8个左右的核心节点、若干个关键节点和更多的城市重要节点组成。

企业的名称好比是企业的一面旗帜，它所标志代表的是企业在大众中的形象问题。这是一个企业走向成功的第一步。名字响亮，能让更多的人识别这家企业，了解这家企业生产的产品，这家企业和它所生产的产品才能有广泛的知名度。企业只有有了良好的信誉，才能吸引更多的客户，产生更大的效益。

然而，在如今的企业品牌价格之战中，"品牌命名"策略已经不再单单是给某一产品取个名称那么简单了。实际上，"品牌命名"是一种高难度的思考过程，是品牌定位的深入过程的开始。我们之所以说"品牌命名"，而不用"产品命名",就是因为"命名的过程"是一个将市场、定位、形象、情感、价值等转化为营销力量并启动市场定位与竞争的过程。

知名品牌是靠"名"销售的,"名"是知名品牌产品的市场之魂。例如在国外,就有很多公司都很重视产品名称的设计,有些企业甚至不惜花重金来设计品牌,根据风水来设计产品名称。

位于美国新泽西标准石油公司,曾经为了给产品创造出一个能够通行于全世界、能够为全世界消费者所接受的品牌名称及标志,动用了心理学、社会学、语言学、统计学等各方面专家,历时6年,耗资1.6亿美元,先后调查了55个国家和地区的风俗习惯,对约1万个预选方案几经筛选,最后定名为EXXON,这个堪称是世界最昂贵的品牌。

企业依靠品牌名字,可以一夜暴富,也可能瞬间死亡,这在很大程度上可以解释为是否缺乏核心竞争力。既然企业的名字对企业这么重要,那么什么样的企业名称才算一个好名称呢?

首先,品牌名字要易读易记。因为名字字数少,笔画少,易于和消费者进行信息交流,也便于消费者一次性就记住。比如黄鹤楼香烟、苹果手机、华西晚报、麦当劳、旺旺雪饼、太太口服液……这些不仅易读易记,还给人一种亲切感。

其次,公司名称应符合公司理念、服务宗旨,这样有助于公司形象的塑造。如蓝鸟大厦的"蓝鸟"两字,真犹如蓝色海洋中的一座岛屿,宁静、祥和,为了给人们提供一方憩息之地,向消费者倾出了"蓝鸟"之情,从而树立起良好的公司形象。

最后,好的企业名称还要有时代感,要国际化,如果不能引领时代,就要与时俱进。比如可口可乐,它是可乐的代名词,也是这个时代最为流行,最为广泛的品牌,使它在世界的饮料业树立起了良好的品牌形象,这也是百事可乐永远也竞争不过可口可乐的原因。

企业名字不单纯是一个符号,在其背后有着思想的寓意、文化的背景、理想的存在。管理者如若能够一开始便为企业定好位,并且赋予企业一个内涵丰富、寓意深刻的名字,那么自然能够旗开得胜。

3.品牌营销最重要的是"专业"

这个竞争越加激烈、职能分工越来越细的营销时代,同样也是一个追求专业化和效率化的时代。对伴随市场经济发展而不断摸着石头过河的国内广大企业来说,它们正面临着品牌的突围、市场的扩张、营销手段的升级等问题。

马云曾经说过,"品牌营销最重要的是'专业'"。一个品牌能否快速有效地打进市场,最重要的是看企业内部的机制是否完善,营销策略是否符合专业市场需求。因为如果企业要实现品牌的突破,那么首先就要将"专业"摆在第一位。

如果是一家新成立的公司,取名为"菜鸟",本也无可厚非,但其由阿里巴巴集团、银泰集团联合复星集团、富春集团、顺丰、"三通一达"(申通、圆通、中通、韵达)等机构共同成立,仅从这份名单上我们就可以看出,这意味着其绝非真正的"菜鸟"。

2013年,"菜鸟"网络的成立让业界看到了一个"另类"的解决办法。作为被业界热议了近半年之久的CSN项目应运而生,"菜鸟"网络专注打造的CSN中国智能骨干网,将通过自建、共建、合作、改造等多种模式,在全中国范围内形成一套开放的社会化仓储设施网络。同时利用先进的互联网技术,建立开放、透明、共享的数据应用平台,为电子商务企业、物流公司、仓储企业、第三方物流服务商、供应链服务商等各类企业提供优质服务,支持物流行业向高附加值领域发展和升级。"菜鸟"品牌营销的专业化,最终将促使建立起社会化资源高效协同机制,提升中国社会化物流服务品质。

品牌营销,特别是现实的销售,对一个企业来讲,是一个不可回避的问题,它直接影响着一个企业的生存与发展。更为可怕的是,在竞争的压力愈发增加的时候,企业的决策者往往会失去冷静,顺理成章地花费巨大的资金在自己的营销部门上。然而,他们却忽略了一个基本的经营原则:集中精力、聚焦资源在自身的核心优势上,以最小的投入获取最大的收益。

专业的品牌营销,往往首先要找到自己的文化基因,等到真正精确定位自己无法模仿的品牌文化之后,再借助专业的咨询公司,不断挖掘、"神话"和丰满文化的内涵。长此以往,这种品牌文化机制就可以为企业的迅速崛起注入强大的动力,企业品牌才可以深入人心。

品牌营销是企业营销中的一门学问,当然也是企业发展过程中所必须要了解的战略方式。专业化的营销会让企业看上去更加有突围的优势,而且还能让消费者更加的放心,增加消费者的信赖感。

瀑布啤酒原本是贵州啤酒第一品牌,但是近年来,由于外来品牌的激烈竞争,使得瀑布啤酒失去许多市场份额。在此背景下,瀑布公司推出了新一代的纯生产品,希望借其重夺领地。

在这个关键时刻,高度咨询机构为瀑布纯生啤酒进行了系统的品牌规划工作。高度咨询机构认为,啤酒作为一种区域性很强的消费品,建立与当地消费者的情感连接是关键。而瀑布品牌在传播中,没有充分利用其"贵州本土啤酒"这一特殊优势。因此,高度咨询机构为瀑布纯生啤酒制定了品牌定位——"贵州人自己的纯生啤酒"。

在传播上,瀑布公司以"一支瀑布纯生,十足贵州感觉"的广告语为主线,紧紧围绕品牌定位进行的品牌形象设计、终端形象设计、"贵州风采标"促销活动等也在同步开展。由于定位精准,产品上市后,引起贵州消费者的极大共鸣,并成功地使瀑布公司与其他竞争对手区隔开来,瀑布纯生啤酒甚至出现脱销场面。通过以上的整合传播活动,瀑布纯生啤酒大大提升了瀑布品牌的综合价值,为瀑布公司后续的营销活动打下了坚实的基础。

在激烈的市场竞争中, 每个企业都必须拥有自己的核心竞争能力,这是颠扑不破的真理。然而,由于资源有限,一个企业不可能在每个环节都能建立起强有力的竞争优势。企业必须集中有限的资金与资源,来不断聚焦、强化自身的品牌竞争,从品牌优势战略上着手,才能实现竞争优势所产生的经济效益的最大化。

专业化的品牌营销的方式有很多,例如利用口碑、网络,等等。但是不论采取哪种方式,企业都要记住,不要偏离自己品牌所要体现出来的价值文化。从一线销售的层面开始做起,打造企业品牌独特的凝聚力,这样顾客才能源源而来。

4.品牌绝不是广告砸出来的

企业利用广告为品牌扩大声势,增加品牌效应,是不错的选择。然而,如果企业一味地将资金投放在广告上,那么可能最后就会得不偿失了。因为品牌绝不是靠广告砸出来的,广告只会将你的产品的成本提高,以至于客户买不起。

有专家说过,在市场不成熟的情况下,企业先不要谈做品牌,或者说不要一味地去做品牌,而是要先做销量,有了销量,有了大量的消费者和忠实顾客之后,企业的产品自然就成了品牌。也可以说,品牌不是用广告炒作出来的,而是企业的产品赢得了消费者的钟爱后形成的。

2012年,阿里巴巴集团董事长马云在公司内部博客上发言称,品牌不等于广告,广告砸出来的只是知名度,品牌是口碑相传的,是有文化内涵的,绝不是广告砸得出来的。

马云解释道,在没有明确谁是客户,你能给客户带来什么独特的价值的时候,没有一个可持续的质量、团队、文化,广告只会给你带来知名度,光有知名度,往往给企业带来的只是增加成本,而不是效益。

做品牌是需要时间的,品牌是要口碑相传的,品牌里是带有文化和精神的。很多人误以为广告就等于品牌,但做广告却会给你增加很多成本。你要明白,你做广告的原因是什么:是你的产品什么都很好,也知道客户非常需要,只是客户不知道在哪里找到你,你做广告是有用的。你现在连客户在哪里都不知道,客户要不要你的产品都不知道,打广告打出知名度有什么用呢?

企业要提高自己的知名度,肯定无形中会增加宣传成本,而这个成本一定会转嫁到客户头上,而客户没有必要,也没有责任为看你的广告而付钱。凭什么因为你有知名度,我就买你的产品,更何况客户还有更多更好的选择。

广告的本质是传播,广告的灵魂是创意,传播就是传播某些信息。如果管理者认为只要消费者能无时不刻地看到某个标志,就能牢牢记住这个品牌并购买,这就大错特错了。广告本身只能帮你传播品牌的价值。不管是企业的市场部还是媒体人,都应该多花些精力在广告内容上,也就是实际产品上,而非单纯寻找广告位上。

纵观现在的企业,无论外资或国产,无不都在关注两个方面,一是终端渠道,二是品牌。但引人深思的是,到目前为止,除了有雄厚资本、有着巨大广告投入的外资品牌之外,反之,那些看上去不太注重品牌,没有多少知名度的品牌,却并没有在广告上下多少功夫,而是在渠道建设上有着自己的独到之处,通过另外的优势,将品牌发展得风生水起。

例如,在以化妆品为主的传统行业中,娇兰佳人、雅丽洁等,少见有广告轰炸,但是却是业绩骄人。而早些年很多曾经辉煌的企业,也没有将目光全部放在广告上,而是依靠着一些产品的渠道优势,让自己突飞猛进。由此可见,产品品牌价值观的体现,不一定非要砸入大量的广告,如果内部渠道正确,而且产品质量有保障,同样能够引起消费者的重视,从而打响企业品牌的知名度。

从借款10万美元起家到销售额达到10亿美元，优派集团董事长兼CEO朱家良只花了不到20年。但更让人惊叹的是，他甚至将美国市场占有率第一的显示器品牌NEC拉下了马，使优派登上了美国独立显示器第一品牌的宝座，成为了名副其实的全球显示器老大。朱家良说："我用一个很友善的东西，很平易近人的东西来做商标，反倒是出奇兵。"

尽管如今的事业越做越大，但是在企业品牌宣传上，朱家良却表示，绝不要在广告上花太多钱。朱家良说："因为我觉得品牌不是用钱砸出来的，不是你花了多少广告费就能够得到结果的。根据我们研究，消费者要买你的产品，至少要看到9次以上，而且不见得你每一次登广告消费者都能看得到，至少你要登3次别人才看到1次。所以我们看呢，9次乘以3，27次，当你的广告登不满27次你就停的话，等于钱丢到了水里面。所以要想做出品牌效应，绝对不能想要短时间就能成功，不会的。"

企业做品牌，一定要在好的口碑的基础上，因为品牌里还带有文化和精神。企业做广告，通常是产品什么都很好，客户非常需要，只是不知道在哪找到你，这样的广告自然是有用的。但是客户资源都没有，产品还没有好的渠道供应，就冒然大肆地砸广告，这样反而会导致企业的资金周转出现问题。

因此，企业管理者要明白，产品是不是品牌，算不算品牌，根本不是你能说了算的，消费者才是最好的裁判。而企业作为一个参赛者，不拿出最好的东西来呈现给裁判，不把自己表现给裁判，而是用广告去标榜自己如何，这样必然会陷入误区。所以，品牌不等于广告，广告砸出来的只是知名度。品牌是口碑相传的，品牌的"品"就是口碑相传，"牌"是要有品位。品牌是有文化内涵的，绝不是广告砸得出来的。

5.追求品牌结果,还要注重实效性

世界著名市场营销权威菲力普·科特勒指出:"市场营销要求企业经理们在设计、生产和销售产品之前,能清楚地确定他们的目标市场和顾客的需要。这样,企业生产出来的产品才能更好地同顾客利益相一致,并将更容易地销售出去。"

在营销的过程中,不仅要追求品牌的结果,更要注重其最后的时效性,这同样也是马云所要阐述的观点之一。马云管理阿里巴巴时,眼光不仅仅落在销售的战略策划中,更注重战略实施后所能带来的效果如何。正因为此,他才能在既"营"又"销"中获胜。

在某期"赢在中国"中,比赛的任务是销售汇源公司的儿童饮料高端品牌——百利哇。这次比赛是一次完整的营销过程,选手们除了要分析目标消费者、选择产品、制定价格,还要根据竞争者来及时调整策略,并且要控制好库存。每队有活动经费500元。

当选手们完成任务后,马云如此点评道:"我觉得有几个原因把红队留下。你们不断解释营销,何谓营?何谓销?你们第一天就确定了战略思想,'销'远远大于'营',以结果为导向。你们都知道,汇源不会靠你销售250箱饮料来挣多少钱,汇源朱总是希望通过这个活动能够产生一定的影响力。但在整个活动过程中,我看见你们忙运货、搬货,再运货,而在蓝队那边,我看到的是蜘蛛侠飞来飞去,他们在'营'的过程中不断沟通,事后客户对汇源产品的理解度远远超过了你们。所以我想,'营销'这两个字强调,既要追求结果,也要注重过程,既要'销',更要'营'。商业一定是门艺术,你既可以这样做,也可以那样做,但不能走极端。比如说,你需要听话的员工,也需要能干的员工,很听话但不能干的员工不能用,但能干不听话的员工也没有用。员工最好是又听话又能干，所以我们的营销既要有影响力，又要有结果。"

在我国，其实还有很多企业还未能够运用市场营销这门学科来指导企业的运作。例如，不少企业在产品开发出来后才匆匆忙忙地研究销售问题，确定目标市场，这种非程序化的作法，距市场需求相去甚远。或者是市场需求已经饱和的产品，或者是质量滞后的产品，缺乏市场竞争力，又怎么能销售得出去呢？

事实上，企业前期市场营销的核心内容，应该是在产品开发之前，采用科学的理论和方法进行超前性地、科学地市场分析和市场预测，从而清楚地确定产品的目标市场和消费者的需要与欲望，这是营销当中最重要的一个环节。

然而，所谓"营销"，企业不仅要专注于如何去经营，更要注重于"销售"。经营是企业制定战略计划中的一个步骤，然而，这只是对结果的一种预测和实施，并不能保证这个策略能够达成最终结果。如果企业一味地将目光重点投放在怎么制定策略上，而不去调研策略是否具有时效性，那么最终结果也会不尽如人意。

自马云确定要进入物流业之后，他对"菜鸟"的商业模式一直就未予透露，但他的目的是集合五大快递公司共建这张智能骨干网，提高时效、降低费用。在业内人士看来，"菜鸟"网络平台对现有物流资源的整合，是达到这一目标的唯一途径。"比如一家快递公司收到一个发往北京的包裹，恰好没赶上这班车，这个包裹就需要在仓库耽误几个小时甚至一天。而通过"菜鸟"网络平台，这个包裹就可以搭上另一快递公司的车辆，减少等待时间"。一名物流业内人士称，"同理，一个写字楼现在可能各家快递公司的业务员都在跑，但如果集中为一个人负责，成本会节省许多，而且每人只负责一个小区域，效率也会提升。"

任何商业计划中都有一个明确的目标,企业品牌营销也是如此,它是企业整体营销的一个手段、辅助和补充。品牌必须遵从一个目标或者一个主体,并且围绕企业的整体目标来进行营销,这样才会遵从时效性,从而给企业带来质的飞跃。

另外,企业在塑造品牌的过程中,不要过于遵从完美的战略过程,毕竟企业的品牌个性不只是在如何经营上展现出来的。品牌的推广不仅要实用,更要将企业商品的信息尽可能地传递给用户,这样才能吸引到用户的注意。

追求营销结果是企业的一个方面,另外一个方面,还要注意其是否稳定而且兼具时效性,只有在这种意识下对产品进行推广,才能真正让品牌能够走得更加长远。

6.新时代的营销:整合营销(阿里大物流已与"菜鸟"合并)

整合营销是以消费者为核心,重组企业行为和市场行为,综合协调地使用各种形式的传播方式,以统一的目标和统一的传播形象,传递一致的产品信息,实现与消费者的双向沟通,迅速树立产品品牌在消费者心目中的地位。

利用整合营销建立与消费者长期密切的关系,企业将会更加有效地达到广告传播和产品行销的目的。这也是为什么马云刚将目光投向物流界,就大力推举整合阿里大物流与"菜鸟"合并的原因。此类营销方式,显然已经成为了马云"二次上岗"的主打目标。

2013年9月,久违的马云出现在"菜鸟"网络第一次员工大会上,并宣布将阿里巴巴大物流与"菜鸟"合并。关于双方的合作细节,阿里巴巴及"菜鸟"方面均未对外披露。但阿里巴巴表示,整合阿里物流事业部与"菜鸟"网络，是阿里集团加大在物流方面的投入、推进大物流战略的重要一步。希望通过有效整合，用数据化的平台，助力整个物流行业的发展，共同提速"中国智能骨干网"的建设。

关于阿里大物流战略，是在淘宝大物流计划基础之上延伸而来。早在2011年，马云就曾宣布，在未来两年里，投资100亿人民币，打造开放、分享的物流体系生态圈。同时，阿里巴巴方面还启动了物流信息管理系统"物流宝"。

"物流宝"的关键在于通过数据化分析追踪各地物流资源的使用情况，减少货物在各地间的流转，以达到降低成本和提高效率的目的。这种模式可以看作"菜鸟"的雏形。此前，曾有媒体指出，阿里大物流在内部被称作"天网"，而"菜鸟"的代号则为"地网"。而今两者合并，也意味着以数据为主宰的阿里物流管理系统与连接各大仓储的主干配送网络正式衔接。

有句经典电视广告语"最好的防守是进攻"。在当今竞争如此激烈的市场中，谁都不愿意把机会留给竞争对手。如果企业经营管理者能够当机立断，更新理念，敢于抢在竞争对手之前占领优质资源，那么就会在动荡的格局中迅速立稳脚跟，成为该行业的领头羊。

整合营销是新时代营销方式当中最有利于中小企业打入市场的战略方式之一。与大企业相比，小企业除了拥有决策迅速、行动灵活的优势外，在品牌、资金、人力资源等方面都先天处于劣势。如果想要改变这一劣势，就应当强强联手，通过重新规划整理，了解市场消费需求，重组企业行为，从而让自己迅速摆脱掉劣势。

事实上，在大企业市场阴影的笼罩下，一些中小企业能生存下来已属不易，因此，中小企业要获得发展，则需要付出更多的心血。整合营销方式，在中小企业的生存发展中，是最便于它们进行市场营销或者在产品销售上取得突破的。整合营销能刷新企业旧规则，建立起全新的管理机制。

激 情 颠 覆
——站在新起点的马云

上海艾摩作为国内最早尝试微博和手机整合营销的公司，它以美国 Radium One 为标杆，做了不少有益的尝试，其业务涵盖微博营销、手机营销和手机电商。从2011年开始，上海艾摩通过下属的"微立聚"微博营销平台和摩云手机营销平台，为国内外众多企业提供微博和手机整合营销，其中包括强生和百事等国际知名品牌。

但艾摩在为电商服务的营销实战中却发现，电商营销具有独特特点。针对这种情况，艾摩自制研发出"立即推"电商微博效果营销平台，专门为电商企业提供微博营销。相比"微立聚"等微博平台，"立即推"弱化对评论和转发的追踪，强化对链接点击的分析和追踪，在此基础上，优化投放组合，最大限度提升电商微博营销的ROI。

消费者如果通过PC访问，"立即推"和摩云就把消费者定向引导到电商PC网站；消费者如果通过手机或者PAD访问，"立即推"和摩云就把消费者定向引导到电商的手机网站。这种整合营销模式，可以最大程度地有效利用流量资源，也可以为消费者提供更好的购物体验。

整合营销的方式实际上也就是企业的一种互动营销，它能够打破传统营销中品牌对消费者不对称的信息传播，从而为整个企业带来无限活力。企业只有与消费者进行充分的沟通和理解，才会生产出真正适销对路的商品。互动营销的实质就是充分考虑消费者的实际需求。

企业如若想要打破以往中小企业的劣势存在，那么不妨尝试一下新时代的整合营销，这样将有助于企业更贴近消费者，更熟知市场需求，而且利用优势互补的原则，还能帮助企业获得更大的好处。

7.企业离不开适当的宣传造势

马云说："我们绝对是放眼世界的，真正做到打到全世界去。"时至今日，马云的目标终于实现了，他已经让全世界人见识到了阿里巴巴的神奇，并已经让全世界人知道，阿里巴巴是一家让全世界华人骄傲的中国公司。可以说这一切的成功，都少不了马云在背后对阿里的大力推广与宣传。

如今是信息社会，每一天每一秒都会有无数的信息快速传递到人们眼前。而企业要想将自己的产品更好地推入市场，并且让自己的产品被消费者所知，那么就必须以借势造势的方式巧妙地对产品进行宣传。只要你第一时间扩大产品的影响力，就一定能够打入到消费者心中。

1995年，人们对互联网的认识还不深刻，当时的媒体也不如现在活跃，那个时候的马云也还没有想到什么好的法子来让自己、让中国黄页得到媒体和舆论的认可。但是就在马云思考的间隙，何一兵的一句话刺激了马云的神经，他对马云说："要是你能说服《人民日报》上网，那么你的广告宣传、你的声势一下子就起来了。"

让《人民日报》上网，在那时候看来简直就是天方夜谭，然而马云却做了。1995年年底到1996年年初，言出必行的马云再次来到北京，靠着一份机缘，他认识了当时时任《人民日报》未来发展局的局长谷家旺，并因此给日报社的同事演讲了两次有关互联网的知识。演讲结束后，一位领导走了过来，握着马云的手说："你讲得真好。我们明天就打报告给中央，让《人民日报》上网。"

《人民日报》上网之后所引起的轰动效应可想而知，马云也成了中央电视台《东方时空》的采访对象。马云在做完这一切之后，网络也逐渐开始热起来了。尤其跨入了1997年以后,北京的互联网开始火起来,大街小巷开始遍布着网络公司,开枝散叶般,犹如唐朝边塞诗人岑参的著名诗句:"忽如一夜春风来,千树万树梨花开。"

企业在市场竞争的商战中,只有占有优势,才可先声夺人。所以企业无势者需造势,无力造势者需借势,有势者需用势,这样才能扩大企业的品牌知名度,在消费者心中起到更大的影响作用。

尤其是一个刚开张的新企业,一种刚上市的新产品,其知名度本就很低,无法获取消费者的信任,这个时候,企业就更需要造势以提高知名度,以势为其鸣锣开道。通常情况下,一个实力雄厚的知名企业,一种名牌产品,虽然已有了一股势,但是为了扩大宣传,在竞争中占有更好的优势,那么也需继续造势,以巩固市场,提高形象。

孙子兵法云:"激水之疾,至于漂石者,势也。"湍急的流水,飞快地奔流,以至于能冲走巨石,这就是势的力量。当然,企业借势造势的技巧有很多。企业可就当前热点流行的特点来策划,或者使用新颖的模式来包装产品,或者与相关媒体合作,增加企业产品的曝光率,这样就能有益于活动的宣传效果。如果将企业造势借势的方式归类总结,主要有以下几种可供企业具体参考:

1.营销造势。营销是品牌传播的第一大途径。通过会销、促销等手段将产品卖到客户手中时,也把企业的理念、logo、文化等品牌要素传递了出去,进而达到了品牌传播的效果。

2.广告造势。广告是品牌传播最快捷的途径。蒙牛的品牌崛起就是因为"创内蒙古乳业第二品牌"的广告宣传,从此广为人知。因此,企业在进行品牌造势时,广告不失为一个好的选择途径。

3.网络造势。如今的互联网已经遍布全球,而且已经成为人们生活工作中不可缺少的一部分,而网络推广的便利性与低成本,决定了其在不久的将来会起着举足轻重的作用。所以,企业有必要将目光循序渐进地转到网络上进行品牌推广,这样,受众的人群会更多,使这种推广的方式起到更大的作用。

4.政策造势。每年国家的政策都在不断地进行改变,对不同行业、不同部门的相关规定,企业也应该重视起来。例如,当年国家推行绿色环保为宗旨时,不少企业就打着绿色无害的旗帜为自己的产品做宣传,这样既响应了国家号令,而且还博得了消费者喜爱,此可谓一举两得。

或许,有人会认为,实力本就是一股强势,人为地再造势,无非是花拳绣腿,其实这种观点是有失偏颇的。有实力固然好,但是企业的实力还应当被消费者认识到,这样,消费者才会对企业产生认同感和信任感。因此,企业造势与不造势就大不一样。企业搬家,是再平常不过的事。不造势,路人视而不见,造了势,就可能引起冲击心理的强大轰动效应。因此,可以说,企业想要在市场上走得更加顺利,让产品的存活率更加高,那么就绝对离不开宣传造势。

第|十三|章

企业文化，
靠价值观打天下

1.文化是企业的DNA

如今,企业文化建设正日益成为推动企业发展的动力源泉,成为提升企业竞争力、支撑企业发展的重要因素。企业应该具有高度的文化自觉,充满文化自信,进一步提高文化含量,这样才能为企业的未来发展注入强大的精神动力。

马云曾经说过:"员工必须坚持理想、使命感、价值观,一代代地传承下去。像DNA(生命的遗传物)一样,这个公司的人可以老去,但是这个企业的文化必须继承下来,一代代传下去,才能有不断的创新。"

2010年,帮助中小企业破除融资瓶颈的"四川中小企业融资峰会"在成都召开。在峰会召开前夕,马云表示,希望社会各方能共同携手帮助中小企业解决成长中的各种瓶颈,并且启动了其倡导的小企业商业智慧分享平台——"云计划"。下面便是马云在"云计划"中所谈及的有关公司文化时的发言:

第十三章
企业文化,靠价值观打天下

"大企业的文化是从小企业开始建起来的,不能等企业大了以后才开始讲企业文化,到了中型企业时才开始讲制度。小老板管理是靠文化,靠价值观。靠自己的价值观来管理公司,所以说创始人实际上是这个文化最早出来的基因。

"员工的梦想很现实,他必须要生存。如果员工基本的生活保障都得不到满足,他在这儿工作没有得到荣耀,没有成就感,没有很好的收入,回家都不好意思说,带回家的钱不能让他在老婆孩子面前有骄傲,你要他为你而骄傲,不可能! 一个企业懂得用文化,它才会成为中型企业、大企业。

"对员工的物质激励,只能满足员工,不能让他有幸福感。幸福感是因为员工有信仰,他们相信公司对社会是有贡献的,公司对客户是有贡献的,我对公司是有贡献的——这样的员工容易管理。真诚地尊重你的员工,倾听你的员工,并且把你的难处跟他们分享,你就能'得到'。"

以马云为首的高管团队,从阿里巴巴创立的第一天起,就非常注重激发和保持员工的工作激情,马云更是亲自投入大量精力在企业文化建设与人力资源管理方面。阿里巴巴的内部员工说,马云不懂财务与技术,也很少花精力于财务和技术方面,他更倾向于与人力资源部的沟通与交流。

企业要想提高竞争力,推动企业内部发展,那么就必须重视企业的制度建设。因为企业文化不仅体现了整个企业的精神核心要素,更会让每位员工耳濡目染,从而在企业形成良好的工作氛围。

当然,我们这里所讲的企业文化并非特指那种着重于视觉和听觉的统一标识,而是对员工进行思想理念上引导的一种文化,这种"文化"能够让企业的全体员工都能由衷地为实现企业共同的愿景、共同的价值观去努力奋斗,从而提升企业整体士气。

在中国公司中,海尔集团是实施文化管理模式最为成功的典范。海尔运用公司文化激活"休克鱼"的做法,树立了中国公司文化管理的一面旗帜。在海尔成长的过程中，不断有兼并其他公司的事情发生，但是海尔每次都能够让那些濒临死亡的公司起死回生。秘诀就在于，海尔将一切都统一到了自己的文化框架内。

海尔刚兼并红星电器厂的时候，红星电器厂已经亏损严重，但是当海尔的管理人员进入红星电器厂后，当月就扭亏为盈。海尔没有向红星电器厂投入一分钱，仍旧用的是原来的设备、原来的人。而且海尔第一次进入这家公司的部门不是财务部，而是公司的文化中心。通过公司文化中心把海尔的经营理念与模式对员工进行讲解，整个公司就活了起来。海尔认为，要想让资产"活起来"，那么就要先让人"活起来"。

海尔的管理与国际公司的文化管理一脉相承，其成功的核心都是因为管理者充分实现了对企业内员工的关注，因为对人的关注，才让管理回归到了本原。这种与员工之间的交流，不仅大大加强了企业文化的传播，而且还为员工树立了信心与勇气。

华为总裁任正非曾经说过："文化为华为公司的发展提供土壤，文化的使命是使土壤更肥沃、更疏松，管理是种庄稼，其使命是多打粮食。"一个公司的文化必须紧紧围绕公司发展战略这个轴心所展开，这样才能提升公司理念，优化管理，调动员工的积极性。

正所谓"皮之不存，毛将焉附"，那种脱离公司发展战略的公司文化建设，无论管理者所实行的形式多么多样化，也无论投入多少人力及财力，都不会有什么实际意义和价值，也不会有太久的生命力。

企业文化是最强的竞争力，公司发展从根本上靠的是文化。如果一个企业想要得到更好的发展，那么就必须将文化重视起来，切勿丢了至关重要的核心"DNA"。

2.具有雅虎特色的阿里文化

商场每日都在发生变化，大公司兼并小公司，小公司之间整合并购，这些都是十分常见的事情。然而，公司与公司之间的合并，同样也代表着不同企业文化的融汇。当企业遭遇"冰"与"火"的碰撞时，又该怎么办呢？

马云手下的阿里巴巴当年兼并雅虎时，也曾面临企业文化整合的特殊使命。然而，对着雅虎众多员工，身为阿里董事长的马云依然沉稳淡定，一手打造出了极具雅虎特色的阿里文化，让每一个新进员工都为之佩服不已。

2005年8月，阿里巴巴收购雅虎中国后，雅虎的700多名员工搬到了位于北京CBD一隅的温特莱中心。由于历史上经历了多次的并购、整合，雅虎中国员工"成分"复杂，包括原雅虎、原3721、部分从263过来的人以及从阿里巴巴调过来的员工。

"那时我内心感到非常折磨，恨不得马上把雅虎的所有做法都变成阿里那样，"老阿里人戴珊回忆起一年多以前，她刚到雅虎任HR主管时的情形，"但是，马云说雅虎需要的是'有雅虎特色的阿里文化'，这句话对我启发很大。"

"在雅虎，我发现员工之间最缺的是欣赏，从那以后，戴珊开始身体力行地从小事做起，努力把阿里巴巴的一些传统带到雅虎。例如，在电梯里，只要看到戴紫色员工卡的人，即便不认识，也主动微笑着跟他们打招呼。2006年年底，戴珊和同事们精心策划了一场年会，评选了8名"优秀员工"。年会的颁奖仪式上，获奖员工的父母突然出现在现场，说出了他们对自己孩子工作的支持和感想，在场的获奖者甚至一些观众都被感动得热泪盈眶。

戴珊还在雅虎充当起了"政委"的角色，在人事工作以外，为雅虎的同事们在工作、生活上排忧解难。设立"政委"一职,也是阿里巴巴的管理特色之一,其职能和中国部队里的"政委"类似,主要负责为员工提供业务以外的咨询和关怀。令戴珊倍感欣慰的是,她离开雅虎回到杭州之后,竟意外地收到了雅虎一名技术人员的E-mail,仍然向"政委"咨询对自己今后职业发展的意见。

文化渗透于整个企业系统中,它对企业系统的影响是隐性的、潜在的,但又是至关重要的。一个成熟的企业系统,不仅应有完善的组织结构,而且还要有较为深厚的组织文化。然而,当企业面临特殊前景之下的文化整合时,一定要处之泰然。只有有效利用两种不同文化的融合,才能让每一个员工都能尽快适应这种变化。

当然,虽然完全自由放任这一文化整合过程是可以实现的,但是,这一过程的缓慢和持久,以及其整合方向的随意性,很难适应企业的发展,甚至不利于企业发展。也就是说,企业文化整合首先是对企业内部不同文化或文化因素的一体化整理和结合,必须形成统一的文化主张和文化体系。

例如,对两种不同文化汇总所产生的负作用,一部分就主要表现在员工对新企业文化的茫然,有些老员工甚至可能因为无法立马接受新企业文化的进入而让工作效率降低。这个时候,企业一定要有效引导员工对新企业文化的认识,并且逐渐带领员工投入到新的工作环境中去。

2004年,联想并购IBM,一跃成为全球第三大PC制造商。尽管这在外界看来是一个蛇吞象的并购,然而联想集团创始人、名誉董事长柳传志却认为,归根到底,并购的成功,是在于最高领导层团队,国际团队合作的成功,董事会合作的成功,董事会对最高团队的支持,以及全体员工对一个共同的核心价值观的承认。

柳传志说:"经过这么多年,我自己再体会的话,所谓人们常说的文化磨合,其实就是来自于不同企业的人、不同国度的人、有不同背景的人怎么在一起配合工作。这就是所谓文化磨合的真谛。

"我举一个例子。联想现在在欧美市场上，不但份额大幅度提升，远远超出了同行和市场的平均增长量。关键的是，在欧美市场上，我们没有派出一个中国人担任领导，战略执行是完全一样的。企业文化、核心价值观是完全一致的。是怎么做的呢？出井先生可以证明，这是最高管理团队，这个叫做执行委员会的组织里面，CEO和他的同事有四个中国人，四个外国人，非常好地融合在一起，共同制定战略，所有人承认这个战略，能把它分拆下去。员工都要承认这个企业非常简单的，但是很有效的核心价值观。两句话：说到做到、尽心尽力。"

在企业兼并实践中，与企业兼并同步而来的往往是两种企业文化的碰撞与融合，这就存在着文化不兼容的风险。每一个企业均有其企业文化，购并中的文化冲突是难以避免的。但是如果企业能够后退一步，给予前企业文化一定的容纳消化空间，那么时间一久，自然慢慢两股文化就能如同扭麻花一样扭在一起。

90年代初，日本大公司进军好莱坞，真可谓气势如虹，然而，仅仅半年就铩羽而归。究其原因，资金雄厚的日本人正是输在了文化整合上。企业办到了美国的环境里，日本人却没有融入美国文化中，最终只能撤出好莱坞。而海尔集团兼并青岛红星电器公司，因注重了文化整合，却收到了事半功倍的效果。

企业也是由文化维系的不可分割的组织，企业人的直觉、传统和信念是重要的选择基础，这些都与文化息息相关。企业在做并购的过程中，一定不能忽视不同文化的交融汇合，这样企业才能在新文化传播下，带领员工做出更好的业绩。

3.企业管理思想可复制,但不盲从

马云曾经在自己的员工大会上讲过:"我们believe才会学习,所以不要去管别人怎么说,也不要去管别人怎么看我们。疯人院里面的人从来不相信自己是疯的,而我们在这里的人也不能相信自己是傻的。听到了,断言、重复,传言'我是第一',传十遍,然后不断地重复说一百遍,然后你就是第一了,很多事都是这么起来的。"

管理者常犯的一个错误,是根据一些未受质疑的管理信条做决策。因为盲目追随这些信条,往往最终在不经意间伤害了企业,甚至一手加速了企业的衰亡。实际上,企业管理,不仅要有所为,也要有所不为。可以借鉴他人好的东西,但是也需根据自身情况定夺。

1999年春节之前,马云带着原班人马从北京杀回了杭州,为即将到来的新事业做前期准备——他们准备做一个电子商务的网站。但是工作刚开始,大家便有了不同的想法。有人主张做B2C,有人提出做C2C。最后,马云做出决定,他说:"我们就做B2B。"

当时大家都觉得这个想法不太可能实现,因为当时互联网上还没有这种模式,至少中国的互联网上还没有。但是马云却说:"如果一个想法80%的人都说好,那么你可以直接将它扔进垃圾桶。如果大家都想得到,别人能比你做得更好,你还做什么?"他当即拍板就做B2B。事实的确如此,马云是对的,阿里巴巴获得了空前成功。

有句话说得好:"当你坚信自己是对的时候,你的世界都是对的。"有许多人,相信别人很容易,却在"相信自己"这个问题上优柔寡断,可想而知,这是一种多么软弱而愚蠢的行为。

第十三章
企业文化，靠价值观打天下

很多失败的管理案例，其中关键的错误原因就在于管理者盲目从众、随大流的心理。持这种态度的领导者不敢拟定和选择有自己想法的方案，习惯跟在别人后面，盲从、模仿、抄袭。

马云曾经对年轻人建议道："人必须要有自己坚信不疑的事情，没有坚信不疑的事情，那你不会走下去的，你开始坚信了一点点，会越做越有意思。"并且鼓励大家，"不管别人怎么说，我们坚信一定不在乎别人怎么看待我们，我们在乎怎么看待这个世界，如何按照我们的既定梦想一步步往前走，这是做任何事一定要走的一条路。"

创造了一代商业神话的"苹果"发明人乔布斯，小时候家庭并不富裕，当其养父母几乎花光所有积蓄供他进入里德学院后，令他们没有想到的是，乔布斯在仅仅上了六个月之后居然主动申请退学了。

退学以后，乔布斯仍然留在里德学院中，但让人匪夷所思的是，乔布斯虽然退了学，却全程旁听了一门课程。乔布斯这一特立独行的举动在当时的校园里颇受争议，放着自己的专业课不去上，退学之后反而选择一门无关紧要的选修课，很多人都觉得乔布斯是疯了。但一切人的质疑都没有让乔布斯改变自己的想法，他依然按时到美术字课堂"报到"。经过十二个月的学习，乔布斯掌握了san serif和serif字体，学会了在不同的字母组合中改变空格的长度，还知道了怎样才能做出最棒的印刷式样。

乔布斯用一年时间学习到的这些东西，在当时其他人看来，简直就像是吹口哨一样无用，事实上，就连乔布斯都没有看出来它们有什么实际应用的可能。但是，在十年之后，当他与沃兹尼克设计第一台Macintosh电脑的时候，他却豁然开朗了，他把当时在美术字课堂上学到的知识全都设计进了Mac。Mac是历史上第一台使用了漂亮的印刷字体的电脑，因为其丰富的字体和赏心悦目的字间行距，而受到了很多文字工作者的青睐。

这个世界上有很多事情，本无对错。所以任何一个管理者都应当具备坚定性，这种坚定是以主见为前提的。如果一个管理者做决定时总是顾虑太多、犹豫不定，必然会错失良机。

乔布斯曾经说过："你的时间有限，所以不要为别人而活。不要被教条所限，不要活在别人的观念里，不要让别人的意见左右自己内心的声音。最重要的是，勇敢地去追随自己的心灵和直觉，只有自己的心灵和直觉才知道你自己的真实想法，其他一切都是次要。"

比尔·盖茨1973年进入哈佛大学求学，在常人看来，进入了这样的高等学府，必然会万分的珍惜，但是比尔·盖茨却在两年后向学校提交了申请，要求退学。对比尔·盖茨的这一决定，许多人都十分惊讶，而且不少同学都要求他慎重考虑。然而，他依旧坚定了目标，最终创立了微软帝国。

坚定方向，绝不动摇，不徘徊、不懈怠，不为任何风险所惧、不为任何干扰所惑，这是管理者必备的素质。

4.价值观是企业最值钱的东西

每一个成功的企业都有它最最引以为豪的东西，阿里巴巴也有，那就是它的价值观，马云甚至把它称之为阿里巴巴最值钱的东西。

马云说："我们的一位高管进阿里巴巴后问我，阿里巴巴有价值观没有？我说有啊，我于是仔细地想了想，从1995年开始，是什么让我们这些人活下来：群策群力、教学相长、质量、简易、激情、开放、创新、专注、服务与尊重。没有这九条，我们活不下来。所以这九个价值观是阿里巴巴最值钱的东西。"

在阿里巴巴，绩效考核中，不仅包括了对员工业务绩效的考核，还包括了对员工价值观的考核，而且对员工价值观的考核要大于对员工业务能力的考核。

一位阿里巴巴的员工说，在阿里巴巴做事，不会觉得价值观是个很空的东西，比如，做销售员的人会明确什么能做，什么不能做。如拜访客户记录造假，恶意拜访同事的客户，互相挖墙脚，从客户那里拿回扣，未经许可泄露客户信息，在公司内散布消极言论等，都属于价值观考核的内容，"犯了这些错误，肯定走人"，而且，这种价值观考核绝不会出现不客观现象。

对阿里巴巴为什么这么重视价值观呢？马云回忆说："在2000年的时候，阿里巴巴在美国硅谷、伦敦、香港的发展都很快，三方开始各怀己见，一时间，我觉得自己管理起来有些力不从心了。硅谷的同事觉得技术是最重要的，当时在硅谷的发展是互联网的顶峰，所以硅谷说的一定是对的。阿里巴巴美国公司总裁坐镇香港，他们认为应该向资本市场发展。我在中国听着，也不知道谁对。在这种大家都乱了的时候，我突然意识到：公司大了，发生意见分歧在所难免，这种情况该如何管理呢？我认为阿里巴巴已经处于高度危急状态了，我马上和公司的首席运营官关明生先生探讨这个问题：我们一年不到就成为跨国公司了，员工来自13个国家，我们该怎么管理？关明生曾在GE公司工作了16年，他说GE成功有个很重要的原因是它的'价值观'和'使命感'。"

在商场中，有很多企业往往只重视实物和数据的力量，而忽视思想和精神的力量。更有不少管理者认为，思想与精神似乎都是务虚的关系，没有任何实际意义。实际上，这种想法不仅大错特错，而且患有这种"贫思症"的企业，最终是不可能长久生存于市场上的。

企业要想员工更好地付出，那么就必须拥有自己的核心思想，哪怕是那些激励员工奋进的思想，企业都要不断地展现在员工面前。企业的价值观往往是企业最重要的精神支柱，没有这个支柱，那么员工工作就没有动力，企业在发展中也可能会丢失掉平衡精神的杠杆。

企业在追求经营成功过程中所推崇的基本信念和奉行的目标，往往有助于员工树立正确的工作理念。对任何一个企业而言，只有当企业内绝大部分员工的个人价值观趋同时，整个企业的价值观才可能形成，才能推动员工整体向前发展。

eBay的前任CEO梅格·惠特曼在回顾过去时曾经说过:"我的整个职业生涯已为我在eBay的工作做好了一切准备。从第一天开始,我就可以看出eBay在创建之初就具备了成为一家伟大企业的素质,但这并不是说,在同意加盟时,我脑中就已经形成了强有力的价值观。"

梅格·惠特曼刚接手eBay时,eBay是一家只有30名员工、年收益仅400万美元的小型企业。在后期的管理扩张过程中,梅格·惠特曼不断激发和维持促进eBay发展的价值观的力量。梅格·惠特曼相信,eBay的成功,证明了价值观并非抽象的理念,而是必要的工具。在eBay,有100多万人,虽然不是eBay的员工,但他们绝大多数的生活都依靠在eBay上所进行的交易。人们一次又一次地对梅格·惠特曼这样说:"eBay改变了我的生活。"eBay帮助过难以计数的人从事他们喜爱的工作,并取得了成功。有时甚至还能帮助残障人士自食其力——这些人在实体市场无法做事。到2008年,梅格·惠特曼退休时,eBay已发展成为一家在世界各地拥有15000名员工、年收益80亿美元的大型企业,规模几乎是当初的2000倍。

不管社会如何变化,产品会过时,市场会变化,新技术会不断涌现,管理时尚也在瞬息万变,但是在优秀的公司中,企业的价值观不会变,因为它始终都代表着企业存在于市场的理由,也代表着企业在追求经营成功过程中所推崇的基本信念和奉行的目标所在。

企业的价值观往往就是企业决策者对企业性质、目标、经营方式的取向所做出的选择,是为员工所接受的共同观念。正如阿里巴巴所有员工的绩效考核中,业绩只占50%,而与价值观相关的考核则占了另一半,对此公司有一整套的衡量标准。因为马云认为,价值观不一样的人,很难认同公司的企业文化,不能真正投入到公司的事业中来。

企业的价值观是把所有员工联系到一起的精神纽带,也是企业生存、发展的内在动力。如果企业将其当做是规范制度的基础,那么就能够促使员工更加团结,更好地去面对企业的未来。

5.管理的核心在于"抓住人性的本真"

我们如今所处的这个时代,实际上是一个物质时代。人们在追求财富最大化的过程中,往往忽视了精神幸福。尤其是在一个企业中,如若员工没有一种精神寄托或者信仰,那么他们就会丝毫感受不到幸福,必然也就会失去工作积极性。

企业的责任一般来讲有三个:一是为社会创造财富;二是为员工创造幸福;三是为股东和客户创造回报。而这一切的重要前提,是企业要抓好幸福感文化管理。比如阿里巴巴,很早就开始了幸福指数调查的工作,为实现"要把阿里巴巴打造成员工最感幸福的公司"的愿望,马云一直在努力。

自阿里巴巴创立来,一直自上而下践行的HR管理精神内核就是"抓住人性的本真"。这并不是一个空泛的口号,对员工,马云曾有段话这样表述:"我们对进来的员工都给予他们三样东西:一是良好的工作环境(人际关系);二是钱(今天是工资,明天是资金,后天是每个人手中的股票);三是个人成长。第三点是非常重要的,公司要成长,首先要让员工成长。人力资源管理不是人力总监一个人的事,是从CEO到每个员工都要认真对待的事。要让员工成长,是件很困难的事,要很长的一段时间。我们还要做到的是,帮助外面刚进来的员工怎样融入我们这个团队。"

马云认为,小企业老板也要多去倾听员工的想法,使员工的基本生活保障得到满足,让员工工作时能得到荣耀和成就感。他特别指出,对员工的物质激励,只能满足员工的物质需求,不能让他有幸福感。"幸福感是让他们有信仰,让他们相信公司对社会和客户是有贡献的,而自己对公司是有贡献的——这样的员工容易管理",而这样的企业文化也水到渠成。

　　马云告诉所有人:阿里巴巴的团队已经能造血,并且有信心战胜一切。这个目标为持续发展102年的企业,正抓住人性的本真,用心地做着人力资源。在马云"抓住人性本真"思想的带领过程中,阿里巴巴的人力资源管理不断折射出人性的本真光芒,绚烂而朴实。

　　对企业来讲,文化管理并不是一句虚言就了事的。要想带领好员工,给他们灌注更多更好的思想理念,鼓励他们更好地完成工作,那么企业文化精神的宣传就一定要到位,否则员工在工作的过程中可能就不会激进,在这种机械重复性的工作中很容易就会倦怠。

　　企业要想赢得最大的利益,那么首先就应当去关注员工的心理成长。了解员工的内心,帮助员工去熟悉企业的每一个理念,树立正确的精神文化,才能让员工在工作的过程中干劲十足,让员工对企业更加有信心。

　　阿里巴巴最早的价值观只需三个词便可概括:可信、亲切、简单。最突出的企业文化就是校园文化和教学相长。在这里,员工、上下级之间和同事之间都像同学一样相称,除了中英文名之外,阿里巴巴的每一位员工还有一个"花名",比如马云的"花名"就是"风清扬"。这样一种文化使得学生从学校进入公司后没有那种巨大的落差。阿里巴巴组织的一些培训让刚刚走出象牙塔的学生们有了一个很好的过渡,使他们能够在工作中学习,并且阿里巴巴还关注员工的心理,关注他们的情绪变化。

　　马云说:"员工的心理情绪是我们最关心的,他们的专业能力总有一天会具备,但如果没有人关心他们的心灵成长,他们有一天可能会走掉,会在工作的高压下迷茫。"例如,曾经有一位刚毕业参加工作的员工和女朋友总是有矛盾,导致他情绪不好,工作干不下去,于是马云大声呼吁身边的同事谁有经验能分享,让他成熟一些……正是这样的文化氛围,让更多毕业生不断涌入阿里巴巴,也让阿里巴巴拥有了丰沛的人才资源。

　　马云曾经说过:"当你传递的是一种美好的情感时,对方也会还以微笑。""抓住人性的本真",也就抓住了管理的核心,这样才能凝聚一批愿为之奋斗的人。

企业在未来的发展中,必须将文化管理重视起来,这样才能帮企业寻觅到更合适的人才,让他们能够团结一心地为公司创造出更大的效益。毕竟,如果企业能够给予员工多一份关注,多一份理解,那么员工必定会感恩。这样一来,企业收获的不仅是人心,更是一种凝聚力,能够帮助企业达到事半功倍的效果。

6.“左眼美金,右眼日元”,赚不到钱(价值观定位)

在马云眼中,企业成功的关键因素并非创新力本身,而是这一能力背后的执行者与推动者——企业员工。马云指出,创业者只有坚守这一理念,懂得尊重人才,同时坚持将服务做到最好,企业盈利才将是必然。

然而,在这个利益纷争层出不穷的商场上,很多企业总是将眼光投注在盈利上,丝毫不顾及员工的利益是否有损失。这种定义不准确的价值观,不仅让员工失去了工作活力,更让员工对企业逐渐失去信心。

2010年,马云在美国接受著名脱口秀节目主持人查理·罗斯专访,围绕阿里的成功之道、未来方向以及自己的创富心得等内容,马云进行了阐释。

罗斯:“你有钱有名,那你还想要什么呢?”

马云:“我的余生将致力于鼓励和支持创业者。我想让他们重回学校充电。我原本打算做老师,但是却做起了生意,一做就是15年。我觉得我在学校学到的大多数东西都是错的。”

“很多商学院都教学生赚钱和经营之道,但我要告诉人们,如果你想开公司,你必须先有价值观,即懂得如何为人们服务,如何帮助人们,这是关键。我们坚信,如果你眼中只有钱,左眼看美金,右眼盯日元,没有人会愿意和你做朋友的。

"如果人人都在向钱看，那么人们很容易就会迷失自己。我们来这个世界上，是享受和经历人生的，不是仅仅为赚钱的。

"想想如何帮助人们，为社会创造价值，那么钱自然会来。这就是我们为何能在中国成功，也是阿里巴巴的核心竞争力。阿里巴巴是这样做生意的，我认为21世纪，其他的公司都应该这样。"

"企业核心价值观"的准确定位和良好践行是企业能否保持旺盛发展和长远生命力的根本所在，如果企业脱离现实价值观的正确发展方向，那么"主心骨"就会迷失。一个扭曲或缺失了灵魂的企业，其员工也不可能在企业中得到更好的发展。

美国爱德华·琼斯公司曾经将员工分为特殊合伙人和一般合伙人。这些不同的持股方式，既是员工地位的象征，也是激励员工积极性的一种手段。在员工持股制的企业，管理者和员工之间已经不是一种雇佣关系，而是平等的合伙人关系。这种"合伙人关系"价值观的确定，极大地增强了企业凝聚力，有效地延长了员工服务企业的时间，同样也奠定了企业与员工之间的关系。

企业的价值观首先影响的是企业的制度和企业员工的行为习惯。如果企业总是过于在乎盈利，忽视员工发展，那么最先受影响的必然是企业本身。企业的发展要靠员工，如果企业一开始就将价值观定义为"金钱论"，那么企业必然会为"一己之私"而付出代价。

2011年，哈曼国际工业集团董事会主席、总裁兼首席执行官包利华接受了《财经网》的记者访问。

《财经网》："能谈下哈曼的企业价值观吗？"

包利华："哈曼的企业价值观首先体现在对员工的尊重和培养上。第一，我们不会让11000名员工中任何一个人感到自己是不重要的。职位当然有高下，如果意见不合，可以争论，要充分尊重每个人的想法。哈曼会根据员工的能力和贡献进行培养和奖励。第二是诚信，这是企业获得长期成功的关键，也是中国政府和消费者对哈曼的要求。第三是公司运营的速度及透明性。这要从我本人做起，公司决策、行动的每一环节都要迅速，一旦有错误发生，要尽快纠正。同时，及时沟通是必须的，领导者必须向各地区分公司充分阐明战略步骤和方向。"

企业价值观的定位对员工的行为具有强制性的约束力，企业内部已有的习惯也对员工行为具有非强制性的约束力和引导作用。企业的社会形象主要取决于企业员工的行为，而员工的行为最终决定了企业的形象和业绩。如果企业的价值观定位准确，那么员工对企业文化的理解就会到位，自然也就会与企业真正地"合二为一"。

企业要想发展，那么就必须树立正确的价值观，这样才能让员工与企业更加齐心合力。尊重员工的思想，传递正确的企业文化观念，员工在企业的引导下，一定会竭尽全力地为企业做事，企业也自然能获得更好的利润。

第 十四 章

资本管理，
筹资有计划，花钱要谨慎

1.中小企业的融资之道——"自力更生"

中小企业融资难，首先是因为在融资方面，中小企业处于不平等地位。在长期计划经济体制形成的"政银合一"、"行政经济"的基础上，我国的金融政策和金融体系都是以国有企业，特别是国有大企业为主要对象实施的，没有专门针对中小企业的融资服务体系。

对处于弱势当中的中小企业来说，如果想要征得银行同意，并且降低贷款标准，那么就一定要通过自身的发展壮大来解决融资难的问题。正如阿里巴巴发展最初，银行贷款一直困难重重，但是马云从来没有因此放缓公司业务的扩展，通过"自力更生"，为自己赢得了今日的一方之位。

马云曾经在APEC中小企业峰会上表示，阿里巴巴在成长的初期，没有得到过银行一分钱贷款，没有拿到政府一分钱。面对有银行业代表称，中小企业融资难主要是由于信息不对称，银行无法充分掌握中小企业信息时，马云则表示："不是信息不对称，而是信心不对称，利益不对称。"在痛斥银

第十四章
资本管理，筹资有计划，花钱要谨慎

行的"嫌贫爱富"的同时，他呼吁中小企业要努力通过自身的发展来解决融资问题，让"银行开始敲我的门"。

立志"改变世界"的马云曾说："让华尔街所有的投资者骂我们吧，我们坚持客户第一、员工第二、股东第三。"和他的"同盟者"穷人银行家穆罕默德·尤努斯给穷人小额、无抵押的贷款的做法一样，阿里巴巴对金融业务的介入也日益深入，其网络联保联贷项目已经开始帮助中小企业解决贷款难的问题。有数据统计，截止到今年6月底，在B2B平台上，中国建设银行与阿里巴巴合作的贷款项目已经发放贷款26亿元，放贷客户达1390家。

马云改变世界的想法，现在看来还很遥远，但他在给中小企业放贷，承担如此高风险的同时，实际上也给自己提供了更多的利润机遇。

中小企业的业绩不理想、信用不高，是它们贷款的最大障碍。另外，多数中小企业所处行业并不是垄断行业，而是竞争性很强的行业，盈利水平总体不太高，这样就使银行对中小企业的信贷资产质量总体评估也不高，自然中小企业想要从银行贷款融资，那么就成了难题。

事实上，对融资难，中小企业绝不要单纯抱怨银行，更不能指望商业银行放松和降低贷款标准。毕竟，融资难也有企业自身的原因。比如，中小企业生产规模小、盈利能力不高、抗风险能力较弱，这样自然难以取得商业银行的信任，而且与银行的贷款融资条件也相违背。

为了赢得银行信任，那么中小企业一定要先从自身开始，逐渐转换银行对企业本身的观念。例如，深化融资体制改革，依靠市场机制，逐渐通过自身努力去打破这种不平等的规律，当自身发展起来后，那么融资自然就不再是问题。

广东新豪(东莞)电子公司是一家中小型的电子公司，当初公司之所以能够走出经营困难，包括融资困难，主要是公司对自身采取了一系列针对性措施。包括将一些不涉及"机密"的生产环节向外发包，积极开发新的市场，如跟家电配套的开关市场，内部节省管理费用和人力成本，总公司计划

加大向中国内地市场的内销等。

而另一家台资企业——东莞嘉丰机电公司，为了走出经营困难和融资困难，也是通过"自力更生"，实施产业升级和结构调整，如减少为华为公司配套产品的生产（为其一家产品的生产销售占到公司全部销售收入的50%以上），增加为斯科、朗讯、爱立信等世界通讯大公司的生产配套产品，开发或增加银行机具，如ATM机外壳、游戏机配件等多元化产品，才维持了生产和销售的稳定增长，并降低了经营风险和市场风险。另外，公司还积极想办法降低原材料和劳动力成本，强化内部管理，以降低总成本、提高利润率。

实际上，不论是如今经营得再好的企业，还是依旧处于发展中的企业，一定要有一份危机感。只有未雨绸缪，及早进行产业升级、结构调整和科技创新，才能正确面对经营困难的时刻。当然，对中小企业来说，还要奋发图强，自力更生，这样才能克服困难，走出困境。

企业能够壮大，主要靠的是自己，而能否获取银行的信任，主要靠的也是自己。如果企业总是一而再地依靠他人，那么就始终都无法成熟起来。对中小企业来说，多看看自己，多从自身找出问题的症结所在，必然能从困境中走出来。

2.在你"很赚钱"的时候去融资

马云曾经告诫企业管理者："你们要记住，你一定要在你很赚钱的时候去融资，在你不需要钱的时候去融资，要在阳光灿烂的日子修理屋顶，而不是等到需要钱的时候再去融资。"

对日前不少企业者大喊融资难这一问题，实则并不是社会真正缺少资金，而是因为企业内部过剩流动性不能有效转化。因此，企业管理者在融资

第十四章

问题上一定要存有居安思危的想法，不要真正等到急需要资金的情况下才去融资，毕竟计划赶不上变化，如果一旦市场资金流转不动，那么企业就必然会陷入困境中去，因此企业管理者不妨"晴带雨伞"。

曾经有创业者向马云请教："企业在什么阶段融资最为合适？"

马云回答道："不要从创业第一天起就想着融资，在没有盈利之前也不要去想，绝大部分企业在没有盈利之前融资是不正常的。

"做企业，首先要想到的是没有融资我也能盈利，等你盈利了，想扩大盈利的时候，那时就会有人想要投钱了。企业没有盈利的时候，想说服别人投资，投资人多半会说：等你盈利了再说吧。

"对那些今天盈利情况很好的企业，你们要记住，你一定要在你很赚钱的时候去融资，在你不需要钱的时候去融资，要在阳光灿烂的日子修理屋顶，而不是等到需要钱的时候再去融资，那你就麻烦了。所以，在你不需要钱的时候去融资，这就是融资的最佳时间。"

古人云："安而不忘危，治而不忘乱，存而不忘亡。"任何企业发展到一定阶段，都需要一个健康、合理的资本运营战略，来解决企业资金匮乏、融资不畅等问题。如果一家企业抱着急功近利的心态，仅仅是在企业遇到资金困境时才去融资，是很难达到预期效果的。

另外，如果一家企业希望快速发展，在市场中站稳脚跟，并成为一家基业常青的企业，那么该企业就一定要在最初阶段学会融资，而并不是在企业缺钱的时候才想到融资。企业必须把融资放到战略高度，建立一套完善的平台体系，并用这套体系来影响企业的全面发展，建立适合企业发展的资本运营体系，真正做到未雨绸缪。

当然，对那些本来就需要融资的企业来讲，选择时机又格外重要。如果管理者准备不足，过早地进入融资市场，那么大多数投资者就只会保留观望态度，等待企业的下一个发展阶段。因此，绝不能将所有的希望都押注在投资者身上，这毕竟是一笔生意。如果企业管理者盲目去融资，更严重的后果,会直接造成投资者形成第一印象:这个项目不行。造成企业日后的融资难度加大,反而给企业自身添加很大的压力。

2005年3月,王慧文、王兴、赖斌强三人开始讨论建立一个基于高校同学之间的SNS平台,这便是曾经国内最大的校园网站——校内网的最初萌芽。

校内网独特的定位,很快就受到高校学生群体的追捧,且建立后只用3个月,就发展了3万用户。校内网的前景是好的,然而,带宽、服务器、推广、日常运营,这些都需要大量的资金投入,但是校内网的收入却为零,王慧文突然感觉到了巨大的资金压力。其实在这一年中,校内网也曾获得过亚马逊前首席科学家韦斯岸的天使投资,只是这笔投资与校内网巨大的资金缺口相比,简直可以说是杯水车薪。

2006年9月,校内网融资谈判迟迟未有进展,业界开始传出陈一舟旗下专注于校园市场的网站5Q欲收购校内网的消息。这一年10月24日,陈一舟在西安交大演讲时证实,已经收购校内网,校内网创始团队已加入千橡集团。在收购前,王慧文已经成为一个欠债20多万的不折不扣的"负翁",而王兴和赖斌强的财政状况也不比他好多少。

2010年7月30日,王慧文仍对校内网未能成功融资不能释怀,尽管这时他的身份已经是二手房网站淘房网的创始人。对校内网的失败,王慧文总结道:"千万不要等到自己没钱的时候再想去融资。"

美国经济学家斯迪格勒曾经说过:在美国,没有任何一家企业不是通过投、融资,资产并购、兼并、重组发展起来的。美国已经不存在完全靠内部资本成长起来的大公司和大企业。中国企业的资本运营之路,势在必行。

由此看来,任何企业的融资都是一个系统工程,因此每一位管理者都应该善于建立企业融资战略规划。此外,管理者还要注重提高融资策划能力,不要等到缺钱时才找钱。只有建立了这种思维模式,并掌握了合适的渠道与方法,到了关键时刻,企业才不会一筹莫展。

3.让资本来找自己

马云曾经说过:"永远不要让资本说话,让资本赚钱。让资本说话的企业家不会有出息,最重要的是你让资本赚钱,让股东赚钱。如果有一天你拿到很多钱,你坚持今天的原则,做你认为可以赚钱的,我相信有一天资本一定会听你的。"

马云往往都是独辟蹊径,他所带领的阿里巴巴从来不走其他网络公司的老路,偏偏反其道行之。例如人家是主动去敲资本的大门,马云却让资本来找自己。马云能如此"嚣张",是因为他拥有一个一流的团队和一个潜力巨大的品牌。

阿里巴巴创立最初,钱显然成为迫切需要解决的重要问题,甚至困窘到马云必须借钱来发团队成员的工资了。就是在这个艰难的时刻,马云还是接连拒绝各方投资者,前前后后一共有38次。之所以要"打肿脸充胖子",用马云的话来解释就是:"除了钱,他们不能为阿里巴巴多带来其他任何东西。"

也就在此时,阿里巴巴受到了来自美国最顶级的商业媒体《商业周刊》的关注。起因是据说有人在阿里巴巴网站上发布消息,说可以买到AK-47步枪。这条消息把马云吓了一跳,可是马云他们找遍网站所有的消息,也没有找到这条买卖信息。

"塞翁失马,焉知非福"。尽管有关AK-47的报道给阿里巴巴带来了一些负面影响,但也带来了更多国际记者纷至沓来的脚步,伴随这些脚步而来的,当然还有国外的投资者。而在此之前,许多国际风险投资机构都已经注意到了1999年火热的中国互联网。在这一年,国际风险投资机构大规模地在中国互联网市场进行投资,以著名的老虎基金、高盛和软银为代表的风险投资商向中国门户网站及电子商务网站大股投资。

1999年10月,由高盛公司牵头,亚洲、欧洲多家一流的基金公司参与,阿里巴巴引入了第一笔高达500万美元的风险投资。此次投资不仅成为阿里巴巴首轮"天使基金",也成为轰动一时的特大新闻。

接下来,软银公司也开始盯上了阿里巴巴。在北京的一次简单会面后,软银宣布为阿里巴巴融资2000万。

马云用他的实际经历证明,在创业期间选择投资人的时候,绝不能"有奶就是娘"。即使是弹尽粮绝的危机时刻,也不能丧失一个创业者、企业家应有的尊严。创业者的前途,永远掌握在自己的手中,而不是投资人的口袋中。如果你错选了一个唯利是图的"资本家",就有可能毁掉一个优秀的企业。

大部分投资人都用恋爱或者婚姻来比喻风险投资和创业者之间的关系。他们对创业者提出了很多有益的忠告,比如:"他挑你,你也要挑他,要找一个适合自己的投资人。""如果他看上你的项目了,一定会追着来投你。"

风险投资商们还给创业者一个重要的忠告:不应该为找风险投资而去做一个项目,要看所做的事情是否有价值,如果它能改变一个产业,风险投资自然会追着来投你。与其去追钱,不如让钱来追你。

近两三年,中国公司接二连三地赴纳斯达克上市,一次次眩目的IPO,富豪排行榜一次次地被刷新,已经令大江南北的创业者们血脉贲张。而海外投资者们手握大把美元蜂拥而入,声称要找到下一个盛大、百度,更令创业者们意乱情迷——人人都梦想被大牌投资人相中,成为下一个陈天桥、李彦宏。

"你拿到'风投'了吗?"这成了创业者之间的标准问候语。然而现实并非人们想象中的"钱多、人傻、速来",在少数创业者幸运地融资成功后,更多的痴男怨女仍在寻寻觅觅、屡败屡战。

一个连业务模式都还没搞清的广东创业者，不远万里来京参加一个创业秀。5万元一张的门票，换来了10分钟的上台演示时间，然后在主办方的引导下，跟某知名投资合伙人握了一次手。之后，他的项目无人问津，只好打道回府。

还有一个创业者，竟然向专家打听风险投资机构如何培训基层员工，以了解投资经理的思维方式——因为他根本没有机会接触到合伙人。而投资经理往往在试探性地接触一下某些创业者后，就杳无音信了。

大多数创业者在被投资者拒绝后，对问题出在哪儿浑然不知。其实，投资者最怕的是创业者问他要钱，最希望看到的是创业者不要钱，而是他主动给创业者钱。如果创业者没有实实在在的好东西或好产品，投资人根本不会搭理你。

而马云谈阿里巴巴的情况时，只说了6分钟，就得到孙正义的青睐。让孙正义下定决心给马云投资的原因所在，是那6分钟背后阿里巴巴独创的发展方向和6个多月没日没夜的艰辛努力。

企业要想让资本来找自己，那么就一定要先让自己发展起来，任何时候都不应当在向资本需求依靠的时候展现自己的软弱。企业只有先树立好自己的脊梁，这样才能在投资者面前更加有勇气，也才能让投资者对你产生希望和信任。

4.钱太多不一定是好事

在创业者的心中，如果刚开始就能获得很多充沛的备用资金，那么在往后的发展中才会有底气，成功的机会才会越大。真的是这样吗？马云认为并非如此。

马云曾经说过："阿里巴巴能够走到今天，有一个重要因素就是我们没有钱,很多人失败就是因为太有钱了。以前没钱时,每花一分钱我们都认认真真考虑,现在我们有钱了,还是像没钱时一样花钱,因为我今天花的钱是风险资本的钱,我们必须为他们负责任。"

马云给阿里巴巴最先的定位是国际性的大公司。走人才和设备高端路线的结果是,在不到一年时间里,香港、美国、欧洲、韩国所有网站每月的花费将近100万美元,而且,很多网站只出不进,没有一分钱收入。阿里巴巴成了一个名副其实的"烧钱"公司。

要说,凑集50万元起家的阿里巴巴,原本并没有本钱如此"挥霍"。不过,在1999年9月注册后的1个月,即1999年10月,阿里巴巴就完成第一轮融资500万美元,3个月后的2000年1月,又获得软银孙正义等人的2000万美元投资。然后,2001年年底和2002年年初,又从一位日本战略投资者处融得500万美元。

"烧钱"是从2000年2月开始的。在烧钱的过程中,阿里巴巴又恰逢2001年互联网泡沫,户头只剩下700万美元,不到原有资本的1/3。最终马云的国际化战略,被打击得烟消云散。

反思当年的疯狂,马云总结说:"钱太多了不一定是好事,人有钱才会犯错啊! 阿里巴巴犯过许多错,最早一个错是在创办时,因为过于追求全球化,所以就认为公司要设在美国,于是跑到硅谷。结果找来的员工,其愿景、思路、想法都不同,实在无法做事。即使有全球眼光,也必须先取胜本土。换句话说,在中国也能创造一个世界级的顶尖公司。不到一个月,我们就认清了错误。这一个月,我们是有损失的,但得到的比损失多,至少我们懂得了全球化。所以我们花钱买的是犯错的经验,这是阿里巴巴的价值。"

在许多人看来,钱越多越好,难道钱多了还烫手? 甚至还有人说:"所有能靠钱解决的问题都不是问题,解决不了的,多砸些钱就行了。"他们却未能认识到,"有很多钱"和"钱不够"同样有麻烦。而这些麻烦,恰恰就在于不知道如何解决"钱太多"的问题。

第十四章
资本管理，筹资有计划，花钱要谨慎

企业在创业最初，如果资金投入太多，一旦在经营中发生任何波折，那么对企业的损害将是巨大的。尤其是有些企业，刚进入市场，便想着如何尽快超过或赶上同行竞争者的脚步，不惜代价地投入巨资，最终血本无归。

马云却认为，初期创业，资金不需要多，该省则省，不需要太多体面的事情与排场，钱应该花在刀口上。创业初期，钱多并不是一件好事。所以，创业一开始，不要因为没有充足的资金就担心害怕，应该要想方设法让自己有本事赚到企业后续经营所需的资金才对。

在"赢在中国"里，有个叫贾豫的男硕士，其参赛项目是AUTOFANS车友汽车生活馆，主要为汽车用品厂商和消费者之间搭建一个互利、共赢的服务平台，为车主提供优质、快捷、贴心、周到的产品和施工服务。

马云问他：加入你公司需要什么条件？

贾豫：首先要认可我的产品，认可我服务的模式，另外要交质量保证金和加盟费用。

马云：你觉得像你这样注册资本仅3万块钱的公司，人家怎么相信你？

贾豫：因为之前我开店，说句实话，都是在个体户想法上做的，这个公司是我注册的第一个公司。刚开始，公司这一块我也不是很了解，然后就找了一个代理。我说怎么快，怎么来，想个办法。多少钱？3万块钱就行，就给了代理3万块钱。

最后，马云表态说："很遗憾这次我没有选任何一位……我想提点我的建议和想法，13号（贾豫）你的项目不错，人很踏实，但是不应该给你钱，给你钱会害了你。很多人失败的原因不是钱太少，而是钱太多。在开始做得小一点，一点点积累，你会做得很踏实，所以你这个项目最好3年以内不要考虑盈利，不要考虑融资，做扎实、做踏实，这个比较好一点。"

接着，马云又说："我发现很多选手有这么一个趋势，数字张嘴就来，没有经过思考，不真实，这就是对评委，对任何一个投资者来讲，心里都会发虚……300万挺好，慢慢做到3000万，3000万到6000万很累，300万到3000万还是有可能的，要把自己真实的数字说出来。"

马云提出的这个问题很现实,但却并不为大多数人意识到。比如说,有些上市公司,不管有没有需要,总是在不停集资。问题是,企业拥有的资金愈多,并非意味成功的机会必然愈大。

对企业来说,创业的资金只要足够便可。有时候资金太多,反而会成为企业行动中的累赘。因为钱太多了,企业往往在创建未来项目时无法准确定义,形成大手大脚的习惯,这样一来,企业的创业风险必然会增加。因此在企业融资的时候,马云强调的是,在融资的时候并不是拿的钱越多越好,而是应该在"合适的时候拿合适的钱"。

企业在创业之初,一定要懂得"节省"。只有做好筹备资金的计划,并且将目光放得更加长远,懂得在钱少的时候合理地发挥每一分钱的效力,这样才会吸引更多的投资人对你认可。

5.花别人的钱比花自己的钱更痛苦

不少企业拿完投资者的钱后,往往表现得十分"大方"。在任何计划和项目中,总是毫不顾忌钱的问题,而将其大把地投入到计划上。事实上,这些钱代表着投资者对管理者的信任,管理者在用钱的时候应当一步一个小心,多加斟酌和考虑,这样才能用效益来回报投资者。

马云曾经认为,投资者和管理者之间并没有矛盾,只有管理者去欺骗投资者,投资者不太可能欺骗管理者。作为管理者,一定要记得还给投资者他借给你的钱,这是做人的品质。刚刚创业的时候,阿里巴巴所有管理者都是很节俭的,他们几乎不打出租车,能省则省。

在阿里巴巴办公室门口的复印机上放着一个储蓄罐,在复印机后面的墙上贴着"公司复印机使用详细规定和说明"的一张公告。规定个人因私复

第十四章

资本管理，筹资有计划，花钱要谨慎

印每张5分；复印公司内部文件要双面使用；复印数量多于150份的要外包交由前台处理。阿里巴巴就是以这样的"小气"而骄傲。

马云认为："阿里巴巴走到今天，有一个重要因素就是我们没有钱。很多人失败，就是因为太有钱了。以前我们没钱时，每花一分钱我们都认认真真考虑，现在我们有钱了，还是像没钱时一样花钱。因为我们今天花的钱仍是风险投资商的钱，我们必须为他们负责任。我知道花别人的钱要比花自己的钱更加痛苦，所以我们要一点一滴地把事情做好，这是最重要的。"

他还一再强调："阿里巴巴永远坚持一个原则：我们花的是投资人的钱，所以要特别小心。雅虎是今天世界上最'小气'的公司。而我们每天考虑的也是如何花最少的钱，去做最有效果的事情。"

而与此同时，马云也用他的努力在阿里巴巴证明了他的能力。2002年年底，阿里巴巴全面实现盈利600万元人民币。2003年，阿里巴巴实现每天营业收入100万元人民币。

尽管阿里巴巴后来有了高盛、软银等机构的大笔投资资金，可马云和他带领的阿里巴巴依然像往常一样节俭。因为马云明白，投资者给你钱的时候，你要记住"有一天你一定要还他更多"，这是做人的品质。所以，花投资者的钱得非常小心，要对投资者负责任。

对任何企业来说，信誉往往都占着极为重要的成分，企业信誉也是企业行走商场所必须携带的重要"证件"之一。如果企业只是在筹备资金时对投资者满口承诺，而在使用资金的过程中却大手大脚，最终毫无建树，那么就可能将自己在投资者心中的信任全部用尽。

创业初期，企业花钱一定要谨慎，这份谨慎往往是对投资者的负责，也是对自己公司的一种负责。企业管理者应当对花钱的每个环节刨根问底。在这种"深挖行动"中，你会发现许多"合理、合法、合情"的规避风险、降低成本的方式方法。如果管理者能够一直抱着精益求精的心态，就必然会阻止管理中很多资金漏洞的产生。

激情颠覆
——站在新起点的马云

2005年，中国财富论坛在北京人民大会堂隆重召开。新希望董事、副总裁兼新希望集团金融事业部首席运营官王航在主持人的介绍下发表了自己的演讲：

"我是一个职业经理人，借这种机会，跟大家报告，也分享一下民营企业发展历程中的一些观察和心得体会。

"我在新希望集团工作。新希望在一个特别的地方有23年的历史，从1982年开始，作为一个民营企业来讲，历史还是比较长的。我感受到作为一个企业的定义，最早它能作为一个投资者一个谋生的工具。一个企业不管怎么样，为投资者带来回报，最早是谋生的工具。逐步到一定的规模，可能带给投资者的是一种工作的乐趣或者工作的态度。

"再到一个阶段以后，带给投资者的，可能就是一种非常沉重的社会责任。对一个企业来讲不仅要给投资者提供利润和回报，还要提供的是真善美的产品和服务，提供税收，提供人才，提供就业，对一个企业根本性的要求就是生生不息。"

马云曾经表示："投资者给你钱的时候，你记住有一天一定要还他。这是做人的品质。"一个企业如果拥有这种诚信品质，那么就会博得更多投资者的信任。毕竟在企业发展壮大的未来之路上，总是需要与资金打交道的，如若你已经在众人面前树立了一个好的形象，那么自然下一次在筹备资金时就会越加方便。

对每一个企业来说，"花别人的钱比花自己的钱更痛苦"，因为"花别人的钱"也就相当于你身上还背负着巨大的责任。这种责任时刻在鞭笞着你，提醒着你所花的钱要每一分都用到位，这样才能不辜负投资人的希望。所以，每一个创业初期的企业在使用投资者的资金时，多想想责任，才能让你的每一步都能走得更加扎实与谨慎。

6.上市只是个"加油站"

一个公司如若成功上市，那么不但会使得公司运营的资金更加充裕，公司的管理会更加规范，公司的知名度及品牌影响也会进一步扩大。阿里巴巴是B2B市场的龙头老大，上市之后，自然阿里巴巴获得的利益也将不小，从而有利于进一步引领这个市场的发展。

然而，马云在接受记者采访时却说："上市只是一个加油站，目的是为了走得更远。投资者其实没有人关心去年的市盈率问题，现在已经是年底了，他们更多是去思考未来。中国有4200万中小企业，投资阿里巴巴，事实上就是投资中国的中小企业，是在投资中国的未来。"阿里巴巴的成功上市，将提升中国整个B2B行业的成熟度，促进市场繁荣。

2004年，掌上灵通、空中网、携程等在细分市场执牛耳的公司均成功在纳斯达克实施IPO；财经网站金融界和51job招聘网站先后在纳斯达克挂牌交易；10月，获得6000万美元投资的e龙网站在纳斯达克上市交易，融资6210万美元。但作为B2B龙头的阿里巴巴，却迟迟没有启动上市程序。

理由很简单，因为马云认为："今年我们刚拿到8000多万美元的私募资金，目前公司不追求向其他领域拓展。上市后不可避免地要应付每个季度的报表，它可能会让我们放弃更长远的策略。"对眼下的阿里巴巴而言，做大做强，比上市更迫切。"我们不缺钱，股东也不急着套现，我们有足够长远的耐心"。

马云常常对他的员工和媒体这样说："现在的阿里巴巴还不到我想象中的一成！"马云为阿里巴巴勾勒出一幅类似于乌托邦的愿景，以阿里巴巴为平台，逐步将中小企业的销售中心、人事中心、技术中心、支付中心和财务中心都放在上面，其间横亘在B2B、B2C及C2C之间的一切环节都将被打通。那时,阿里巴巴将成为一个虚拟的商务王国,其中有自己的货币、自己的游戏规则、自己的运行体系。

企业上市是一件名利双收的好事,然而企业上市之后,并不是说就可以洋洋得意,一直停留在这个阶段。企业管理者要知道,上市之后,企业仍将面临一些问题,而且可能这些问题更加巨大。例如,上市以后,企业的整个运营成本大大地提高。另外,企业上市之前建立的股权分配结构,造成上市以后高管个人财富的增长,导致高管队伍的不稳定,甚至给企业树立很多新的竞争对手。

盛大网络创始人陈天桥曾说过这么一段话:"当每天收入到100万的时候,我觉得它是诱惑,它可以让你安逸下来,让你享受下来,让你能够成为一个土皇帝。当时我们只有30岁左右,急需要一个人在边上鞭策。就像唐僧西天取经一样,到了女儿国,有美女有财富,你是停下来还是继续去西天?我们希望有人不断地在边上督促说:你应该继续往你取经的地方去,这才是你的理想。"

实际上,企业能否获得持续性成长,关键并不在于企业上市与否,更重要的是能够搭建起一个禁得起时间考验的公司治理结构。作为公司的管理者,在追求梦想的时候,一定不要因为一点小小的成绩就裹足不前,要知道,每年上市公司之间的竞争状态更加激烈。

中航三鑫董事会秘书姚婧在接受中国证券报记者采访时曾经说过:"上市使得中小企业能够实现资本的以小博大,利用这种上市资源可以调动其他资源。上市还加速中小企业形成品牌效应,帮助它们提升市场形象和竞争力。上市公司日渐成为媒体报道关注的对象。上市公司的公告和新闻通过各类媒体迅速传播,无形之中提高了企业知名度。"

然而,对中小企业上市公司上市后的情况,姚婧说仍需要注意很多问题,并且提出"四个关键":"企业高管需要端正所有者和经营者的角色,规范公司治理和完善民主决策程序;上市公司需要注意把握特色经营和规模经营的关系,借助资本市场实现快速发展,抢占战略先机;需要处理好主营业务和多元化经营的矛盾,完善产业链、实现可持续发展;同时把握好虚拟经济和实体经济的关系,实现业绩高增长,给股价以实际业绩支撑。"

现在很多民营企业都属于创始人管理模式,这种管理模式往往很容易造成"冲昏头脑"的扩张,多元化经营,把企业风险放大。事实上,一个管理者所主导的公司治理模式怎样向一个上市公司所需要的治理模式转变,这种转变将决定着企业能否在上市公司的竞争中更好地立足,如果缺位,一个企业就算上了市,也不可能成长为一个可持续的行业巨擘。

上市只是个加油站,企业管理者要想更好地领导企业走在未来高速发展的道路上,那么切不可因为"上市",就被短暂的胜利冲昏了头脑。企业未来发展的道路还十分漫长,要想在今后的发展中取得更加耀眼的成绩,那么就请为自己设定更大的目标吧。

7.节约资金,避免不必要的花销

很多人只要一谈到创业,就把头摇晃得像拨浪鼓,"难呀,难!"确实,创业是艰难的,尤其是在创业初期,各种各样的状况会频频发生。然而不论企业忙得有多焦头烂额,对自己的资金一定要做到心中有数,规划有度。

节约资金,避免不必要的花销,企业才能在创业之初就建立好稳固的地基,为今后的发展奠定基础。如果一开始就毫无资金计划,只是根据项目拓展的需要而花费资金,那么等到真正要用到资金的那一天,企业就一筹莫展了。

在阿里巴巴,员工的薪酬从不按市场价格定价,几乎所有新进来的员工与管理者的收入,都比他们在原公司的收入减少一大半,从8000元、9000

元降到3000元是常事。据称,跳到阿里巴巴的雅虎搜索引擎发明人吴炯到了阿里巴巴,不仅工资降了一半,还失去了每年7位数的雅虎股权收入。阿里巴巴为什么这么做?因为资金来自风险投资,必须节约,更因为阿里巴巴自信可以用自己的企业文化吸引人才。

马云把巨额资金用于客户服务,往往一项就达500万元。还有员工培训,员工好了,客户才能好。直到今年4月底,阿里巴巴才花完第一轮投资,第二轮投资仍然一分钱没动。"我已经竭尽全力去花钱了,"马云说,"从小穷惯了,也就习惯把钱花在刀刃上。"和许多人认为互联网是泡沫相反,马云认为互联网是一场长跑,美国在第一轮100米领先,并不意味着胜利,亚洲的机会在后面。既然是长跑,必须屏住每一口气,节省每一笔钱。阿里巴巴必须同时有"兔子般的速度和乌龟般的耐心"。

现代社会,有资金虽不是万能的,但缺少资金却是万万不能的。作为财富象征要素之一的资金,往往就是一种媒介载体,运用它,企业可获得需要的工具资源、人力资源、信息资源、沟通资源,等等。但是如何合理利用资金,也就是创业者要掌握的一门学问了。

对企业来说,更多的时候是如何去将节省下来的资金运用到必需之地。毕竟创业之初,是企业需要牢固本身,为往后奠定基础的时期,这个时候如果没有一个彻底的资金规划,将大笔的资金用在了一些不必要的花销上,企业定然会在后面吃更多的亏。

事实上,创业之前,企业应该多做一些必要的市场调查,如果举棋不定,就会在不知不觉中耗费资金和精力,同时还会磨灭自己的信心的战斗力。选定项目、正式创业之后,还要理出三个目标,即远景目标、中期目标和近期目标,同时要详细规划必要的细则,如时间、工作计划,等等,对工作计划中的每一步骤都要细致到位,这样才能将资金用在正确的地方。

在阿里巴巴的发展史上,处处留有马云"勤俭持家"的印记,也有许多值得传颂的佳话。在2000年互联网寒冬时期,作为CEO的马云向公司宣布了一项新的财务政策——公关市场零预算，也就是说阿里巴巴从此要进入一个"勒紧腰带过日子"的非常时代。

在零预算时代到来的期间，马云带领员工进行节俭，直到阿里巴巴已经可以"每天收入100万"的时候，马云和他领导下的阿里人依旧没有变得"财大气粗"，而是仍然保持着节俭持家的作风。马云说："我们每天考虑的是，如何花最少的钱去做最有效果的事情。"在创业时期，为了省钱，马云和他的伙伴们连桑塔纳都舍不得坐，而是坐夏利，因为桑塔纳比夏利每公里贵一元钱。可见，马云这样一个精明的浙商，看上去非常小气的阿里巴巴掌门人，已将节俭意识深深地融入了每一个员工的心中。

在阿里巴巴最初融资十分困难的时候，马云总结了一系列的"马氏真理"，其中有一点就是收缩经营，把非核心的业务全部砍掉，节约资金，集中发展优势产业，把现金牢牢抓在手里才是硬道理。

没有资金，但是有节约资金的好习惯。正是马云以前的"穷"，才打造了马云现在的"俭"。事实上，节约是百分百的利润。在通常情况下，企业运行时，先在前面省小钱，才能在后面赚大钱，这也是"先苦后甜"的道理所在。

马云领导的阿里"航空母舰"是务实、节俭的。也提醒着我们企业在创业之初，一定要将节约意识贯彻到底，合理筹划自己的每一分资金的使用和投入，避免掉不必要的开销，这样才能让企业未来的路更好走。

第 十五 章

尊重顾客，
用好的服务打造未来

1.把暴利还给消费者

马云曾经说过："兵不厌'诈'，在商场上可偶尔'诈'一下竞争对手，作为乐趣。但绝对不能挟持消费者和合作伙伴去'诈'，更不能直接去'诈'消费者。做企业，必须要对消费者和合作伙伴有敬畏和感恩之心。要坚信消费者的'智商'远远高于你。"

做企业，要对消费者有敬畏和感恩之心。因为企业的存活实际上正是由于消费者的供养，如果一旦消费者受到了欺骗，那么最先受到损失的必将是企业本身。然而，如今很多企业在高利润的诱惑下，不断地给消费者制造暴利消费，由此，企业不仅失去了很多老客户，还让自身的名誉跌落低谷。

在首届网交会的现场，到处都能看到和听到一个词：网货。那么什么是网货？为什么网货能够促进内需增长，带动就业呢？在当下的环境中，网货对我们每个人又有什么帮助呢？马云解释，网货的关键是把暴利还给了消费者。网货的概念来自它的网络渠道，而网络渠道的优越性让网货把暴利还给消费者，还给制造业。网货的本质就是货真价实，这是我们的革命，消费生产模式的革命，它是财富的重新划分。网货的核心就是反对暴利。

马云说："有个朋友从香港购买了玩游戏的筹码，1.3万元一套，也有1.5万元一套和9000元一套的。我在淘宝上查了一下，是350元。所有的人就想，淘宝上的一定是假的，不可能是真的。我发现生产筹码的工厂是在浙江金华，工厂将筹码出口到美国，香港从美国进口，中国大陆的人再从香港购买，价格自然就高了。现在的情况是，金华的工厂直接在淘宝上卖，也就是卖350元。"淘宝为什么会这么火，就是因为它把暴利还给了消费者。

俗话说，商道即人道。创业者能否取得成功，很大程度上取决于其做人、做事的方法与原则。一些为人处世优秀的品质，尤其是诚信，本身就是创业者的宝贵财富。对创业者而言，诚信是赢得客户的必然条件之一。

有些企业往往为了自身利润的赢得，不惜在低成本的商品上大加价格，以便从消费者那里获取高额利润。事实上，消费者的眼睛是雪亮的，正所谓货比三家，一旦消费者得知企业的"欺诈"行为，定然会对企业失去信任，从而让企业失去获得利润的唯一来源。

马云曾经说过："价格战最终吃亏的是消费者。如果一场价格战是绑架了厂家，'诈'了消费者，用投资者的钱打自己认为值得的'名战'，这代价实在太大了点。"企业在为产品造势的同时，一定不要拿诚信来做赌注，否则最后输的只会是商家。

珂兰钻石是国内首批从事电子商务钻石销售的专业珠宝品牌。珂兰钻石从南非采购第一手钻石，并通过office直营与网络销售相结合的全新销售模式，省去了高额的入场费和钻石零售环节。珂兰之名来源于钻石的计量单位克拉。

"在珂兰，钻石再不是一个遥不可及的奢侈品，我们要让每个爱做梦的女孩子轻松实现钻石梦想！"珂兰钻石青岛店负责人于先生说。国内传统珠宝业的很大一部分价格都是在支付销售渠道和销售场地的费用。比如说，同一枚钻石戒指，传统门店的价格是2万，其中30%~50%都是在支付渠道和场地的高额费用。

为此，2007年成立的珂兰，把省下来的渠道、场地费用都用在了提高钻石品质上。传统珠宝企业在电子商务没兴起之前，利润是700%。珂兰实行的是M2C，工厂直接到消费者，这种模式把钻石价格变成平价，真正将30%的利润回馈给消费者。

曾经有一个朋友跟马云说，中国有一种很有名的酒，卖800元一瓶，但是酒的成本只有10元，300元花到了电视广告上，300元花到了渠道商，还有100~200元给了回馈和包装。消费者为什么买只有10元价值的酒，却要花800元？马云认为这是对消费者的不公平，对制造业也不公平。

消费者对商家的信任是长期积累而来的，如果消费者发现自己购买的东西，其中掺入太多的"水分"，那么定然就会对商家产生质疑。在中国，百年企业大多都是靠信誉做起来的，靠的是老客户带动新客户。如果一旦百年企业出现这种问题，那么可想而知后果会如何。

企业在商场上打拼，的确是为了赢得利润，然而，如果企业的价值观有所偏离，可能就会让一代名企"遗臭万年"。因此，在不偏离正常消费利润之下，企业一定要杜绝暴力消费的产生，这样才能为企业的信任度增值。

2.打造"24小时送货到家"理念

马云曾经给员工们讲过一个关于一块布的理论的故事。他说："我妈其实从来没有买过电器，但是她说我要买海尔的电器、空调。为什么？我说海尔要比别人贵，而且不见得它的质量就好，现在的电器、空调、冰箱都差不多的，为什么你要买海尔？她说，他们到家装空调会带一块布把这个地擦干净。"

第十五章
尊重顾客,用好的服务打造未来

正如马云说的,服务是最昂贵的产品。就因为这一块布,顾客却不在乎你的东西是否要比别人的贵。这听起来有点不可思议,但是,马云却说:"这块布擦的不是你们家地板,擦的不是你们家的机器,擦的是客户的心。"

2013年,刚卸任阿里巴巴集团CEO才半个月的马云任"菜鸟"网络董事长。"菜鸟"的目标是通过5~8年的努力,打造一个开放的社会化物流大平台,在全国任意一个地区做到24小时送达。

全国任意地区24小时送达的概念是什么?目前全国九大物流公司的2860条线路中,能做到3日送达的尚不足50%。这就是当前中国电子商务的现状,物流已经严重影响到网购的客户体验了。"菜鸟"虽志存高远,但压力可想而知。毕竟仅仅通过对诸多的物流公司进行修修补补,能满足迅速增长的物流需求已很困难,更别说大幅度提高服务水平了。但是,当有人问及:"一只网购快递包裹,从西藏、漠河或新疆寄出,1天内能到天津吗?"马云给出了肯定的答案:"可以。"

商场竞争,归根到底,企业与企业之间拼的是服务,拼的是背后的客户。然而,如果企业不重视客户需求,忽略客户的产品意向,那么自然就会被客户所抛弃。企业除了在商品质量上有保障之外,一定还要注重"服务"这一软实力。

去过阿里巴巴的人都知道,阿里巴巴公司的组织结构图是倒过来的。一般来说,企业的组织结构图大抵都是上面是CEO,下面是副总经理,然后是部门经理,然后是员工,然后是客户。但在阿里巴巴,"客户第一"处于阿里巴巴价值观的顶层,其内容就是要求企业以高质量的优质服务来赢得客户的信赖。

关于客户第一,阿里巴巴的阐述是:客户是衣食父母。无论何种状况下,始终微笑面对客户,体现尊重和诚意。在坚持原则的基础上,用客户喜欢的方式对待客户。为客户提供高附加值的服务,使客户资源的利用最优化。平衡好客户需求和公司利益间的关系,并取得双赢。

2007年，台湾老牌的线上购物网站PCHOME为了与竞争对手作区隔，提供了一项创新服务。它设置24小时快速到货专区，保证专区内的商品在客户下单后24小时内送货到家，迟到就罚新台币100元。

PCHOME24小时送货到家的达成率高达99.7%。究竟它是如何做到的？原来，PCHOME以往送货需要三天的时间，为了缩短在24小时内完成，PCHOME将仓储、物流一条鞭整合起来。它的第一步是设立专门的仓储中心，当消费者通过网络下单后，订单就直接进入仓储中心，再由工作人员拿着订单，在仓储中心选货、包装，再将商品交给物流业者。

在物流方面，统一速达黑猫宅急便派专人进驻仓储中心，并随时将商品进行分类，如遇到订单暴增的突发状况，在现场马上调度车辆。至于供应商，则通过电脑连线系统，根据当天销售量及气候等因素决定补货数量与次数。

由于PCHOME早已默默操兵四年，精准掌控了每个环节，新建的"快速到货系统"已掌握数万种库存量，因此送货失败率低到0.3%，使其成为台湾首屈一指的网购定点网站。

实际上，优质服务在某种程度上是一个成功品牌中最重要的可持续性的差异优势。产品是容易被竞争者仿造的，而你的服务则因为依靠了组织文化和员工的态度，因而很难被竞争者所模仿。超过六成以上的消费者是因为服务行业的服务水平低或觉得不满意而放弃曾经选择过的品牌（商家）。但如果商家能及时处理好各类投诉，就能挽留住不少顾客。

例如，肯德基快餐业也在为顾客提供一流服务上面花尽了心思。当你走进肯德基的时候，给你最大的欣慰可能就是服务员的微笑。服务员和蔼可人的微笑，可以让厨房里的员工们安心地忙碌工作，而客户就餐时也如沐春风。这样，客户自然会满意服务员的态度，这也就几乎等于对你的公司的整体形象的认可。

格力电器董明珠曾认为，"服务水平的高低，已成为衡量一个企业素质高低的权威标志之一。用户特别关心企业服务的保证能力,正规的企业必须有非常具体和完善的服务系统"。她还认为,"服务态度一定程度决定了用户对品牌的感觉,谁的服务态度好,会很快传播,谁的服务态度不好,也会很快传播……把为他人服务作为企业的宗旨,因为为他人服务的机会永远存在,我们就能永远赚钱,企业就能永远生存下去"。

企业一定要尊重客户需求,并且提高自己的服务质量。这样,当企业的产品质量有了一定保证,而服务质量也提高的情况下,自然企业在客户心中的形象也会总体提升,企业也就获得了更多的客户资源。

3.天猫以为人服务做平台

2012年1月11日,淘宝商城正式更名天猫商城。关于淘宝商城为何会突然分出一个支系,外界众说纷纭。然而,一向沉稳的马云却表示,天猫有别于淘宝最大的一个特点便是系统更加规范,入住更加严格。

马云打造天猫,主要是以服务大众需要为主。天猫这个平台,是马云给予大众另一个更加信任的平台。因为在天猫,只要出现商家欺诈客户的行为,淘宝都将给予严肃处理,而商户入住天猫平台的资格也比淘宝更高了一层。

无论是对卖家还是对无数的消费者而言,尽管淘宝成立已久,但是依旧有企业不习惯网络营销。马云曾鼓励更多人通过互联网、通过电子商务开展业务,并说"重要的是必须以消费者为中心,以消费者为导向,进行定制化生产,迅速开始新的营销"。

2012年,尽管淘宝被"分出去"了一部分,但是天猫在B2C行业的领先地位还是无人能敌。天猫商城的模式是做网络销售平台,卖家可以通过这个平台卖各种商品。这种模式类似于现实生活中的百货大楼,每个商家在这个网络"百货大楼"里面交一定的租金才可以开始卖东西,而且主要是提供商家卖东西的平台。天猫商城不直接参与卖任何商品,但是商家在做生意的时候,必须按照天猫商城的规定,不能违规,一旦违规,淘宝会给出相应的惩罚。这样一来,就更加维护了消费者利益。

在马云看来,未来所有的制造业必须根据消费者的需求改变自己的产品设计,改变渠道的推广方式,C2B一定会成为产业升级的未来。马云认为,网货将让所有的消费者得到个性化的产品,而网规会让这些企业更加的透明,更加的诚信,更加地受消费者的尊重。"我相信这才是未来时代的发展。我们尊重知识产权,尊重品牌,但我们不尊重暴利,我们更不尊重——为了维护自己某些特殊的利益而设置大量的障碍"。

正是因为马云始终都将消费者利益放在最前面,因此,天猫才能吸引更多的诚信商家前来入住,也才能吸引更多的消费者前来消费。事实上,企业要想盈利,首先就要将眼光放在消费者身上,做好服务本身,消费者满意了,企业才能赚大钱。

有的企业下面的经销商有很多,真要系统地进行管理,可能很难。但是如果企业能够将服务本身的理念传达到每个商家心里,那么也会起到很好的疗效。毕竟经销商是第一直面客户与消费者的人选,如果让他们懂得将服务理念做到第一,也就为企业做好了"门面"服务。

20世纪60年代,美国经济越来越依赖服务业和高技术产业。这个时候,一个名叫弗雷德·史密斯的人抓住了这一机会。它创造了"隔夜快递",也就是后来的"联邦快递",这一新兴的服务行业。

回顾"联邦快递"的成功,弗雷德·史密斯说:"联邦快递成功的原因很简单,其实就是因为一件货物本身对发送人和收件人是极具时间价值的,是值得他们付出额外运费的。所以从逻辑上来说,我们可以说服客户将货物交给我们。我们保证这件货物在到达收件人前不会离开我们的手,这是一种从'子宫到坟墓'的运输方式。"这种"门到门"的服务方式,为顾客省去了不少的工夫，他们不再需要去机场取货或者送货，一切都由联邦快递负责。

提供快递服务的公司不只联邦快递一家，当时在美国就有DHL、UPS及美国邮政等。这些公司之所以败给了联邦快递，就是因为他们固守自己的服务，没有意识到对顾客需求的满足。当他们所提供的业务已经无法满足顾客的需求的时候，他们自然就失去了市场。

企业服务质量的高低，是由顾客来评判的，因此，企业向顾客提供服务，要以顾客的需求为第一要义。对服务业来说，服务就是产品，只有服务好了，顾客满意了，自己才能盈利。无论企业的服务场所有多豪华，服务内容有多繁复，只要是顾客不满意，企业依然是失败的。因此，企业在提供服务的时候，一定要考虑顾客的需求。

在竞争加剧的今天，很多服务产业都在提升自己的产品质量，但是在这个过程中，企业往往会忽略掉服务问题。有的时候，尽管企业的产品质量很好，但是就因为服务细节上的一点点瑕疵，就有可能影响到企业的整体业务。所以，企业绝不能忽视掉服务细节这一问题。

企业在消费者心中的形象树立，往往不仅仅包括企业的产品质量问题，还包括企业服务的质量。对那些向客户提供产品的厂家来说，你的服务质量不仅能起到提升人家形象的辅助作用，而且还是你从同行竞争中决胜的关键。

4.坚持客户第一

在阿里巴巴，所有的销售人员在正式进入产品销售这一环节时，都必须回杭州总部进行为期一个月的学习、训练，主要学习训练的不是销售技能，而是价值观、使命感。

激情颠覆
——站在新起点的马云

"客户第一"是把阿里巴巴的具体业务与马云定下的远大目标联系起来的点。在公司和产品设计方面,它是一个需要贯彻的原则。而在业务层面,所有阿里巴巴的服务都将围绕着这一原则展开,因为这样的服务往往能增加客户满意度。这种优势,在有竞争对手的时候,往往是客户选择阿里巴巴的重要指标。

阿里巴巴曾经有一个业务员,他向山东的一位房地产商许诺说,阿里巴巴能把你的房子卖到全世界,以此为诱饵,他顺利做成了这位客户的生意。然而,尽管这笔业务给阿里巴巴带来了6位数的收入,但阿里巴巴仍然把钱退给客户,并对这位业务员进行了处理。

事后,阿里巴巴B2B总裁卫哲解释说:"为什么说把客户利益放在第一位?如果按照股东的利益,这个钱该收。但是,按照客户利益第一的原则,阿里巴巴这样做就是在欺骗客户。阿里巴巴根本就无法把这位地产商的房子卖到全世界。这显然是业务员夸大了阿里巴巴的能力。"

阿里巴巴的员工有几千名,马云说:"我们不能保证每个员工都能够把客户利益放在第一位,但是我们训练的时候必须要这样。"

在阿里巴巴公司的大厅里,挂着一幅别致的关系表,它的最上面是客户,然后是直接面对客户的员工,再往后才是股东、CEO、CFO等领导人。马云认为,客户第一,客户是公司的衣食父母,他说:"只有'客户第一'了,我们才有钱赚,因为客户是给钱的呀!"

在商业界有这样一种现象,一般来说,在数量庞大的工作者中,那些业务员或者做营销出身的人,其创业成功的几率往往非常大,这是什么原因造成的呢?就是因为在他们心里,有着非常浓厚的客户意识,知道客户才是自己的衣食父母。

有人曾经说过,"做生意就是做交情"。如何"做交情"呢?记住一个原则,你如何对待别人,别人也会以同样的方式对你。如果你真正把客户奉为上帝,坚持客户第一,并且不计较为他多做一点,那么你的生意一定会越做越大。

马云喜欢看金庸的小说,他把自己的经营理念比作是"六脉神剑",而这六脉神剑中的第一剑就是"客户第一"。马云不仅把"客户第一"作为公司核心的经营理念来奉行,并且,他的用人标准也是必须接受这种理念的人才能够顺利加入阿里巴巴。

罗伯特·约翰逊在1886年创建强生公司的时候,给公司制定的目标是:"减轻痛苦和疾病",而不是赚取最大的利润。他的儿子则在他的基础上提出所谓的"开明的利己主义",认为顾客的利益居第一位,雇员和管理人员的利益居第二位,而股东的利益只能居第三位。强生公司将"顾客第一"的原则作为企业的基本思想和企业的信条。此后公司不仅将这个信条用于其组织结构、内部计划程序、补偿制度和战略商业决策中,而且还在危机时期把它作为公司行动的指南。

现在强生公司作为世界著名公司的地位已经无可动摇,"强生"二字更成为了顾客购买其产品的充分理由。这就是强生公司时刻想着顾客,"顾客至上",所得到的丰厚回报。

由此看来,一个企业是否能够立足,关键在于其管理者是否重视他的客户,员工是否能服务好客户。为了让企业正常发展,我们一定要尽量本着"一切为客户"的宗旨来为客户服务。

例如,企业可以适时地为客户提供增值服务,树立企业良好的服务品牌。而且还可以加强与客户的情感连接,提高与客户的亲和度。另外,还可以打造出一种温馨氛围,将客户放在首位,做到一切从客户出发、一切为客户着想、一切对客户负责、一切让客户满意。

事实上,不管企业做得有多大,客户都是你最大的依靠。如果不诚心地把客户当做衣食父母,不懂得去服务客户,那企业往后的发展肯定会受到极大的限制与破坏。

因此,作为一名企业的管理者,你要时刻记住,把客户的需求放在第一位;把客户的利益放在第一位;把客户的问题放在第一位……总之,把客户的一切放在第一位。

5.迎合消费者的需求就是最好的方向

一份对国内200多家专业公司的调查报告中,在回答最渴望得到哪方面的帮助时,竟有88.6%的公司首选"有效的营销策略"。营销策略就是销售方法,有效营销策略的稀缺,证明了如今企业营销方式的盲目。

实际上,在众多的营销策略中,迎合消费者的需求就是最好的方向。因为服务的最高境界就是多为顾客着想。客户不仅是企业营销的对象,更是企业长久合作的伙伴。如果企业管理者都能够如同马云一样,能够制定出遵从消费者需求的方法,那么就一定能够在销售上有所突破。

2012年,马云在杭州的网商大会上说:"经济会越来越糟糕,但是告诉大家一个好消息,十年以后成功的企业一定比今天多,有钱的人一定比今天多,但是不是你。你要想明白,你一定要听消费者的,听市场的,因为市场才能决定未来。

"从初中的政治课上,老师就说过,市场决定未来。企业做什么产品,要看市场的需求。在中国的企业家中,我们发现一个很普遍的现象,就是别人做什么有钱赚,然后肯定会有很多人跟着去生产这种产品,或是做这种类型的服务,这叫跟风。不过,很多人会发现,当你真正进入这个行业了,做着和别人一样的事时,却发现没钱赚了。这是为什么?我想很大的一个原因就是这个产品的市场饱和了。也有人说,现在的很多电商都在烧钱,电商的未来在哪里?但是你有没有发现,也有电商在赚钱的。所以说,做什么产品都要看好市场,市场才能决定未来。而市场中起主导作用的是消费者,迎合消费者的需求就是最好的方向。"

第十五章

实际上,企业不应该仅仅只关注如何将商品卖给客户,还要时刻将客户的需求放在眼里,把客户需要解决的问题当成自己要解决的问题,这样,企业才能够取得客户的信任。因为,这样不仅仅能让你将产品成功地推出去,而且还可能将这个客户发展成为你长久固定的客户。信任可以使企业与客户之间的关系趋于稳定。

然而,如今有很多企业在推销产品的过程中,往往喜欢复制他人的想法,看到市场上有哪种产品销量不俗,卖相不错,便紧跟着推出仿制品。这种跟风买卖或许能让企业赢得一时的销售业绩,但是在竞争猛烈的市场上,如果没有自己的想法意识,不遵从变幻莫测的市场规律,那么企业很快就会被淘汰。

消费者的需求会随着生活水平的增长而不断变化,而且一个人的喜好也是会随着周围环境的改变而改变的。如果企业总是死守着固有的产品,而不遵从消费者的需求,那么很可能最终在这种盲目的循规蹈矩的方式中,就会被后来者居上,并且失去大量的老客户。

查尔斯开办了一家讨债公司,但是,公司虽然成立了一段时间,但还一直没有什么大客户,让他苦恼得很。查尔斯知道,要想在激烈的竞争中获得生存,就必须拥有大客户。为此他决定把银行作为自己最大的客户。但是银行这块硬骨头不是好啃的。

这一天,查尔斯来到了一家银行,银行的负责人史密斯先生对查尔斯的讨债业务并不感兴趣,他对查尔斯说:"现在我手中的讨债公司已经有很多了,请问,你的公司有什么特别之处吗?"查尔斯将自己的讨债公司的收费方式介绍了一下,但是史密斯先生明显对这个并不买账。

在后来的闲谈中,查尔斯了解到,银行大部分的追债业务都是自己完成的。于是查尔斯话锋一转,开始比较由自己的讨债公司去讨债和由银行自己去讨债所付出成本的高低。通过他的分析,史密斯意识到,交给查尔斯的公司可以为银行节省很多资金。于是就同意由查尔斯的讨债公司全权代理银行的讨债业务。

成功的企业都知道,真正的营销策略就是符合消费者的需求。消费者的需求是一直是存在的,它一直处于动态发展中,企业应不断满足消费者日益增长的物质和文化的需求。企业对消费者的需求了解越深,就越能准确把握市场导向。

当然,企业想要多为消费者着想,还要能为消费者提供能够为他们增加价值和省钱的建议,这样企业才能受到消费者的欢迎。只要企业能够从客户的角度出发,让客户从购买的产品和服务中获利,那么企业的营销就会取得成功。

企业营销的最终目的是要让消费者真正对自己的产品满意,从购买商品的第一步开始,到交易完毕后的售后服务,这些都是企业为自己积攒良好信誉的最好阶段。只有当企业真正迎合了消费者的需求,做出了令消费者满意的服务,那么才能真正将营销做到最好。

6.如果可能,做一次市场调研

彼得·德鲁克曾经说过:"企业存在的目的就是创造顾客。"对企业来说,如果能够了解自己的资深顾客,看透自己的未来顾客,那么必然会对自己未来产品的走势更加有把握,也会更加有信心。

但是,如何才能了解自己的顾客,明白顾客的想法呢?最好的办法,便是做一次市场调研。企业对自己的产品在市场上的投入有了一定的准确认识,而且还摸透了不同消费层的顾客心理,这样一来,企业才能把握住企业营销的正确方向。

马云曾在网商大会上对中小企业如此告诫道:"如果可能,做一次市场调研。我想这很有必要。当你的意向中有一种产品时,我们就要先对这个产品做一次市场调研。调查一下,消费者对这种产品的需求是多少?这也是我们要做的。因为只有先了解市场,你再投入生产,才能保证万无一失。这样,你的公司也会快速发展。"

同样的,马云也告诉企业家,不要问以后走向哪个方向,问经济学家是没用的。要问就问消费者,他们才知道他们需要的是什么。经济学家只对昨天有兴趣,所以让对昨天有兴趣的人去判断未来,这是悲哀。

以消费者为中心、以消费者为导向的营销理念是各类企业所奉行的经营原则,而怎样了解消费者的心理和他们的消费导向呢?市场调研是最好的方法之一。企业想要让自己的产品更好地打入到消费者当中去,那么首先就要对自己在市场上投放的产品有一个了解。

在传统营销中,企业管理者针对客户做出的一些小调查,我们屡见不鲜。比如,在一些超市的食品区,时常会出现促销人员拿着商品让消费者试吃;而在某个商场的化妆品专柜前,营销人员推出试用装,等等。商家这么做都是为什么?当然是意在倾听客户的意见。一件产品的上市,如果没有客户的支持,必定会被打入冷宫。因此,商家们想出了各种各样的办法来让客户评价自己产品的好坏,从而决定是否大批量地生产这类产品。

企业营销的重点就是客户,所以只有以客户为中心,企业才能将营销的圆圈画得更大。海尔集团董事长张敏瑞曾经说过:"企业如果在市场上被淘汰,原因是多方面的,可能是产品的问题,也可能是消费者的文化和地域差异造成的,但总的说来还是你的产品不适合消费者,没有抓住消费者的心理。"

国内冰箱业一直是中外家电巨头拼抢的重中之重。然而,国内冰箱巨头海尔却认为,"谁离用户最近,谁就距对手最远。"海尔从来不盯对手,而是专注于用户需求,努力将用户的需求转化为创新的产品。

20世纪80年代初,国内的消费者对生活水平的要求不高,年末单位发放的年货,一般都要储藏上3个月甚至半年才能吃完,这就需要大冷冻冰箱的快速冷冻功能。但随着改革开放,人们的生活水平提高,一部分消费者喜爱新鲜饮食,而且菜市场发达,随吃随拿,消费者一般不会大量采购食物,也就不再需要大冷冻能力的冰箱。海尔人看到了成熟市场中的差异化需求,看准了客户心中的变化,因此,果断地凭借技术优势,推出了软冷冻冰箱。软冷冻冰箱一上市,便让海尔在世界范围内获得了顾客的好评甚至同行业的赞扬。海尔取得了巨大的成功,而且还赢得了更多的顾客。

马云曾经说过:"很多企业前面的成功往往为后面埋下了更大的失败,因为他们不清楚自己为什么会成功,像赌博一样,一开始是赢了,第二次还是照原来的套路。但市场和周围的环境是变化的,而他们不了解客户和市场需求的变化。所以,成功了,要了解为什么会成功?失败了,更要搞清楚为什么会失败?"

企业要想在商品市场上走得更加稳健,那么就必须对自己的产品有一个系统的了解。而测试商品是否获得消费者青睐的最好方式,便是亲自走到市场中去看一看,了解一下消费者对该商品的心理反应。这样才能抓住市场的运作动脉,让商品能够做出更好的改变。

总之,企业要想赢得更多的消费者,就必须走到市场中去倾听消费者的声音。只有了解了消费者的需求,并且亲自从消费者那里了解到他们所需要的东西,这样才能推出更新更好的产品,以此吸引更多人的注意力。